"历史学本身没有意义，它的意义是历史学家所赋予的。人生本来也没有意义，它的意义是你所赋予的。"

何兆武

何兆武

1921年生，原籍湖南岳阳，1939年考入西南联大，先后就读于土木、历史、哲学、外文四系。1956年至1986年，任中国社会科学院历史研究所助理研究员、研究员，1986年后，任清华大学思想文化研究所教授。译作有卢梭《社会契约论》、帕斯卡尔《思想录》、康德《历史理性批判文集》、罗素《西方哲学史》等，著有《历史理性批判散论》《历史与历史学》等。

文　靖

1975年生，本名文静，毕业于清华大学自动化系、哲学系，曾任生活·读书·新知三联书店编辑，现为自由撰稿人。

上学记

何兆武 口述
文靖 执笔

增订版

人民文学出版社

图书在版编目(CIP)数据

上学记/何兆武口述；文靖执笔. —增订本. —北京：人民文学出版社，2018（2023.11重印）
ISBN 978-7-02-011013-1

Ⅰ.①上… Ⅱ.①何… ②文… Ⅲ.①何兆武(1921—)—自传 Ⅳ.①K825.81

中国版本图书馆CIP数据核字(2018)第024548号

责任编辑	付如初
装帧设计	刘　静
责任印制	王重艺

出版发行	人民文学出版社
社　　址	北京市朝内大街166号
邮政编码	100705

印　　制	三河市中晟雅豪印务有限公司
经　　销	全国新华书店等

字　　数	192千字
开　　本	880毫米×1230毫米　1/32
印　　张	10.875　插页4
印　　数	21001—24000
版　　次	2016年3月北京第1版
印　　次	2023年11月第5次印刷

书　　号	978-7-02-011013-1
定　　价	52.00元

如有印装质量问题，请与本社图书销售中心调换。电话：010-65233595

1939 年初，何兆武在贵阳留影

1941年3月，昆明，与姐姐何兆南、妹妹何兆华合影

1946年春，昆明，离开西南联大前留影

晚年何兆武

目　次

修订版序言　何兆武　　　　　　　　　　　　　　　*1*

序　那一代中国知识分子的幸福和自由　葛兆光　　*1*

第一章　(1921—1939)　　　　　　　　　　　　　*1*

　　我的祖上没有名人　　　　　　　　　　　　　*3*

　　三民主义的少年兵　　　　　　　　　　　　　*5*

　　"一二·九"见闻　　　　　　　　　　　　　　*15*

　　上学记·甲　　　　　　　　　　　　　　　　*22*

　　　　1.力矫时弊,以古为则?　　　　　　　　　*23*

　　　　2.无事乱翻书　　　　　　　　　　　　　*28*

　　　　3.天籁幻想　　　　　　　　　　　　　　*40*

　　鬼子来了　　　　　　　　　　　　　　　　　*48*

　　返乡　　　　　　　　　　　　　　　　　　　*58*

　　也是故乡,北京　　　　　　　　　　　　　　*63*

　　湖南印象　　　　　　　　　　　　　　　　　*76*

　　上学记·乙　　　　　　　　　　　　　　　　*81*

　　　　1.中央大学附中　　　　　　　　　　　　*81*

1

2.西洋教科书　　　　　　　　　　　　87
　　3.逃离"修道院"　　　　　　　　　　90

第二章　(1939—1946)　　　　　　　　97

上学记·丙：迁徙的城堡　　　　　　　99
　　1.自由散漫的作风　　　　　　　　　99
　　2.三个大学从来都"联"得很好　　　106
　　3.自由,学术之生命力　　　　　　　112
　　4.逃课、凑学分与窗外的聆听　　　　119
　　5.图书馆不是藏珍楼　　　　　　　　126
　　6.茶馆听吹牛,里根挂二牌　　　　　132
　　7.兼职做教师　　　　　　　　　　　139
　　8.闹恋爱？　　　　　　　　　　　　140
　　9."天人交感"下的人生观转变　　　142

大学之谓：忆先生　　　　　　　　　147
　　1.闻一多先生　　　　　　　　　　　147
　　2.张奚若先生　　　　　　　　　　　150
　　3.战国派雷海宗　　　　　　　　　　156
　　4.吴晗印象　　　　　　　　　　　　160
　　5.冯友兰先生　　　　　　　　　　　164
　　6.金岳霖先生　　　　　　　　　　　173
　　7.中国通温德,白俄噶邦福　　　　　176

8.曾昭抡先生　　　　　　　　**181**

　　9.数学系　　　　　　　　　　**184**

　　10.物理系　　　　　　　　　 **187**

战火硝烟　　　　　　　　　　**191**

"一二·一"运动　　　　　　　**203**

　　1."打倒孔祥熙!"　　　　　　**205**

　　2.一多先生被刺　　　　　　　**208**

　　3.一个人的政治底线　　　　　**212**

五柳读书记　　　　　　　　　**216**

忆同窗　　　　　　　　　　　**232**

　　1."科里红"何佶(吕荧)　　　 **232**

　　2.滔滔不绝的殷福生(海光)　　**235**

　　3.大才子王浩　　　　　　　　**238**

　　4.因言获罪的陈良璧　　　　　**248**

　　5.老友郑林生　　　　　　　　**252**

　　6."高干子弟"　　　　　　　 **256**

第三章　(1946—1950)　　　　**259**

教书台湾　　　　　　　　　　**261**

日日江楼坐翠微　　　　　　　**268**

上学记·丁:革大学习　　　　　**275**

3

零敲碎打 *281*

后记:把名字写在水上 文靖 *297*
新版后记:横成岭,侧成峰 文靖 *312*

修订版序言

何兆武

这本小书《上学记》确实是一个偶然的产物。四年前，青年友人文靖女士来找我谈话，想从我这里了解一些旧时代学生生活的情况。当时我没有任何思想准备，更谈不到思想上的酝酿，只是东拉西扯地信口闲谈。文靖女士据此写了几篇小文，居然得到刊载，这或许引起了她的兴趣，于是又连续和我几度闲谈。就我而言，事先并无写书或出书的念头，只不过是零星回忆一些往事而已，所以全然没有一个整体的构思，闲话太多，较重要的事情却多有遗漏，乃至后来读到成稿时，已经难以重起炉灶，只不过在个别字句上略加修饰，点缀成文。

　　我想有一点是要特别加以说明的。回忆录不是学术著作，也不可以学术著作视之，读者切不可用所要求于学术著作的，来要求个人的回忆录。学术著作要有严格的客观根据，绝不能只根据作者个人的主观印象。而个人的回忆录则恰好相反，它所根据的全然是个人主观的印象和感受，否则，就不成其为个人的回忆录了。诗人歌德青年时曾热恋绿蒂，甚至于想要自杀，终于写出了《少年维特的烦恼》，一泻千里地发抒了自己火炽的热情。及至晚年写自己的回忆录《诗与真》时，他却对自己青年时的热情出之以嘲讽的态度。然则"两般谁幻又谁真？"我以为，两者都是同样的真实，都是诗人自己个人真实的写照。

《上学记》一书出版后，我送给当年同在北京（北平）师大附中读书的一位老同学，当时我们同样经历了卢沟桥事变和中日战争的爆发，也同样对当时政局的内幕一无所知。不过据我当时的印象，宋哲元只是一心想在夹缝之间做他的土皇帝。七月七日卢沟桥开火，几天之内日方就以重兵包围了北京城，而当时的宋哲元却还一味地大谈其什么："和平、和平，能和就能平，能平就能和。"纯属一派胡言，痴人说梦，不知所云，足可以和阎锡山的哲学（什么"存在就是真理，需要就是合法"之类的混沌逻辑）相媲美。正当他大做其和平美梦的时候，就被日军打了个落花流水，不但北京沦敌，二十九军还牺牲了一个副军长和一个师长。1940年，宋哲元逝世于四川绵阳，临死时还感叹："这个局面怎么向国家交代？"这是我对他的印象，而我的老同学则认为宋哲元还是抗日的。当然，他也同样地不了解当时的内情，这只不过是他个人的感受。我想，我们尽可以有各自不同的感受和印象。如果是写回忆录，我们每个人都可以，而且都应该忠实于自己的感受和印象，至于历史的真相究竟如何，那是学者研究的事情。我们两个人的感受不同，回忆各异，但这并不妨碍我们的友情，更不妨碍事实的真相。相反，你必须尽量使每个人都忠实地回忆，才能尽可能地得出真相。

我的回忆中还有一桩，即我对殷福生（海光）学长的印象。有一年顾寿观学长和我同住一个宿舍，殷福生常常跑来和他高谈阔论。我和顾寿观很要好，觉得他忠厚朴实且又好学深思，但对殷福生则印象不佳，总觉得他仿佛是高人一节，褒贬人物毫不留情，尤其在反共这一点上，不愧是一个法西斯。但后来的情况却又大谬不然。他到台湾之后，成为了自由主义的一面旗帜，成为台湾青年一代知识分子最有影响的思想导师，受到台湾当局的迫害，致使英年早逝。我对他早年的印象竟然是完全错误的。但是作为回忆录，我以为仍然应该如实地记录下当时自己的感受。当然，也包括自己今天的歉疚之情。

至于书中提到冯（友兰）先生的地方，我不想多做辩白。凡是亲身经历过西南联大那段生活的人，我想都会一清二楚。邹承鲁院士的学术和人品大概是学术界耳熟能详、一致公认的，他对当时老师的月旦，可谓要言不烦、一语中的（见《科学文化评论》2004年第一卷第一期，第122页）。凡是对当时同学们的诸多壁报还有所记忆的，大概也不会忘记当时大量严厉的批判文字。本来君子之过如日月之蚀，卢梭的一篇《忏悔录》是千百篇卢梭传记无法望其项背的。为尊者讳、为贤者讳，并不是真正对人的尊重。一个人的思想本来是活泼的、与时俱进的，又何必一定要把它弄成一种思想上的木乃伊，让人去顶礼膜拜呢？

  以几度私下的闲谈而居然能滥竽于正式出版物之列，未免令我惶恐。许多重要的遗漏，如旧时代学校中的生活，自己思想所受的影响，以及个人对当时学术界的感受和批评，都无法在这里一一补充了，这是要告罪于读者的。最后我要衷心感谢友人文靖女士为此书所付出的辛勤劳动，感谢曾诚先生，感谢三联书店编辑吴彬女士为此书所承担的那么多意外的麻烦。

2008年2月28日
北京清华园

序 那一代中国知识分子的幸福和自由

葛兆光

小　引

近十来年里,何兆武先生和我都在清华大学教书,虽然说起来可以算是同事,但因为他很早退休,所以,见面常常是在同去办公室取邮件的时候,或者是在清华园里散步购物的时候。不时收到何先生赠送的新著和新译,不由得感叹他的学术生命力。何先生生于1921年,比我父亲还长一岁,我一直把他看成是我的父辈,轻易不敢去打扰。这次,看到何先生口述他求学经历的《上学记》,不知为什么,想起两年前的夏天。那时我父亲还没有过世,在病榻上,很少谈起甚至好像有些忌讳谈起往事的父亲,望着天花板,突然给我讲起了他往年的经历。断断续续讲了一整天,从福州的家办私塾到官立学堂,从抗战时期流转山区的暨南大学,到已是"晴朗的天"的南京军政大学,让我觉得,他们那一代中国的知识分子,执着地追求国家富强和相信普遍真理,人生经历和心路历程,真的是和我们不同,有点儿像精卫填海,也有点儿像飞蛾投灯。

现在,看到何先生讲述他从北京的师大附中,到云南的西南联大，再回到北京的革大，仿佛那一天和我父亲的谈话仍在继续。

一　亲历历史：那一代的人和事

慢慢地看这份珍贵的口述资料，好像随何先生重新行走在那个时代的历史之路上。

这个历史之路好像很熟悉，又好像很陌生。之所以熟悉，是因为它好像千百次地出现在我们各种的历史书里。何先生求学的时代，正是中国最痛苦的时代。五四退潮以后的中国是一连串的战争，军阀互相打，国共也在打，日本人打进来，把中国变成了一个杀戮场，八年抗战刚刚结束，中国又成了另一个大战场。杜甫说，"烽火连三月，家书抵万金"，可是，那个时候的烽火岂止是连三月，简直是连了几十年。不过，这个烽火岁月是我们的历史记忆和历史叙述筛选后的简明大纲，可历史并不仅仅是"大纲"。正像何先生评论西南联大历史书的编纂一样，有时候历史被写得就像"注册组的报告"，让我们看不到真正的生活。其实在生活世界里，毕竟不仅仅有烽火和杀戮，因此，当我们随着这些亲历历史的长者进入细节，历史便好像变得陌生起来，仿佛另有一个我们没有见过的时代。

在何先生的往事记忆中，那个时代，不仅有北京从军阀的"五色旗变成青天白日满地红"，有"一二·九"那一年多雪的冬天，有北平中学里的尊孔读经和白话教育之争，有那个时代中学生"无事乱翻书"的愉快，还有短暂平安时期看西洋电影的震撼。尽管他事后想起来，最好的读书日子，只有"从初二到高一这三年，另一次就是西南联大的七年"，但是，就在这一样放不下一张平静书桌的三年和流离颠沛的七年中，毕竟他还有读《莎氏乐府本事》、*Gulliver's Travels*（《格列佛游记》）的时候，还有"逃课、凑学分与窗外的聆听"的时候，还有自由选修诸如郑天挺、陈福田、沈从文、钱锺书那些风格各异课程的时候。也许，那只是历史的细节，可是正像现在流行的一句话，"细节决定一切"一样，看到历史的细节，常常会反过来，让你更加理解历史的脉络和轮廓。

这份口述历史之所以对我们很重要，还因为有很多已经进入历史的人物，随着何先生的回忆，又从历史里面走了出来。记得前年夏天，父亲谈起他在闽北山区流亡的暨南大学的生活，对于我，好像就陌生一些。因为毕竟他是学国际贸易的，他身边的那一圈人，我大多不熟悉，只是听他谈起何炳松先生，让我对这个《新史学》的翻译者有一些新印象。何兆武先生是历史学家，又远比我父亲阅历丰富，他的记忆中有一团热情的闻一多、有民主人士张奚若、有战国派雷海宗、有历史学家吴晗、有哲学史家冯友兰、有逻辑学家金岳霖，有"中国通温德、白俄噶邦福"、有化学家兼教育家曾昭抡，当然，还有他看到的和大多数印象不同的殷福生（海光），更有他一生都引以为荣的朋友王浩。这些我们文史领域的人耳熟能详的学者，就活生生地出现在我们眼前，为我们重构了那一代学术和文化的历史，也为我们重建了何先生求学时代的文化环境，让我们知道何先生是在什么样的历史中成为知识分子的。

让我特别感兴趣的，是在他回忆他和王浩交往的那一段里，他和王浩关于"幸福"的讨论。也许，这是理解何先生那一代知识分子的钥匙：

人是为幸福而生的，而不是为不幸而生。王浩喜欢谈人生，就"什么是幸福"的话题我们讨论过多次，我也乐得与他交流，乃至成为彼此交流中的一种癖好。他几次谈到，幸福不应该仅仅是pleasure，而应该是happiness。前者指官能的或物质的享受，而幸福归根到底还包括精神上的，或思想意识上的一种状态。我说，幸福应该是blessedness（赐福）。《圣经》上有云："饥渴慕义的人有福了。"可见"福"的内涵是一种道义的，而非物质性的东西。他说，那么宗教的虔诚应该是一种幸福了。我说，简单的信仰也不能等同于幸福，因为它没有经历批判的洗练，不免流入一种盲目或自欺，只能是沦为愚夫愚妇的说法。一切必须从怀疑入手，于是我引了不久前看到的T.S.Eliot的一段话："There is a higher level of doubt, it is a daily battle.The only end to it, if we live to the end, is holiness.The only escape is stupidity."（有一种更高层次的怀疑，它每天都在不断地［与自我］战斗。如果我们能活到有结果的那一天，它唯一的归宿就是圣洁，唯一的逃脱办法就是愚蠢。）他听了非常欣赏。幸福是圣洁，是日高日远的觉悟，是不断地拷问与扬弃，是一种"durch Leiden, Freude"（通过苦恼的欢欣），而不是简单的信仰。

据说，何先生与王浩之间有过多次讨论，"每次谈论总是他说服我，这一次我说服了他，不禁心里一阵快慰"。那么多年以后，他仍然记得那一次谈论，说明这一观念在何先生心中根深蒂固到什么程度。

二 幸福：什么是那一代中国知识分子的追求？

除了这一次和王浩的谈话中，说到"幸福是圣洁，是日高日远的觉悟，是不断地拷问与扬弃"，把幸福看成是追求理性的超越和超越的理性之外，我注意到，何先生在口述自传中，还特别反复郑重地提起"幸福"一词。他说那时他曾想要写一本《幸福论》，他觉得，人是个复杂的动物，不能单纯从物质角度衡量，或者单纯用金钱衡量，是不是钱越多就越幸福？好像并不是那样，毕竟人所愿望的是幸福，而不仅仅是物质或金钱的满足。在一处他又说："幸福的条件有两个。一个是你必须觉得个人前途是光明的、美好的，可是这又非常模糊，非常朦胧，并不一定有什么明确的目标。另一方面，整个社会的前景也必须是一天比一天更加美好，如果社会整体在腐败下去，个人是不可能真正幸福的。"在另一处他再次强调："幸福最重要的就在于对未来的美好希望。一是你觉得整个社会、整个世界会越来越美好，一是你觉得自己的未来会越来越美好。只有具备这两个条件，人才真正的幸福。"也就是说，个人的幸福和整个社会的幸福是密切相关的。我想，对于理性始终的追求和对于社会始终的责任，也许是我们同情地理解那一代知识分子的关键。生在中国已经不再是天朝大国，而是积衰积弱的时代，何先生他们那一代人在战乱中一边上学、一边观察社会，上学也许既是一个学知识，成为有技术的专业人员的过程，也是一个成为有社会关怀的知识分子的过程。

何先生回忆中有一段话，给我的印象很深，他说："我们这一代人对日本的仇恨非常强烈，我想现在的年轻人已经不会有这种感受了。可以说，对日本人的仇恨是我们这代人难以了却的情结。比我年轻一代的，也就是解放以后一直到'文革'时候的中小学生，他们大概也有一个情结，就是对个人崇拜的情结。一听到伟大领袖，马上泪流满面，现在的青年人恐怕也没有那种情结了。一个时代有一个时代的情结，我们那个时代的情结就是仇恨日本。"这当然不是一种狭隘的仇日情绪，其实应当理解为对民族命运的普遍焦虑。现实的危机，加上自从1895年割地赔款的《马关条约》签订以来，到1931年的东北沦陷，到1937年的七七事变，这一次次的受辱，自然积成了这种心情。

在这种心情中，他们这一代知识分子自然把追求国家富强当作自己的理想，把建设科学理性当作自己的目标，而把民族的整体崛起看作个人幸福的基础。这是一代人的感情倾向。记得那一年我曾经问我父亲说，为什么要放弃上海好端端的金饭碗，跑到南京军政大学去吃八路的小米干粮？父亲沉吟半晌，只简单地说，这是潮流。不过，追赶潮流并不意味着是见风使舵的政治倾向。何先生对于政治，对于那种被政党意识形态垄断了的所谓"政治"并不热心，这也许是他父亲的遗传。在这份口述历史中，他说："我的父亲不是国民党党员，至少我不知道他是。父亲一生讨厌政治，认为政治是黑暗的、肮脏的，小时候我经常听他这么说，所以我想他不是党员。"在另一个地方他又说，上学的时候也参加过学潮，大都是不满当时的政府，不然也不成其为"潮"，包括"一二·九"运动。他说，凡游行他都参加，但是有一个界限，那就是只参加爱国学潮。原因是什么呢？他说："第一，自己不是（政治）那块材料，既不会唱、不会讲演，也不会写文章做宣传。第二，从小我就有一个印象，政治是非常之黑暗、复杂、肮脏的东西，一定要远离政治，父亲也是这样告诫我的。所以实际上，我就给自己划了条底线：爱国是大家的义务，反对侵略者是国民的天职，游行我参加，回来也是挺兴奋的，宣言里也签名表态，但是实际的政治活动我不参加。"

有人说，自从19世纪末以来，中国整个地向西转了，是西风压倒东风，所以知识分子的主要倾向就是"西化"。不过，这个理解可能太简单，应该看到正是在这种情势下，中国知识分子以向西方"现代性"看齐的方式，反过来以西方的自由、民主和科学的诉求，追寻民族和国家自立、富强的愿景，在"世界主义"的外衣下，凸现着一种曾经被称作是"民族主义"的感情。这就是我常常说的，以世界主义的面目成就民族主义，以民族主义目标接受世界主义。虽然这种纠缠的心情，有时候会被看成是"救亡压倒启蒙"，但是，因为救亡是追求富强，依靠的是西方式的自由、民主和科学，所以，启蒙和救亡始终是一体两面。因此在中国，知识分子常常会自觉不自觉地追随那些可以拯救国家、导致富强的大潮流，特别是在外敌压境的危机中，更是常常希望"东方红，太阳升"。这种心情，是很多没有经历过那一代历史的人所不太能够理解的。

"现在的年轻人也许不太能理解那个时代的知识分子，他们的幸福观和自由观好像都有些太单纯，甚至太简单"，何先生很感慨。的确是很单纯、很简单，但单纯和简单未必就不美好。比如说他们爱国，国家富强是他们观念世界中最优先的选项，在这个选项下，他们会接受能够达成目标的观念、制度和策略，而批判或抵制不能达成这一理想的做法。正像何先生所说的"人类总有一些价值是永恒的、普世的，我们不能总是强调自己的特色，而抹杀普遍的价值。中国有没有特色？有特色，但是这特色你不必强调"。现在，流行时尚是批判普遍真理，质疑源自西方的民主、科学和自由，强调文化多元，似乎要特立独行，鄙视遵守规则，觉得知识分子永远是冷峻而超然的批判者和搅乱者。这也许有它的洞见，但是，在现代中国历史中，我们却需要理解和尊重那个时代知识分子对于西方所谓普遍真理和永恒价值的选择。在那个时代，他们却宁愿相信"历史的普遍规律"，相信民主、自由和科学。因此，他们会对国民党搞党国一体的专制非常反感，觉得它是看错潮流走错了路，"在20世纪二三十年代初期，专制独裁乃是一种世界性的潮流。甚至张学良下野到欧洲游历一番后，也相信了法西斯主义，认为只有法西斯主义才能救中国。在这种世界历史的背景之下，国民党没有跟随英美民主，而效仿苏联的专政体制，便不足为奇"。凭了这一点，他们对解放区、新中国有好感，但同样也批评解放后的胡搅蛮干。何先生引用了张奚若先生的话，"好大喜功，急功近利，鄙视过去，迷信将来"。他说："那十六个字还是有道理的，我们是有些鄙视过去、迷信将来。其实有些传统的东西和阶级斗争没有关系，那是人类经验的积累、人类智慧的结晶，不能随随便便就否定了。比如红灯的波长最长，看得最远，所以红灯停、绿灯走。这是有科学依据的，全世界都是这样，资产阶级、无产阶级都得按信号灯走。"

对国家（不是政府）的忠诚，对政治（不是政党）的疏离，看起来冲突，实际上统一，我相信这就是那一代中国有立场的知识分子。并不是有专业的人就是知识分子。什么是知识分子，什么是知识分子的立场？关于这一话题，现在讨论的著作已经很多了，不过书本常常只是一些理论，并不好拿它来截长续短、按图索骥。特别是像何先生那一代中国读书人，身处万方多难的社会中，成为一个有立场的知识分子，好像并不如书本上说的那么简单。我以前读萨义德的《知识分子论》，看到里面说，知识分子的公共角色应当是"局外人"（outsider），认为他需要的是"反对的精神（a spirit in opposition），而不是调适（accommodation）的精神"。在中国现实中，这话也许只对一半，因为在"中华民族到了最危急的时候"那种精神紧张和生存危机中，人们无法不心向往一个光明的未来和富强的国家，他们无法成为"局外人"，也不可能仅仅是"反对"。何先生那一代人，追随着五四时代的精神，把民主、自由和科学当作矢志不渝的追求，把国家整体的富强当作永恒的理想，这是超越专业技术人员，成为"中国"的知识分子的基础。

三　风度与修养：现在还需要绅士吗？

2001年，清华大学曾经试图为何先生举办一个八十寿辰庆祝会，邀请了一些人来座谈。我记得有当时还在历史研究所的李学勤先生、北师大的刘家和先生、近代史所的刘志琴先生、世界史所的于沛先生等等，这些都是何先生的熟人，但是何先生一直婉拒，理由是他不是大人物，不配开颂寿会，也不配出纪念集。也许，有的人以为这只是做做谦让的姿态，但是那天早上，他的学生彭刚去接他，他却把家门锁上，一人飘然离开。我参加过很多次大大小小的祝寿会，而这次主角缺席的祝寿会，却是我印象最深的一次。现在学术界、文化界的风气，不说大家也知道，可是，我见到的何先生，始终谦和而从容。在大家谈兴很高的时候，他会笑眯眯地在旁边听着，如果话音稍停，他也会很高兴地说上两句，绝不让大家扫兴。说起来，他的著作和译作等身，我们这一代人对于西方历史和思想的理解，多少都得益于他的翻译和介绍，但他却始终处世很低调。

我常常在想，人怎样才能像何先生那样有修养。"修养"这个词，其实翻过来说就是"文明"。按照一种说法，文明就是人们越来越懂得遵照一种规则生活，因为这种规则，人对自我和欲望有所节制，对他人和社会有所尊重。但是，仅仅懂规矩是不够的，他又必须有超越此上的精神和乐趣，使他表现出一种不落俗套的气质。《上学记》里面有一段话我很同意，他说："一个人的精神生活，不仅仅是逻辑的、理智的，不仅仅是科学的，还有另外一个天地，同样给人以精神和思想上的满足。"可是，我近来越来越感到，这种精神生活需要从小开始，让它成为心底的基石，而不是到了成年以后，再经由一阵风似的恶补，贴在脸面上挂作招牌。尽管他自己很谦虚地说到，他这一代人国学的基础都非常差，没有背过四书五经，但是，他从中学起就读"开明青年丛书"，读冰心的散文、徐志摩的新诗，读顾颉刚和朱光潜，读《神秘的宇宙》和《物理世界真诠》，也看西洋电影和武侠小说，高中时还念 *Tales From Shakespeare*（《莎氏乐府本事》），肚子里面积攒了东方和西方的好多文化知识。他也曾看了《英文一百零一名歌集》（*The One Hundred and One Best Songs*）后，学唱英文歌曲，他回忆那个时候听的法国古诺的《小夜曲》、舒曼的《梦幻曲》、舒伯特的《小夜曲》和《圣母颂》，觉得"回肠荡气的，简直令人销魂……觉得美极了，灵魂都像上了天一样"。

爱德华·席尔斯（Edward Albert Shils）在《传统》（Tradition）里面曾经说到，"何谓传统？凡是代代相传的事物、信念、形象、行为和制度都是传统，自觉性的高低是次要问题，但必须通过三代（时间的长短不拘），也就是通过两传才能成为传统"。我不知道那种从容、自省和乐观的气质，是不是也需要两三代家庭的熏陶和从小浸染才能够获得，但是这种近乎贵族气质的传统，在现在这个变动不居、关系万千重的社会中，似乎是越来越难以见到了。古代中国经常的改朝换代，近代中国太多的底层革命，使得气度好像成了虚伪，风度可能是无能的别名。非得"幸分一杯羹"才能成为胜者，不顾孤儿寡母才能黄袍加身，"我是流氓我怕谁"才无往不利，"千万别把我当人"倒成了可夸耀的名言。世事对何先生这样的人未必公平，社会对有修养的传统也不见得接受，"王侯将相宁有种乎"，在人心中绝对的政治正确，这是很可悲的。席尔斯说，英文字tradition的拉丁语根是traditio，在罗马法中意指一种继承私有财产的方式，但今天英文中的tradition则指一切在传承中能维持不变或重新呈现的东西。但是，不仅在"君子之泽，五世而斩"的古代没法延续，在"你方唱罢我登场"、"天翻地覆慨而慷"的现代，我总担心，那份从容和宽厚，还能够不受世事的冲击而继承下来吗？

  何先生在回忆西南联大的生活时，说到日本轰炸时的梅贻琦和吴晗，"大凡在危急的情况下，很能看出一个人的修养。比如梅校长，那时候五十好几了，可是顶有绅士风度，平时总穿得很整齐，永远拿一把张伯伦式的弯把雨伞，走起路来非常稳重。甚至于跑警报的时候，周围人群乱哄哄的，他还是不失仪容，安步当车慢慢地走，同时疏导学生。可是吴晗不这样，就知道慌着逃命一样。有一次拉紧急警报，我看见他连滚带爬地在山坡上跑，一副惊惶失措的样子，面色都变了，让我觉得太有失一个学者的气度。"在"安步当车"和"连滚带爬"之间，立刻就显示了一个人的气度或风度，而这种气度或者风度，需要长期的修炼和熏染，也需要一个人对一切置之度外的胸襟。

结　语

  《上学记》谈到1949年便戛然而止，这让我觉得很遗憾。

  前半生上学的过程，保留在何先生的记忆里，而在绝大多数读者的记忆中，却是后半生的何先生。何先生曾参加过侯外庐先生主编《中国思想通史》的写作，他自己在中国青年出版社出版的《中国思想史》，不仅有中文本，还有英文本；对于西方历史学理论和方法，他有精确的评述，在香港牛津大学出版社出版的论文集《历史与历史学》就记录了他在这方面的思考；他翻译的许多西方古典，更是影响了一代，甚至好几代人，像我印象最深的《思想录》、《历史的观念》、《二十世纪的历史学》等等；对于明清两代西洋传教士来华的历史，他也有自己的研究，《中西文化交流史论》就广泛讨论了自徐光启到李善兰，明清两代中国与西洋的文化接触。可惜的是，这些在《上学记》里面都没有提到，我曾经向何先生建议把口述历史继续下去，何先生笑而不答。

同住清华，常常看到何先生骑着自行车来往照澜院和普吉院，觉得他真是很健康，从心里为他高兴，有时候和何先生遇见，也只是寒暄几句。可是，当我写这篇小文的时候，何先生因为偶然病恙，却两次住进医院，让人察觉到他已经八十五岁了。八十五岁的老人，那一生经历该是多么丰富而复杂。前些天，我和何先生的学生彭刚一起去医院看望他，被医生命令不准下床的他，手里正拿着《资治通鉴》。看到这一幕，不知为什么我却有一种奇怪的联想。如果说，《资治通鉴》记载的是古代中国的整体历史，而拿着《资治通鉴》的何先生身上，却是现代中国的知识分子的具体历史，在这个古代中国和现代中国、整体历史和具体历史之间，该有多少故事？

走出医院，不知道为什么，我想起了《上学记》里面的一段话，"二战的时候，我们真诚地相信未来会是一个光明的、美好的世界，一个自由的、民主的世界，一个繁荣富足的世界，好像对这些完全没有疑问"。这是一个追求理性和光明的知识分子一生的信念吗？这种信念是否就是支持他一生乐观对己和善意待人的基础呢？

2006年2月23日　初稿

2006年3月7日　修改

第一章 (1921—1939)

我的祖上没有名人

我的祖上没有名人。太平天国打仗的时候，曾祖父逃难从长江的对岸跑过来。因为我的老家岳阳在洞庭湖口的东边，所以说他是河西来的，从湖北尺八口到岳阳，然后就在岳阳定居。他是劳动人民，烧炭的，不识字，我也没见过他。只是回老家听老人们说，他很勤俭而且勤奋，所以晚年生活改善了一些。他一辈子的遗憾就是不识字，所以他要他的孩子念书，后来我的祖父在清末的时候考上了一个秀才。

清朝末年废科举、兴学校，我的祖父在我们家乡办了第一个小学，按解放后的阶级分析来说，应该是从封建知识分子转化成为资产阶级知识分子了。其实这个说法也有点过分，那个小学什么都没有，就是一间普通的房子改一下，收几十个学生。后来，祖父要我的父亲到省城里学习。那时候改立新式学校，每个省差不多都有一个高等师范或者高等工业学堂。比如现在的武汉大学就是原来的武昌高等师范，现在的南京大学是从前的中央大学，再早就是三江师范学堂。湖南也有一个高等学校，叫湖南高等实业学堂，是现在湖南大学的前身，我父亲上的就是那个学校，学采矿。

父亲毕业那年，正值辛亥革命。孙中山在南京成立临时政府，他们几个刚毕业的同学商量，要为民国的新政府服务，就直接跑到南京找政府。虽然没有任何关系，政府却把他们几个都留下来工作，这好像挺奇怪的，现在不能想象了。很快，孙中山的临时政府和北京袁世凯政府合并了——不是一个政府推翻一个政府，而是合并，把政府搬到北京来。我父亲跟着到了北京，就在北京政府工作，所以从民国初年起，我家就在北京落户了。后来到北伐的时候，1928年国民党打过来，把北洋政府打败了，但也不叫推翻，这和我们解放不一样。解放是推翻蒋介石的南京政府，但那个时候不算推翻北洋政府，而是打倒北洋军阀的政权，又把北京政府合并到南京，依然是中华民国政府。那时候我还在上小学，北京①一下空了很多，很多人都跟着走了。我父亲那几个同学也跟着去了，但我父亲没有去。

我的父亲不是国民党党员，至少我不知道他是。父亲一生讨厌政治，认为政治是黑暗的、肮脏的，小时候我经常听他这么说，所以我想他不是党员。后来他搞采矿，算是一个工程技术人员。中央政府搬到南京去，他觉得自己是搞技术

---

① 1928年6月，民国政府将"北京"更名为"北平"，但在日常用语中"北京"也很普遍。如书中"北京图书馆"多则实为"北平图书馆"，"北京师范大学"实为"北平师范大学"。从口语习惯，下同。

的，凭本事吃饭，老跟着政治转没意思，所以就没有去。那时候像他这样的，毕业一出来叫"技士"，就是技术员，熬多少年有了成绩，升为"技正"，才成为正式的工程师。这是两个不同的级别，大概相当于一个科员、一个科长。我父亲一直在北方工作，在龙烟铁矿，在宣化、石景山，在六河沟的煤矿、河南焦作的煤矿，还有开滦煤矿，他都工作过。

我是1921年生于北京，幼儿园、小学、初中都是在北京上的，直到高中一年级。1937年日本人从卢沟桥打起来，我们才回老家。不久，大部分沿海地区都被日本人占领了，包括南京、上海这些城市，很多人——至少是大部分的知识分子都跑到后方去了。

三民主义的少年兵

我上小学的时候，先后经历了北洋政府和国民党政府两个时期。印象仍然很深的是，这前后两个政府的统治有很大不同，至少在我的感受上是这样。不过这一点，好像写当代历史的人都没有太强调。

民国初年，中国实行西方的制度，也开国会，也是有很多党竞争。比如梁启超是进步党，孙中山是国民党，小党派也挺多的。但党是没有自己军队的，凭选票选到议会里，谁的票多谁上去组阁。孙中山有个非常著名的助手叫宋教仁，当时"民国伟人"号称"孙、黄（兴）、宋"，宋教仁是其中之一。他满脑子是按西方的体制搞议会政治、搞选举，根据选举组阁，全是西方的理想。不过那个东西并没有效率，而且结党营私。表面上看党派林立，政权像走马灯一样，今天换这个、明天换那个，其实都是一些政客在操纵，并没有搞好。袁世凯当然也看不顺眼，就把宋教仁刺死了。

所以，孙中山改组以前的国民党是按照西方的体制组建起来的，用我们的术语来说，是个资产阶级政党，始终不成气候。毛泽东总结说："枪杆子里面出政权。"至少在中国是这样的。那些北洋军阀有军队，打到哪里、统治就到哪里，孙中山后来为什么要把大总统让给袁世凯？因为孙中山没有自己的军队。没有军队就没有地盘，没有自己的势力范围，"号令不出国门"，只能在自己的屋里转悠。而袁世凯有自己的武装，实力在那里摆着，也不会听他的。所以孙中山就要求，只要袁世凯承认民国，就把总统让给他。

1923年孙中山改组国民党，"以俄为师"，学习苏联共产党的经验，模仿苏联的体制，而且是全方位的模仿。比方说，他们之间互称"同志"，那也是学苏联，而西方的政党内部并不是"革命同志"的关系。苏联是一党专政的革命的党，党是领导一切的，包括军队。所以孙中山也要建立自己的军队，组建黄埔军校，一定要靠自己的武装把那些军阀都打倒。当然后来他死了，北伐没有成功，到蒋介石接手以后，北伐才算是成功。在军队制度上国民党也学苏联，军队里面都有一个政治委员，政委实际上是最后拍板的人。所以日本媒体称国民党军队为"党军"，党本身有自己的军队，这跟西方体制完全不同。西方的政党哪能有自己的军队？包括今天的美国也是，哪能说民主党有民主党的军队，共和党有共和党的军队，那不乱套了？

再比如三民主义，包括"民族"、"民权"、"民生"。民族主义就是说中国是受欺负的，中国要翻身独立。民权主义是指中国过去没有民主，以后实行民主制度，人民有权，这叫"民权"。最后归结到"民生"，就是要改善人民的生活，所以孙中山自己说："民生主义就是共产主义。"民生主义最开始的两大内容就是要节制资本、平均地权。平均地权当然也要土改，节制资本就是不许个人的资本无限扩大，所有重要的经济方面的事业都归国营，铁路、银行、大型厂矿都归国家所有。这是孙中山的改良主义，不过后来并没有真正实行，蒋介石走了官僚资本的路。蒋介石时期，确实大的事业或者企业大都是国营。大的银行，像中央银行、交通银行都是国营，也有私人银行，那都是小银行。问题是，所谓的国营实际上乃是"政府营"，所谓的"政府营"就是政府里的几个寡头营，其实就是官商，和国家、人民没有关系。

改组后的国民党在体制上学苏联，我们解放后的体制也是学苏联，所以基本上是一样的。国民党时候，每个地方都有一个党部，相当于我们的党委了，党委现在还是第一把手，国民党那时候也一样。国民党执行"以党治国"的路线，解放后叫作"党是领导一切的"，其实内容相同，即一党专政，以党来治理国家。简单解释就是"一个党，一个主义，一个领袖"。党是唯一的，绝对统治一切，"党外无党，党内无派"，什么都由党来决定，这是苏联的模式。西方政党的体制则完全不是这样，他们是选举制，这个下来、那个上去，孙中山改组以后的国民党不是这种制度。他的那个"总理"也不是责任内阁制的"内阁总理"，而是总揽一切都归他管，所以叫"总理"——后来蒋介石改称"总裁"，即一切最后都由他裁决。孙中山有一个规定，那是连黄兴都不赞成的，即入党的时候宣誓，不但宣誓入党，还要对孙中山个人宣誓效忠。所以"总理"或"总裁"，也就是个人独裁。

以前人们总有一种错觉，以为国民党是跟着西方跑的。其实国民党的体制是学苏联的专政模式，与西方的民主模式完全不一样。西方政党不是革命的党，没有说某个政党有自己军队的，只能通过和平手段，通过竞选取得政权。西方的领袖，不但党外人可以攻击他，党内的人也可以攻击他，更不可能要求党员对他个人宣誓效忠。然而，国民党自我认同是个"革命"的党，蒋介石讲话时张口闭口总是"我们革命军人"如何如何，党拥有自己的武装、自己的军队，要用武力夺取政权，另行一套体制。所以它必然是个专政的党，必然有一套与之相配的意识形态的统治，领袖尊严神圣不容冒犯。

孙中山改组国民党的这套"以俄为师"的思路和当时的国际大气候很有关系。当时的英、美等老牌西方民主国家正值经济大恐慌，都显得很没落，而苏联的斯大林、意大利的墨索里尼以及德国的希特勒则气势逼人，有一股方兴未艾的气象。所以在20世纪二三十年代初期，专制独裁乃是一种世界性的潮流。甚至张学良下野到欧洲游历一番后，也相信了法西斯主义，认为只有法西斯主义才能救中国。在这种世界历史的背景之下，国民党没有跟随英美民主，而效仿苏联的专政体制，便不足为奇了。

我做小学生时，北伐以后就有了政治学习，"党义"和革命史是学校里的公共课，要背三民主义。"为什么说三民主义是救国主义？"一共三条，答：一、民族主义争取中华民族在世界上的平等，所以它是救国主义。二、民权主义是它争取什么什么，所以它是救国主义。三、民生主义是什么什么。而且每个星期一的早晨都有一节课做纪念周，纪念孙中山的，叫作"总理纪念周"。校长或其他老师带着我们背《总理遗嘱》，那是国民党的《圣经》，就像我们"文革"的时候天天读《毛主席语录》、背"老三篇"或《再版前言》一样。每个教室里都挂孙中山的像，上边横批"天下为公"，那是孙中山题的，他喜欢那几个字，还有"革命尚未成功，同志仍须努力"这副对联，下面是《总理遗嘱》。

其实，一种意识形态究竟能否成功，并不在于它口头上所强调的。如果不能在实践中经受考验，无论理论多么冠冕堂皇，都没有意义。我记得有个教国文的老师是国民党党员，一次在课堂上说："总理遗像上的这副对联有人说要改一下，改成'宋氏尚有一龄，同志仍须努力'。"宋蔼龄是孔祥熙夫人，宋庆龄是孙中山夫人，宋美龄是蒋介石夫人，传说还有一个叫宋妙龄的，可见当时国民党的党性程度之低。

国民党有意识形态的灌输，开口三民主义、闭口三民主义，就跟我们解放后整天马列主义、毛泽东思想一样。但之前完全不是这样，北洋军阀没有意识形态的统治，这是和国民党时期最大的一点不同。记得我很小的时候，各系的军阀纷纷争着占领北京，今天这个军队来，明天那个军队来，也不知道他是哪一系的，什么奉系的、直系的、皖系的，我都不了解。过军队的时候，他们也是排队唱着军歌，唱些什么呢？说起来非常可笑。他们唱："三国战将勇，首推赵子龙，长坂坡前逞英雄。"三国里的战将谁最勇敢呢，首先就是赵云赵子龙，他在长坂坡单骑救主，七进七出，一个人就把阿斗救出来，成了英雄。他们把这个故事作为军歌，非常滑稽可笑，表明北洋军阀没有抓住意识形态这一环，如果有的话，那就是《三国演义》了。再比如国歌，中国古代有个《卿云歌》，"卿云烂兮，纠缦缦兮；日月光华，旦复旦兮"，萧友梅为它谱了曲子，这就是北洋时期的国歌。20年代[①]末国民党北伐，国旗和国歌都改了，五色旗变成青天白日满地红，国歌里唱："三民主义，吾党所宗，以建民国，以进大同。"这是我们小时候唱的第二首国歌。

另外再说一件事，也可以说明北洋时期和国民党时期有多么大的不同。北洋时期，比如蔡元培做北大校长的时候，提出"兼容并包"，请的那些教师里面有保皇党辜鸿铭，有黄季刚（侃），有叛徒刘申叔（师培）。刘申叔也是位国学大师，早年参加同盟会，后来又背叛了革命，所以说他是叛徒，但这样的人蔡元培也要。还有后来的布尔什维克李大钊，自由主义胡适，陈独秀——现在应该算他是激进的民主主义了，他也要。还有鲁迅、周作人、梁漱溟，他都要。假如北洋政府真要严格起来的话，完全可以把北大给封了，把蔡元培抓起来，可是蔡元培在北大却真正来了一场自由开放，这在国民党时期就不可能了。

陈独秀后来被国民党关起来，虽然共产党说他是托派，

---

① 指20世纪20年代，从口语习惯，下同。

可国民党还认为他是共产党,把他关在监狱里。一直到抗日战争爆发,全民抗战,红军改编为第八路军,这才把他放出来。释放以后,陈独秀依然非常穷困,国民党没有给他任何生活保证,四川有个人把他请到家里养着。后来周恩来受党的委托,邀他回延安,他也不去,说是"士可杀,不可辱"。那时候北大的校长是蒋梦麟。陈独秀本来是北京大学教授,既然把他放了出来,国民党完全可以把他送回北大。那么重量级的人物,无论教不教课、干不干事,完全可以给他一个名义,把他养起来,也等于增加自己的政治资本,但国民党并没有这么干。

我并不想抬高北洋军阀。北洋时期的那些军阀根本没有任何长治久安的打算,他们关心的只是争地盘、刮地皮,整天你打我、我打你,有的纯粹就是土匪。例如"三不知"的张宗昌,不知自己有多少兵,不知自己有多少钱,不知自己有多少小老婆。像这样的人根本无暇顾及其他,看不惯了可以抓人,但并没有也拿不出任何意识形态的东西。这也恰好给五四运动提供了一个特殊的环境,如果是在严格的思想专制之下,类似五四运动的思想启蒙是不大可能出现的。所以我们那一辈的年轻人,或者比我年纪大一些的年轻人,实际上受的都是五四运动的影响。科学、民主,"自由、平等、博爱",还是蔡元培带回来的法国革命的口号,我们小时候都已滚瓜烂熟。记得我上小学一、二年级时候,有一次举办成绩展览，其中有一副对联是高年级的同学写的，上面写着："仁义礼智信，德谟克拉西。""德谟克拉西"是什么？我不懂，就回家问，姐姐还笑我，说："这个你不懂。"其实就是英文里的Democracy（民主）。这副对联的意思是说：中国文化传统是"仁义礼智信"，西方的精神传统是"德谟克拉西"。

比较一下童子军的军歌，也非常有意思。童子军是19世纪英国人贝登堡创办的，我小的时候每个学校都有了童子军，也有军服。但其实就是体育课，除此之外还讲一些知识，比如救生的知识，野营的知识。北洋时期，童子军军歌里唱"二十世纪天演界"、"不竞争，安能存"，那还是清末严复翻译《天演论》里物竞天择、适者生存的理论。当然，这种理论也并不代表北洋政府官方的意识形态。北洋政府官方没有意识形态，也没有意识形态的教育，所以我们的教育实际上是所谓资产阶级的旧民主主义教育，从童子军军歌就能表现出来。歌词里有一句："哥哥华盛顿，弟弟拿破仑。"后来我们老师还说："哥哥华盛顿没有问题，弟弟拿破仑恐怕有点儿问题。"拿破仑搞侵略战争，不过我们那时候还是把他的早期看作法国革命的代表，所以就这么唱下来。北伐以后，童子军军歌就改了，当时是言必称三民主义，所以歌词改为"我们是三民主义的少年兵"，突显意识形态。不过那时候我已经小学四年级，不再是童子军了，所以我的弟弟会唱，我就不会唱了。

民国十七年，也就是1928年，国民党的势力才达到北京，但只统治了很短的一段时期。1931年9月18日，日本占领了沈阳，随后占领东北，军队到达了长城。强敌压境，北京处于一个最前线的地位，在政治上非常脆弱，国民党势力也就没有那么强了。枪声零零碎碎地打了很久，但并不是大规模，打一阵、停一阵，大概有三四年的光景。1935年夏天订了《何梅协定》，国民党的势力就完全退出了华北。但后来据说，并没有这么一纸成文的协定。当时负责北方事务的是何应钦和黄郛，何应钦任军委会北平分会委员长，黄郛任行政院北平政务整理委员会委员长，黄郛的秘书汤鹤逸后来在云南大学任教。云南大学的李埏教授曾经和我谈到，解放后据汤说，他随黄郛一起去参加了谈判，但并没有签订一纸书面形式的《何梅协定》，只是双方达成了口头协议与谅解。国民党的力量从北平、天津、河北撤出，党部全部撤走，日本也没有直接来统治，而是交由西北军29军统治。

西北军是杂牌军，都是过去旧军阀的那些势力，主要是冯玉祥的。那时候他已经下台了，但他的军队还存在，不属于国民党的嫡系。国民党撤出后，29军驻扎在北京，成立了一个冀察政务委员会，统治河北和察哈尔地区。察哈尔就是现在内蒙古锡林郭勒盟和张家口一带。1935年国民党势力退出北京以后，情形又有了变化。比如"一二·九"运动，为什么那年冬天才发生？这和当时时局有关。那时国民党势力不能直接统治了，党部撤出，取而代之的是杂牌军。而那些杂牌军还是北洋时期的作风，实际上没有意识形态的统治。看不顺眼它也抓人，可是没有一个类似三民主义或者其他什么主义的正面理论，所以学校里面思想反而比较自由。"一二·九"运动爆发在1935年冬天，一直到1936年冬天，持续了整整一年的时间。

"一二·九"见闻

我们小时候经常到天安门开会，有一阵几乎天天排着队去。是什么会我们并不知道，也不懂得，才一、二年级能知道什么？反正有老师带着，我们就跟着去。天安门前搭个席棚，那是主席台，总见上边有人讲话，也是慷慨激昂的，然后还呼口号，但讲些什么我们都不知道，小学生哪懂那个。不过当时的政治气氛还是非常活跃的，尤其北洋的时候。北洋时期的内阁不断走马灯似的更换，换个内阁总理两三个月就下去了，下次又换一个，又下去了。它的统治政权也是跟着枪杆子走，军队到哪里政权就到哪里。比如奉系张作霖张大帅来了，他就变成国家元首，叫作"安国军大元帅"，住在顺承王府，就是现在政协礼堂的那个地方，当时是张作霖的大帅府。对面有个大影壁，上边写着"紫气东来"，因为它是朝东边的门，所以是"紫气东来"，不知道现在拆了没有。后来到了国民党时期，天安门集会就少了，因为它是"一统天下"了。

学生运动我经历过很多，那些学潮大都是不满当时的政府，不然也不成其为"潮"。学潮波及中学、小学，包括"一二·九"运动。开头是大学生，北大的、清华的、燕京的、师大的，都是他们在游行，经过一个学校就敲门，我们就都跟着跑，抗日救国热情高涨。学校里当然也有不同的政治态度，比如我们班，当时是初中了，一说打倒日本帝国主义基本都赞成，因为都恨日本人。只有个别同学不赞成，也分两种情况。一种属于书呆子型，认为学生就应该认真念书，不要管政治，当然社会上也有这种意见。另一种是家里有特殊背景的，比如汉奸或者遗老，他们受了家庭的影响，所以不赞成。

80年代的时候，有一个北大的学生要毕业了，请我给她的论文提意见。当时正在闹学运，我就跟她说："你做一个定量分析，看看各种态度的同学到底各占一个什么样的比例。"她就做了这么一个定量的分析。说，大约有十分之一的人非常积极，他们是"专业户"，专心搞政治运动。大概有十分之一二的同学积极拥护，有一半左右的同学基本赞成，是跟着走的。有十分之一专门念书，还有十分之一是反对的。这个定量分析和我们解放前的差不多。从小学到中学、到大学，在我的印象中，当时学生的政治倾向基本上就是这样的比例。有十分之一的人是"专业"的，他们是真正的革命者，或者叫反革命也可以，属于职业政治活动家。国民党称他们为"职业学生"，就是说他们不是来念书的，他们的职业就是搞运动、搞政治。前些年有一次校友会，我见到一个老同学，他的名字我忘了，可是我对他印象很深，个子挺高的。我说："我记得你，你常和陈良璧在一起，但我就是忘了你的名字。"我和陈良璧很熟，中学同班、大学同学，他们是老乡，所以他们常在一起。后来他对我说，他在大学念了十一年。别人都是四年毕业，他怎么念了十一年？实际上，他就是以学生的身份搞学生运动。还有十分之一二的人是积极参与的，像贴标语、写大字报。还有组织活动的，随便起个名字，比如"爱国社"、"读书会"，小的七八个人，大的几十个人。还有歌咏队，实际上也在做宣传。所以当时的骨干大概是百分之十几的样子，除此以外，大概绝大多数都是跟着走的。包括我在内，游行我们都跟着去，我们是拥护的，但要我直接搞活动我搞不了，我也不是那块材料。然后有大约十分之一是拥护现政权，或者并不反对政府的，他们就不赞成搞运动。当然，也总有十分之一左右是专门念书的，他们就是全心全意念书，有的也念得很好。

五四的时候没有打死人，抓了一批，但也很少。火烧赵家楼大概抓了二三十人，没过几天又给放了。第一，当时的政府也希望缓和。第二，火烧赵家楼是烧曹汝霖的家，可是连曹汝霖在内也提出要赶紧把学生放了。放了以后，蔡元培还带着师生欢迎他们回来，这好像是今天难以想象的事。最大的一次是1926年的"三一八"，在铁狮子胡同，就是现在平安大道的最东边，学生包围铁狮子胡同的段祺瑞执政府，那次开枪了。鲁迅有篇文章《记念刘和珍君》，写的就是那一次。那次确实开枪了，死了几十人，是死人最多的一次。再后来，我所经历的学生运动，最大的就是1935年的"一二·九"和1945年的"一二·一"。

　　东北三省以及热河沦陷以后，日本军队长驱直入到了山海关、马兰峪等长城关口一带，时断时续地对中国发动小规模战争。但国民党政府一味委曲求全，并没有认真应战的准备。日本给国民党施加的压力越来越大，1935年有个《何（应钦）梅（津美治郎）协定》，国民党势力全部撤出北京、天津和整个河北省，把冀、察交给原西北军的29军，军长宋哲元。实际上就是找一个非蒋介石嫡系的杂牌军管理冀、察地区，作为日本侵华过程的一个缓冲。1935年12月成立了以宋哲元为首的"冀察政务委员会"，其中有一部分人就是汉奸或准汉奸，于是发生了"一二·九"游行，反对成立这个所谓的冀察政务委员会。

  那年的冬天雪下得多,而且特别大,有一次连下了三天,胡同里厚厚的积雪都没过了膝盖。那天早上七点多时,街上人还不多,我在上学路上听到两个拉洋车的谈话,一个说:"西直门又关了。"另一个问:"怎么又关了?"那个人回答说:"今天闹学生。"我料想一定出了大事,到学校才知道是"一二·九"游行。那次游行学校领导并不知情,是学生自己组织的。我家住在西单商场附近,记得第二天早上一出家门,就看见道路两旁的树枝上挂满了冰,非常好看。可以想见,前一天的场面会是多么激烈。宋哲元的29军用大刀、警棍和枪托殴打学生,并用水龙头阻止游行队伍,可是没真正开枪,所以没有学生死,但有人受伤。第二天,各大报纸都开了天窗,也就是撤掉原版,只剩下一页空白。只有一份外国人办的英文报纸 The Peking Chronicle(《北平时事日报》),对学生游行进行了图文相配的大幅报道。我们看不懂,就把报纸给了英文老师,请他讲。老师在台上指着图片讲得眉飞色舞,我们在下面听得也心潮澎湃,还知道北师大的篮球国手张连奎被军警打断了胳膊等等,就像在听英雄故事一样。

  "一二·九"实际上包括四次大游行。一次是1935年的12月9日,然后12月16日又一次,都是星期一,其中"一二·一六"规模最大,绝大多数的大学生,还有很多的中学生都参加了。第二年春天抬棺游行,然后6月13日又是一次,至少在北京游行了这四次。

1936年6月那次我参加了,当时我是初中三年级的学生,不满十五周岁,跟同学一起去游行。队伍走到西单被军队截住,不准走了,开枪,但不是真正开枪,而是朝上放空枪。一时学生队伍大乱,军警趁乱打了过来,用大刀、警棍殴打学生。队伍一下就被冲散了,根本无法抵抗他们的袭击。我和另外两个同学拉着手钻进路旁的一个照相馆,怕被人看见,不敢站在门口,一直往里跑,躲到一间小黑屋子里,后来我们才发现那屋子是洗照片的。我们躲在里边,屏住呼吸,听到外面非常嘈杂,等声嚣慢慢平息下来后才走出来。那些照相馆里的人正在描述外面打斗的情形,学生如何如何抢棍子、跟军警对打之类,说得有声有色,忽然发现我们仨从里面走出来,都大为惊讶——原来里面还藏着三个人?!我们从照相馆出来以后不敢回家,跑到附近的一个同学家里,他母亲还给我们做炸酱面吃。下午又有同学来他家聚谈,大家都很兴奋。当局一味地"敦睦邦交"、"亲善睦邻",而中国青年终于能够公开聚众高喊"打倒日本帝国主义"了。

晚上到家以后,碰到一个我的邻居,他是另外一个学校的,比我大两岁。他说那天他们也去了,后来也是被打散,轰到景山公园里关起来,中午还给他们送馒头、咸菜。到了下午，北平市的市长来讲话，他是29军的参谋长，叫秦德纯，是宋哲元派去和南京联系的，兼任北平市市长，后来做了蒋介石国防部的副部长。市长并没有训斥学生，反而抚慰了一番，大意是说还是同情你们的，对日本一定要抵抗，不过不可操之过急以致鲁莽误事。当时29军的一些高层人物也不想采取与学生为敌的态度，广大官兵还是爱国的、抗日的，这一点和后来解放战争时期国民党军方与学生的对立情况就有所不同了。

1936年春天，第十七中高二学生郭清被抓起来后死在监狱里，学生抬着棺材去游行，也是被军警打散了，抓了一批学生关起来。我有一个姐姐是北大化学系的，她是"一二·九"运动的积极分子，在这次游行中也被抓了起来。后来我们才知道，原来她是地下党。过了两天，父亲收到一封信，是北大校长蒋梦麟写的。内容很简单，大意是说你的女儿被抓起来了，不过请你放心，我一定尽快把她保释出来，下面是他的签名盖章。果然，没过几天就把她放出来了。如果按阶级成分来划分，蒋梦麟应该是官僚兼学阀（教育部长、北大校长），居然出面来保学生，怕也是今天难以想象的。可在解放前，凡是学生出事，校长大都出来保。按说我的子弟上你的学校，你就应该负责他的安全，子弟被抓进去了，从道义上讲，你就应该负责把他保出来。所以那时候，校长会出来保学生，包括教师也是这样。"一二·九"的时候军警来抓人，学生往往躲到教师家里，如果教师事先知道风声，马上就通知学生，让他们赶快走。

不过校长总是比较难做，特别是学运。上面有政府在压他，下面的学生又不断搞运动，校长被夹在中间最不好受。一方面，做校长的跟学生对立好像说不过去，但另一方面，校长是政府当局任命的，大学的牌子上都写着"国立清华大学"、"国立北京大学"等等。所以凡是一闹学潮，校长总是非常为难，蔡元培辞职也是这个原因。

上学记·甲

我有三个姐姐，其中一个是女一中的，后来考上北大经济系，一个是师大女附中的，后来在北大学化学。所以我的印象一直就是"将来我也得上北大或者清华"，没有想到别的选择。当时北大、清华是最大的学校，每年收两百人左右，在校的学生最多不过八百，考学的时候也有激烈竞争。记得初中三年级毕业那年的暑假，我和关崇煜到学校里玩儿，碰见我们的英文老师，他跟我们聊天，说："你们知道今年北大有多少人报考？"我们不知道，他说："今年考北大的，不算外地，光是北京就有四千人。……你知道北大才取多少？才录取两百！"他说这话的时候，神情非常紧张，好像脸色都变了，甚至给我一种恐怖的感觉，好像发生了什么重大的事情一样，所以印象特别深。他那意思是说：你们得努力。

1.力矫时弊，以古为则？

我们上中学的时候主课三门，国文、英文、数学，那是真正吃分的，大家都非常重视。其余的属于辅课，一来大多没有课外作业，二来不算分数，所以都不太注重。而这三门主课里，国文相对最轻，因为无论好坏总有个七八十分，不会不及格。记得只有一次，一个高年级的同学国文不及格，大家都觉得简直是奇怪，怎么能国文不及格？

国文一般没有不及格的，当然成绩也不可能太好，不会给你一百分。在我的印象中，自己只有一次得过一百，那是在长沙读中央大学附中的事了。本来南方学校是文言文更占优势，我们的国文老师陈行素先生又是个守旧派，迷信文言，不喜欢白话文，说："白话有什么可讲的？你们自己去看。"陈先生为人很好，可是专门讲文言文，教庄子、《史记》，整天强调："文言文你们不能不做，中国文化真正的精华都在这里面。"那时候两周交一篇作文，我知道他喜欢文言文，有一回就故意用文言写了一篇。其实我知道做得不行,可是他看了非常高兴,给了我满分,同学还说:"哪有作文给一百分的?"就是因为那次用的是文言。

白话文到今天真正流行也不过五十年的时间,解放前,正式的文章还都是用文言,比如官方的文件。除了胡适,很多学者的文章都用文言,研究生的毕业论文也大都如此,好像那时候还是认为文言才是高雅的文字,白话都是俗文。北京是五四运动发源地,白话在北京算是比较流行的,我们小时候就已经不怎么学文言了。小学正式只学过一篇《桃花源记》,因为老师欣赏这篇,所以就给我们讲这篇。还念过几首唐诗,什么"床前明月光,疑是地上霜。举头望明月,低头思故乡",都是非常简单的。中学六年基本上是文言、白话各占一半,不过那也要看老师。班里有几位女同学最喜欢看巴金,我们那位国文老师看不起白话文,在课上就说:"什么'春天里的秋天'、'秋天里的春天',我都不看他的。"除了他,一般老师都是文言、白话参半讲。文言大多是《古文观止》里的那些名文,比如苏东坡的《赤壁赋》,范仲淹的《岳阳楼记》,韩愈的《祭十二郎文》,个别的还讲点诗词。

考大学的时候一般不要求用文言写作文,但进了大学以后,各个学校就不同了。我进的是西南联大,新文化传统很强,不管学什么专业,一年级国文是必修,规定作文必须是白话,不能用文言,而且教的内容大部分也是白话,还包括林徽因和徐志摩的。可是在南方的中央大学,中文系主任汪辟疆,那也是名人了,新生一入学,汪辟疆就写了一个告示,说:"本系力矫时弊,以古为则。""时弊"是什么?就是白话文。就是说:本系要极力地矫正当时的坏风气,以古作为我们的准则。

我上学的那一辈同学,除了极少数有家学渊源的以外,绝大多数人的古文根底、国学根底都不行,因为从小就不读那些东西了。小学先从最简单的"人、手、足、刀、尺"开始念,然后是简单的白话文,这跟我们上一代的人不同。他们从小就读古书,四书五经念下来,对中国的经典非常熟。可是我们,像《论语》、《孟子》都是到了大学才开始看,以前只知道名字,没有真正读过。七八岁的时候,有一天父亲递给我一本书,说:"今天背完了再出去玩。"拿来一看是《大学》,"大学之道,在明明德……"什么意思我根本不懂,只知道背不完不准出门,不过我印象中的也只有这么一次。

我们这一代人的国学根底非常差,一方面受到五四运动的直接影响,另一方面,我想也和政治有关。国民党时期有一股复古风,在它的最高权力机关,比如戴传贤(季陶),他就是一个主张"尊孔读经"的。像北京的宋哲元、山东的韩复榘,在南方我的家乡,湘系军阀何键,在广东,号称

"南天王"的粤系军阀陈济棠，都是极力主张"尊孔读经"。这一点给我们那辈人一个反感，为什么这些人都主张"尊孔读经"？可见"尊孔读经"绝不是什么好东西。我们的想法可以说是很幼稚、很天真的，不过你想，这些官僚军阀能提出什么好东西？他们越要"尊孔读经"，我们就越不"尊孔读经"，用"文革"的话，跟他们对着干。所以我们这一辈人，传统国学的基础都很差，绝大多数都没有入门。

还有一个原因，我们那一辈人所学的内容相比过去要复杂得多，国文、英文、数学、物理、化学、生物、生理卫生，历史、地理包括中国史、外国史、中国地理、外国地理，还有体育、劳作、音乐、图画，还有童子军、军训，乱七八糟也挺忙活，所以不可能真正把精力放在某一项上。我现在想，其实这也有道理，因为我们要"与时俱进"。时代已经进步了，你还一上来就背"子曰"、"诗云"，这也行不通。我们毕竟生活在现代，时代需要你多方面的发展，那就得什么都学一点。不过这就使得我们国学的基础非常差，很多有关传统的知识都是听说书的讲的，或者看戏看来的。

总的来说，我们这一辈受到的教育承接的是西方的传统，而不是中国的传统。数学学的是加、减、乘、除的四则运算，到了小学高年级开始接触应用题，初中就学初等代数、初等几何。我们的几何教材是北师大数学系傅种孙编写的，后来他做了师大副校长。记得《几何学》开宗明义就是对基本概念"点"的定义:"今有物焉,无以为名,称之为点。"使人摸不着头脑,简直就像"道可道,非常道"。我们的老师反复讲,几何学里所有概念都是由"点"引申出来的,因此"点"本身便不能再加以定义。从论理学(逻辑)上说,《几何学》里对"点"的定义是最准确的了。

英语的学习始于小学三年级。我们那位英文老师极其严厉,每天默写十个生字,写不上来不准回家,错多了还要打手板。所以我每天只背七个生字,算是及格,可以免打。上了初中,我们用的一本英文教科书是师大附中编的《中学英文选》,语言非常优美,读起来朗朗上口,很多我都能背诵。比如Franklin的 *Poor Richard's Almanac*(《穷查理年鉴》)中的格言,还有Washington Irving的 *Rip van Winkle*(《瑞普·凡·温克尔》)。到了大学,理科不用说了,百分之百都是美国教本。法科也是,比如法律学、经济学、政治学,统统都是西方(主要是美国)的教本。至于文科,那要看学什么专业了。比如中国史,那只能用中文的,不能用外文本,可是要学世界史,包括古代史、中古史、近代史,就都是美国的本子了。再比如学中国古典哲学的,那得有很好的古文基础,可是学西方哲学的,比如康德、黑格尔,只要把外文学好就行了。

可是现在我跟年轻的同志谈起,还是说:"你们还得学古文。"毕竟中国的文化五千年,总有四千九百五十年它的载体都是古文。除非你不要这四千九百五十年,那可以,否则要继承这个历史文化的话,就得非学古文不可。而且我还跟那些青年同志们说:"你们中文一定要学好,即便将来出国不回来了、你做了外国人,可是你的优势就在于你有中国文化的基础。假如把自己的优势给放弃了,挺可惜的。"借用"文革"的话讲,那是融化在你血液里面、渗透在你骨髓里边的,是你天然的优势所在,所以一定要学好。你别跟外国人一比,外语比不上他,你对中国文化又不懂,那是不行的。

2.无事乱翻书

上了初中二年级以后,渐渐脱离幼年时代的爱好,似乎有点开窍了。从前比较狭隘,仅仅限于《三侠五义》、《七侠五义》、《水浒传》之类的武侠小说,还乱七八糟看了好些笔记小说,包括《聊斋志异》。记得有一次作文,我模仿《聊斋》胡编了一段鬼故事,老师写了句批语,说:"你这学的是《聊斋》吧,以后不要学这种文章。"但是到了十三四岁,正是知识初开的时候,逐渐开始接触近代,看些杂志、报纸和新出版的东西,慢慢有点开眼界了,对于时局和政治也关心起来。因为年轻,吸收也快,每次跑到北京图书馆一次可以借五本书,差不多一个星期都能看完。而且看了又换、看了又换，知识扩充的速度要比成年和老年快得多。

记得有一套"开明青年丛书"。开明书店当时是很不错的，解放以后改为"中国青年出版社"。这套书非常之好，大概有五六十种之多，所选内容都很精彩，比如丰子恺、朱光潜、王光祈的书。丰子恺不只是美术家或者文学家，而且介绍了许多新知识，像《孩子们的音乐》、《近世西洋十大音乐家故事》，还有《西洋建筑讲话》，从古希腊的神殿讲起，读后我觉得非常满意，大大开拓了自己的视野。其实丰先生不是学音乐的，也不是学建筑的，都是抄日本的二手货，不过对我们来说却是新知。好比你编一本几何学教科书，或者代数学教科书，并不见得你的几何、代数水平有多高，可是这本书本身有影响，给中学生念了就增长知识，其价值不在学问本身。

再比如梁启超的书，那时候我也喜欢看，可以说，我们中学时代很大一部分的知识来源都得自梁启超。其实里边很多是抄日本的，要用现在的要求来说，那是抄袭，得揭发！不过不能那样看待他。那时候中国人没接触西方文化，最初一步只能是抄袭，靠从日本转手。梁启超自己说："未能成佛，便先度人。"自己还没成佛，就先救别人。在当时，大家如饥似渴地需要这些东西，他知道一点马上就告诉大家，所以我们不能嘲笑他，就好像你不能嘲笑三岁小孩子一样。人的成长过程本来就是这样，那时候我们正像三岁小孩儿刚刚学知识，必然有这么一个过程。梁启超的思想非常敏锐，什么东西都往里搬，搬了我们就受它的影响，所以他的贡献非常之大。

我觉得，对一个学人应该有两种评价，或者说两种标准，一是学术研究方面，看他是不是有贡献，另外一个标准就是他对时代的影响。有很多人对时代的影响太大了，包括梁启超、胡适，他们影响了整个一个时代的风气，就不宜单从专业的角度来衡量。在某一专业的研究上，他们也许未必有多大贡献，可是他们对于整个时代的影响实在太大了。包括郭沫若在自传里都讲，他们那个时代的青年几乎没有不受梁启超影响的。梁启超对我们那一辈的影响也非常之大，有好几篇文章我现在都记得，比如《论中国学术思想变迁之大势》，那是讲中国古代思想的，还有《中国历史研究法》，我们都读的。和梁启超一样，胡适的功绩在于宣传新文化，可以说相当于西方的伏尔泰，都是领导一个时代风气的先驱，功绩是伟大的。其实我们对各方面的人才都需要，不光是大诗人、大科学家，我们也需要领导各个时代风气的宣传家或启蒙者，他们都是有贡献的。

我有一个同学叫关崇焜，家里是官僚贵族，父母两系都是尚书级的。入了民国以后，当然也没落了，不过他们家的房子非常好，深宅大院一层套一层，而且藏书很多。我和关崇焜很要好，经常跟他借书。他家里旧书特别多，二十四史一大套，我看不了，而且也不想看，他就推荐了《清稗类钞》。那是一套清人笔记，属于野史，记载的大都是清朝的真人真事，这就大大增长了我的历史知识。而且读起来挺有意思的，虽然都是文言文，可是并不难懂。所以一直到后来我都喜欢读野史，总觉着它较之正史更为人性化，也更真实。

除此以外，他还借给我许多新文学的书，比如冰心的散文、徐志摩的新诗。徐志摩的诗我很欣赏，读起来上口，可以背诵，这是其他白话诗比不了的。其实徐志摩的诗也是模仿，模仿英国浪漫派，可那时候对我们来说却是一个很新颖的东西。茅盾的书我不喜欢，是硬着头皮读的，因为那些小说的背景都在上海，写股票市场里多头、空头如何操作之类。我对那种生活完全隔膜，一点儿都不懂，所以看着没兴趣。巴金的文章我也不欣赏，一直到老了我都不欣赏，觉着那些东西就是平铺直叙，而且缺乏思想深度，得不到什么启发。可是鲁迅先生辛辣、讽刺的笔触却很打动我，我对他那么冷酷无情地鞭挞中国人的劣根性深有同感。解放以后，大概我们的评论家们认为应该鼓舞中国人的士气，不能妄自菲薄总说泄气的话，所以对民族劣根性方面不再提及，一提就是光荣伟大、勤劳勇敢，一直到今天都有这个问题。不好的时候自卑自贱，好的时候就跳到另外一个极端自高自大，动不动就把老祖宗搬出来，这不和阿Q心理一样？这是没出息的表示。我认为，一个人、一个民族的完善都需要正视自己的缺点，唯有如此才能真正鼓舞士气、真正进步，否则徒然助长虚骄之气，是没有好处的。

某些学术性的东西我也喜欢。比如1937年春天，开明书店出版的《中学生》杂志里连载了顾颉刚先生的三篇文章，讲明末清初的三大家，顾炎武、王夫之和黄宗羲，让我大开眼界。没想到多年以后，在历史所和顾先生认得了，"文革"时候竟然还关在一个牛棚里。还有朱光潜的《给青年的十二封信》、《谈美——给青年的第十三封信》，似乎给我打开了看待世界和人生的又一扇窗口。记得他的第十三封信的最后"慢慢走，欣赏啊！"，他说，人生中很多挫折和不幸都是不可避免的，关键在于我们如何去看待。阿尔卑斯山奇峰峭壁，风景壮丽，可是很多人在游览时都是驱车前行，风驰电掣一转眼就过去了。所以路边就竖有一个牌子，写着"慢慢走，欣赏啊"，意在提醒游客要慢慢欣赏美景，不要走马观花。文中谈到，人生就像游览阿尔卑斯山，要经历无数的艰难险阻，我们应该好好地欣赏。

《天演论》我是后来才看的，那时候没有看过。严复是桐城派，他的文章完全是桐城派的笔调，非常难读，所以我也读不下去。零零碎碎地听别人介绍，什么"物竞天择"、"适者生存"，那是转手来的。但是，达尔文的进化论对中国思想界的影响非常之大，就连我们小时候童子军的军歌都是"不竞争，安能存"。达尔文的思想以及随后风行一时的实证主义思潮影响到胡适，胡适的思想缺乏深度也与此有关。他始终都停留在进化论的阶段，停留在实证主义，而且批评别人时也是这样说：什么什么人为什么还这样思想呢？因为他没有接触进化论的缘故。胡适接触了进化论，却被进化论束缚了，处处都受了它的限制。林琴南（纾）也是桐城派，也是位文学家，可是他的文笔却很容易看。他介绍了很多西方的文学作品，大概有一千万字，大部分由商务印书馆出版，叫"说部丛书"。因为都是小说，而且每本都不太大，一天就能看一本，所以我读过不少，深受其影响。

中国对西方有一个认识的过程。鸦片战争打了败仗，知道他们的船厉害、炮厉害，我们打不过。过了二十年，开始要进步了，知道洋人不只会开炮开船、会造机器，还有科学，否则怎么能船坚炮利？所以就成立了同文馆、广方言馆等等，学习西方语言、西方的科学知识。又过了三十多年，知道他们之所以比我们先进，除了有声光化电的知识，还有一套与之配套的政治体制，有议院可以"通上下之情"，人民的意见可以反馈到上层去。康有为搞戊戌变法，就是要开议院，通上下之情，那时候叫立宪，要实行宪政，这就又进了一步。到了五四前夜，又知道洋人也有精神文化。过去我们总认为，中国的东西是最好的，中国的仁义道德全世界第一，所以只学人家的船坚炮利，学点声光化电，用王国维的话讲，那都是些"形而下之粗迹"。王、梁一辈人介绍西方哲学，中国人才逐渐了解，原来人家也有自己的一套哲学。既然要开放，就应该也知道人家的文化。林琴南介绍的那些文学著作，写的都是人心、都是感情，原来西方人也有很精微的精神生活和思想感情，不像我们想象的那样只会做机器。这使中国人对世界的认知更深入了一步，而且是非常有价值的。

林琴南的功绩还是应该肯定的，不能只用翻译的眼光去评价他。实际上他也并不懂外文，先后找过几个人合作，其中以杭州魏易最佳。他给林讲故事，然后林就完全用自己的话来写。林琴南是桐城派，文笔不错，可是也闹出好多笑话。比如他在一本小说里描述，某个人生气了，就"拂袖而去"。中国古代的衣服是宽衣博带，生气了把袖子一甩就走，叫作"拂袖而去"。可西洋人穿的是西装，袖子挺窄的，没法"拂袖"，所以就闹了笑话。不过我们不能从翻译的角度去看他，说他哪里不符合原文、哪里不符合原义。在文化转型时期，在当时的条件下，他输入那么多东西，对中国是有贡献的。再说那也不是翻译，而是别人告诉他一个故事，他用自己的笔重写。严复比他好一点，因为严复懂英文，可他是按照自己的意思译，加了很多自己的东西在里边。所以现在要是专门研究严复的话，得仔细对照原文，看看哪些是他自己加上去的，哪些是原来的内容。

另外还有两本书让我觉得大开眼界，一本是James Jeans（金斯）的《神秘的宇宙》。金斯是英国的大物理学家，不过他也写些通俗和哲学的东西，在当时是非常新的书，被收入"开明青年丛书"。还有一本书叫作 The Nature of Physical World（《物理世界的性质》），商务印书馆出版，中译名为《物理世界真诠》，作者也是英国有名的物理学家，叫 A.Eddington（艾丁敦）。我们那时候不懂科学，以为科学就是"铁板钉钉子"，但在他们看来，科学并没有一个客观的标准。认识是主观形成的，物理世界不过是你思想中的构造，究竟物理世界是怎么样的，里面有很多的神秘，我们现在理解不了。艾丁敦在书里讲了很多奇怪的东西，比如时间。我们以为时间和空间一样，几尺几寸、几分几秒都是客观的存在，可他说时间本身是可以伸缩的，空间也可以收缩，介绍了费氏收缩作用等等。我不懂科学，但因为作者本人是大科学家，我想他们讲的或许也有道理，至少开拓了自己的思路。

实际上，这些对于科学的理论都是唯心的，所以我在年轻的时候既受了唯物论，也受了唯心论的影响，后来始终也没有排除这种杂驳的思想。我们过去对于科学认识得太朴素了，以为绝对不能动摇，中国最早的近代科学家李善兰不就认为牛顿经典体系是"铁案如山"吗?其实完全不是那么回事,那是牛顿脑子里总结出来的,有他本身的主观性在里面。后来我上了大学,又看到一种观点叫作"方便的假设论",即我们所有的科学观念都只是靠方便的假设。比如两点之间直线最短,这是个"方便的假设"。因为它是个公理,没有证明,你用这个最方便,那你就这么假设。当然别人也可以不这么假设,非欧几何就不承认两点间直线最短,也可以另外推出一套几何学。

所以,虽然我们说科学具有客观的标准,可是这个客观的标准离不开主观,总是我们思想里所肯定的标准,而不是实实在在摆在那里的什么东西。比如你戴上红眼镜,看什么都带点儿红颜色,要是戴个黑眼镜,就看什么都比较暗了。问题是:如果我们不戴眼镜,看到的东西是否就是客观的样子呢?也不见得。因为我们生下来就有一副"眼镜",就只能这么认识世界,至于别的物种是不是也认为如此,那就很难说了。比如一个蚂蚁,也许它就体会不到三维。把它放在篮球上跑,可能它对这个皮球的理解只是个平面,这就是它天生的"眼镜"。人也是这样,比如四维的空间我们就不会设想。当然科学家也许可以从数学上推论出四维空间,可是我们一般人只能设想三维空间。人的先天认识能力就这么大,人的思维结构就是这样给定的,我们只能这样感知,所以很多大科学家都是唯心论的。爱因斯坦相信上帝,他又补充一句，说：我的这个"上帝"是斯宾诺莎式的上帝。实际上就是大自然，大自然本身是很神秘的。

解放以后有了标准的说法，比如辩证唯物主义、历史唯物主义，那是标准，凡是不符合的就是错误，像金斯和艾丁敦的这两本书都得受批判。可是解放前，"三民主义"里边不讲这个，反而允许有各种不同的说法，所以让我大开眼界，也带来许多困惑。

当时有一本介绍唯物论思想的哲学书，即艾思奇的《大众哲学》。那是最流行的，很多青年都受这本书的启发，从而倾向或者走向了革命。我疑心他也是从日本转手，但是看了以后反而并不欣赏，觉得他没有讲出道理来，也不知道在谈什么，总之不是哲学。比如他讲事物的变化，开头就说事物像孙悟空一样可以七十二变，什么什么变来变去。我觉得他讲的毫无道理，事物是变的，可是能像孙悟空那样变吗？人能变成狗，狗能变成人，今天变个猴子，明天变个马，这可能吗？那是神话，不是哲学，比喻不能代替论证。一直到解放以后听他的讲演，我都不怎么欣赏。在我的印象中，他的武断更多于论证。

不过那时候，思想界也是什么都有。记得抗战前有一本书叫《当代三大怪杰》，书皮上印着三个人的像，斯大林、希特勒、墨索里尼，这就是所谓"当代三大怪杰"。因为当时也有一种思潮，认为民主政治总是乱糟糟的没有效率，独裁政治强而有力，所以独裁政治才是方向。包括张学良，他到欧洲旅行了一次，回来以后也是这种想法，认为中国还是要实行法西斯。抗战开始后，我回老家考中央大学附中，笔试之后还有口试，考我的是常任侠先生。后来他到军事委员会政治部的第三厅工作，似乎曾做过周恩来的秘书。口试的时候问了许多问题，别的我都忘了，可有一个问题我至今都记得。

他问："你喜欢什么？"

我说："喜欢文学。"

"看过什么书？"

我随口说了几本文学书。

又问："你崇拜什么人？"

崇拜其实是一种迷信，不是什么好东西。我那时候也是倾向自由主义的，所以就说："我不崇拜什么人。"

"崇拜墨索里尼？"

我说："不，我不崇拜他。"

后来我觉得很奇怪，你是个进步人士，怎么问这个问题呢？不过这也说明，独裁政治的思想在当时确实风行一时，所以他才这样问，大概是了解一下我的思想吧。多年以后，好友王浩和我谈起当年的口试，说也被问过同样的问题。他当时回答："我最崇拜我父亲。"他很得意，如此就解决了一个问题。

抗战前报纸很多，在北京影响大的有《晨报》、《世界日报》、《世界晚报》，后两种都是前辈报人成舍我所办。我家里订了两份报，每天放学回家都翻一翻，顶长知识的。北京图书馆里的报纸更多，中文的、英文的、日文的。记得卢沟桥事件以后，我曾看见一份日文报纸，上边印着大字的标题"华北赤化之学生非常不稳"。内容我看不懂，但至少有个印象，就是当年日本人对华北学生运动非常关心，因为他们是抗战最活跃的力量。

那时候杂志也多，像《大公报》的《国闻周报》、胡适的《独立评论》等等。林语堂在上海办《论语》，荟萃了周作人、丰子恺、巴金、老舍等一批当时知名大家的文章，销路很广，我几乎每期必读。其中印象比较深的，还有一位叫姚颖的女作家。她的文章很俏皮，写的是"京话"，南京的"京"，专门报道官场上的动向和见闻。后来有一期新年版，这些作家纷纷写新年贺辞，并附有本人照片，我看到有周作人、丰子恺。丰子恺当时也就三十多岁，照片上却留着大胡子，但最让我吃惊的是姚颖——居然是一位妙龄少女！没想到她竟能如此熟悉南京的官场。后来才知道，姚颖的先生当时在南京做个不大不小的京官，是借她的名字来写官场上的事情。抗战期间，他在甘肃省做教育厅厅长，在一次意外中死了,姚颖自此也从文坛上销声匿迹。

还有好几种跟《论语》差不多的杂志,比如《宇宙风》。那是陶亢德与林语堂合编的,里边有很多很好的文章。邹韬奋在上海办生活书店,出了很多进步的杂志,介绍左派的知识。再有就是看《世界知识》,那是当时左派的国际政治刊物,配有地图分析国际政治形势,上海出版的。这杂志现在还有,不过现在我倒不看了,但那时候通过它知道很多,是我们有关世界知识的主要来源。

国民党也有好几个出版社,也有几家右派杂志,讲什么"伟大的领袖"之类,不过并没有市场,销路不大。另外,那时候也欣赏苏联的一切。因为苏联是一种新文化,没有剥削、没有压迫,各尽所能,按劳分配,不劳动者不得食,我们看了就觉得美好极了。当然,实际上恐怕也不就是这样,但当时却引发我们无限的憧憬。

3.天籁幻想

师范大学是当时全国唯一的一所高等师范学校,就在和平门。对门是师大附中、师范附小,那时候就是名校,我高中一年级上的就是师大附中。那时候中学也是全国性的,如果家庭条件比较好,也是把子弟送到大城市里来上学。城市里的学生年纪比较小,个子矮,坐前面,而那些从外地来的、乡间来的往往年纪比较大，坐后面。我有一个很熟的同学，是从绥远（今内蒙古中部）来的，好像比我大三岁。

其实，受教育不一定是在课堂上听老师讲。师大附中南边是琉璃厂，那是全中国书店最集中的地方，新的、旧的总有几百家。中午吃了饭，几个大同学没事儿就去逛书肆，我也跟在他们屁股后边转，真是大开眼界。有好多中国的旧书，也有洋书、新书，都摆在那里，琳琅满目。很多新式的出版社，比如商务印书馆、中华书局、开明书店，还有北新书局，鲁迅的书就是北新书局出的。当然好多书我都不懂，但是看着好玩儿。

比如从前听说有二十四史，没看过，到了书店，嚯，那儿摆的有二十五史，还有二十六史。好么，原来还有这么多史？！《元史》是中国正史里边编得最差的，所以清末柯劭忞又编了一套《新元史》，凑起来是二十五史。清朝亡了以后就没编史了，民国初年编了一个《清史稿》，不算是正史，所以叫"清史稿"，把它算上就是二十六史。这就开阔了眼界，虽然不一定有多大的学问，但让你知道原来还有这么多东西。所以，很多人接受的知识和他的思想并不单纯是在学校里边上课得来的。那些年纪大的同学去琉璃厂转，我也跟着在书铺里转，转来转去，可以知道不少东西。现在没人带了，我也懒得去，其实还是应该没事转一转。

有一阵我想学音乐，虽然不清楚到底学什么，但真是着迷，现在看来太荒唐了。音乐得从小学起，而且要学得很专业。我没那条件，只是看了王光祈、丰子恺的书，知道有些个名家，什么Mozart、Schubert、贝多芬，音乐界有三"B"，巴哈、贝多芬、Brahms，觉着这些大音乐家了不起，就想学音乐。那时候北京有个中华乐社，出了一套《世界名歌选粹》，一共五本，北京图书馆有，我就借来抄过一些。另外有一本叫《英文一百零一名歌集》(*The One Hundred and One Best Songs*)，在琉璃厂的商务印书馆就有卖，里边都是美国小学生、中学生唱的歌，很多人都有一本。像Stephen C.Foster的《老人河》①(*Old Folks at Home*)，我们就自己学着唱，大概也学了好几十首。虽然歌唱得不怎么样，副产品倒是学了些英文。

还有一本中华书局印的《世界名歌选》，钱歌川编的，印刷很好，我花一块多钱买了一本——那时候到小饭铺吃碗面不过才一毛钱，所以一块钱已经很贵了。这本书里选的歌并不多，但几乎每一首都给我的印象非常深。第一首是法国古诺的《小夜曲》，第二首是舒曼的《梦幻曲》，听了真有一种梦幻的感觉。还有舒伯特的《小夜曲》，回肠荡气的，简直令

---

① 《老人河》(*Old Man River*)，作者 Jerome Kern，此处疑为《故乡的亲人》。这是何老特别喜欢的一首歌，每次哼唱起来都沉醉其中，令听者动容。文中保留了他"深刻"却有出入的记忆，谨此怀念。

人销魂。后来一个间接机会我又听了舒伯特的《圣母颂》，觉得美极了，灵魂都像上了天一样。这本书里还有一首是从托马斯的歌剧 Mignon（《迷娘》）里选出来的，内容出自歌德的小说 Wilhelm Meister（《威廉·麦斯特》）。麦斯特游学的时候遇到一个马戏班的小女孩 Mignon，是意大利人，从小被拐卖给了马戏班。但她总有一个模糊的印象，影影绰绰觉得自己是从一个十分美好的地方来的，于是唱了一首歌，歌词就是歌德的诗《你是否知道那个地方》。听了以后，我觉得仿佛到了另一个天地，感觉美好极了。

一个人的精神生活，不仅仅是逻辑的、理智的，不仅仅是科学的，还有另外一个天地，同样给人以精神和思想上的满足。我想信仰宗教的人大概也有这种感情，这是不能用理智来论证的。我们的科学仅限于逻辑推论的范围之内，其实在纯理范围之外还有广阔的天地，还另有一个精神世界，就像《王子复仇记》中哈姆雷特对好友 Horatio 说的一句话："这个广大的世界，许多东西不是你那可怜的哲学所能想象得到的。"①

那时候我有两个途径可以听音乐，一个是抗战前，学校里偶尔组织听唱片。音乐课上也听，但更多是学生自己组织的，谁家里有就找点儿来，大家一起听。另外，当时师范大学有两个系几乎是全国独一无二的，一个音乐系，一个体育系，其他大学都没有，所以还是很有名的。这对我们有个便

---

① 参见《哈姆雷特》第一幕结尾。

利，因为我们学校就在对门。他们有篮球队，在当时都算是国手了，是全国最好的。比如国手牟作云，作为主力参加过1936年的柏林奥运会。我在西南联大上学时，他教我们体育，是体育主任马约翰先生的女婿，后来当了篮球协会的主席。所以，经常他们一比赛我们就跑去看，当然也不要门票了。还有，每个星期六晚上师大都有个自己的音乐会。虽然没有大规模的管弦乐、交响乐，可是提琴、钢琴都有，歌唱也有，我们就跑去听。所以好些歌我都听过，很熟，感觉真是美好极了。

上小学、上中学的时候，偶尔也去看戏。不过我觉得，京戏是一种太古典主义的东西，它有非常严格的形式，你必须按照这个严格的形式来表现。像我们作八股文一样，怎么破题、怎么起承转合、怎么结尾，要求得非常严格。你可以有发挥，可是必须按着这个严格的规矩来发挥，一点儿都不能出圈。这就是古典主义的艺术，它跟浪漫主义不一样，浪漫主义讲究发挥个性。而且我觉得京戏的音乐太差了，翻来覆去就只有那几个牌子。其实应该每一部戏、每一个情节都有自己的旋律，这才符合戏的内容。不能说无论表达什么感情、什么情节都只限于那几个旋律，把音乐也脸谱化了。当然我从京戏里也获得了很多知识，有些是非常可笑的，让我以为古代真就是那样。比如京戏里打仗，双方都是一个将领出来带几个人，然后两个主将交锋，完全看主帅的本事。其实完全不是那么回事，真正的战争不会那样，可小时候我以为古代打仗就是那样的。

当年我们还有一个重要的娱乐或者知识的来源，那就是电影。大多是好莱坞八大公司的电影，说它是营养也好，毒品也好，我还真看了不少。当时北京主要的电影院有五家，东城的"光陆"、"平安"、"真光"属于一轮影院。西城的"中天"、"中央"属于二轮影院，设备较差，票价也低，成了我们这个消费层次的人常去的地方。

有几部我印象很深，像《蝴蝶夫人》，那是歌剧电影，还有《倾国倾城》①（Cleopatra），女演员是 Claudette Colbert，当时非常有名。再比如莎士比亚的《仲夏夜之梦》，导演 Reinhardt，配乐用的是19世纪作曲家门德尔松的作品，都是世界名人。还有一个印象最深、至今都不能忘记的，是莎士比亚的《罗密欧与朱丽叶》，中文名字叫作《铸情》。演朱丽叶的是 Norma Shearer，那时候北方译名和南方不一样，北方把她的名字译作"薛爱梨"，南方则译为"瑙玛·希拉"。演罗密欧的是 Leslie Howard，也是《乱世佳人》的主演之一。那时候我十几岁了，思想刚刚开窍，才知道，哦，原来世界上还有这么美妙的东西。那时的电影没有配音，都

---

① 《倾国倾城》为港版译名，即《埃及艳后》。

是原文，当然大多听不懂，可是偶尔也听懂几句。记得罗密欧看见朱丽叶以后，说："啊，那是东方，朱丽叶是太阳。"听了非常感动。从那以后，几次跑到北图借莎士比亚的中文译本来看。

国产电影我看得很少，比如《火烧红莲寺》、《关东大侠》之类，相比之下就显得粗糙一些。演员水平赶不上，摄影技术赶不上，配音赶不上，编剧也赶不上，看了觉得非常之假，没人家的水平好。当时最流行的小说是张恨水的《啼笑因缘》，电影由胡蝶主演，还到颐和园拍外景。胡蝶后来是电影皇后了，其实阮玲玉演得比她好，属于实力派。我看过阮玲玉主演的《三个摩登女性》，不过她二十五岁的时候自杀了，挺可惜的。江青当时只是一个 starlet（没有名气的演员），我没看过她的电影。张爱玲的出名只在沦陷区的上海，她的小说及改编的电影我们在后方看不到，所以一直到现在，我对张爱玲的作品都不了解。

我小时候读书不是很卖力，不过成绩还说得过去，所以上大学最先考的是工科。其他同学的情况不尽如此，确实有开早车、开夜车的，或者既开早车又开夜车，不过那是死读书，成绩也并不一定很好。我想，这和我们的传统观念有关。过去我们是一个落后的农业国家，总想着怎么起早贪黑，天不亮就去干，干到夜里不收工。我们在干校的时候，两个星期才放一天假，而且来不来就夜战，白天干不完晚上干，其实也没干出多少成绩。成绩不是靠体力拼出来的，要是这样干的话，撑死了也翻不了一番，更提不上翻两番、翻三番。一个人一天二十四小时，你不能干四十八小时的活儿，要这样拼的话，爱因斯坦做出那么大的成绩，他一天得干多少小时？

包括现在也是这样。我们总有一种落后的农民意识，老想着拼命，强调"吃大苦，耐大劳"，可是进步不能光靠这个，不然整个人类文化能进步多少？前些年我们还提过"超英赶美"，为什么要超它？不就是它比你先进。可它为什么先进？难道英国人、美国人晚上都不睡觉？"满面流汗，终生荆棘"，这是《圣经》里的话。"面朝黄土，背朝天"，中国人干了五千年，可英国历史才一千年，美国连五百年都没有，哥伦布发现新大陆才五百年，它们为什么先进？我们中国人口是英国人口的二十倍，英国才六千万人，我们十三亿，要论起早贪黑开夜车的话，我们不知道应该比它高明多少。可是近代的伟大开创者，像牛顿、达尔文，包括马克思（1849年起定居伦敦），都是出自英国，而不是在中国，为什么？是我们中国人懒惰？不能那么说。李政道二十九岁就得诺贝尔，论读书，我八十多岁了，肯定看得比他多，怎么人家得的了诺贝尔，我得不了？其实并不那么简单。

想要出成绩，总得有三个方面的条件。一是天赋，这点不能强求，每个人天赋不一样，这没什么可丢脸的。二是环境，这也不是每个人都能争取到的。第三就是个人的努力。但个人的努力应该得法，不能只讲拼体力，老是延长劳动时间、增加劳动强度，那是不行的。读书也一样，书读得好坏跟你拼不拼命没关系，天天开夜车，我不认为那是一条正路。当然，一个字都不看，那成文盲了，也不行。你好好地做就是了，像吃饭一样，不吃饭不行，那饿死了，但也并不是吃得越多身体越好，吃多了没有用的。

鬼子来了

我们这一代人对日本的仇恨非常强烈，我想现在的年轻人已经不会有这种感受了。可以说，对日本人的仇恨是我们这代人难以了却的情结。比我年轻一代的，也就是解放以后一直到"文革"时候的中小学生，他们大概也有一个情结，就是对个人崇拜的情结。一听到伟大领袖，马上泪流满面，现在的青年人恐怕也没有那种情结了。一个时代有一个时代的情结，我们那个时代的情结就是仇恨日本。

1931年"九一八"事变的时候，我正在读小学五年级。当时我的一个堂兄从沈阳来，打算看看北京，再回沈阳找工作。9月19日那天，天气炎热，父亲下班回来，一进门就说:"你不要回去了,号外登出来,沈阳已经被日本兵占领了。"由于当时的不抵抗政策,不久东北三省就全境沦陷了。历史的功过很难评说。当时,全国人民都痛斥张学良,作为东北三省的最高长官,竟然一枪不打就全部放弃了。现在我们知道,张学良之所以这么做是迫于蒋介石的命令,可那时候的人并不能谅解他。迫于压力,张学良很快撤到了山海关,整个东北三省就此沦陷,北京逐渐暴露在最前线。

那时觉得北京已经不安全了,为了躲避战乱,不久我们就回了一趟老家。我的老家在湖南岳阳,正在洞庭湖入长江口的地方,离岳阳楼很近。岳阳楼非常有名了,和武汉黄鹤楼、江西滕王阁并称江南三大名楼。唐代大诗人杜甫题诗"昔闻洞庭水,今上岳阳楼",到了宋朝,范仲淹写了一篇有名的《岳阳楼记》,"先天下之忧而忧,后天下之乐而乐",这两句现在大家都会背。一天我在岳阳楼上玩儿,看见远处有四艘军舰冒着黑烟开过来,到了湖中心卸下小皮艇,大概有一二十条的样子,都是日本兵,拥到岳阳楼上参观。我看见他们的帽子上印着"大日本军舰保津"、"大日本军舰出云"。"保津"、"出云"都是他们的船号,"出云号"就是后来"八一三"时候的旗舰,也就是司令舰。看了以后,我心里非常不舒服。怎么能长驱直入,直接把军舰开进人家的内湖,这不是敞开了横行吗?这在任何主权国家都是不允许的,可他们居然就这样横行霸道。

冬天，天气已凉，我们家又回到了北京。在此之前，我就读于祖家街的第三中学，那里曾经是明朝降将祖大寿的旧宅，所以叫"祖家街"。但从湖南回来后正值学期中间，我就失学了。父亲的一位朋友和一所私立中学的校长很熟，于是我被带到这个学校插班。这所私立学校名为"五三中学"，1928年5月，北伐军占领济南，日本人制造了"五三惨案"，该校就是为纪念5月3日国耻命名的。当时，北京有很多以营利为目的的私立学校，又叫"野鸡学校"，不过这所学校各方面并不像我想的那么糟糕。老师都是从北师大毕业的，总体上讲水平还不错，而且尽职尽责，非常诚恳。有一次我和关崇煋在学校里和数学黄老师谈话，他平日对我们俩比较垂青，那天他郑重地说："你们就要毕业了，一定要读一个好高中，入师大附中，将来上清华！"

东北沦陷后，少帅张学良住在北京的顺承王府（今政协礼堂所在地）。我每天上学都要从这里经过，门前堆起沙包，行人路过都要受检查。应该说，当时的张学良是千夫所指的"不抵抗将军"，我在课堂上就听见老师公开地骂："你堆沙包有什么用？日本人飞机扔一个炸弹就把你炸了。"关于张学良私生活颓废堕落的传说很多，说他吸毒，说"九一八"当晚日本人攻进北大营时，他正在看梅兰芳的戏。国民党右派元老马君武还写了一首当时脍炙人口的打油诗："赵四风流朱五狂，翩翩胡蝶最当行。温柔乡是英雄冢，哪管东

师入沈阳。"（此诗似是仿李商隐的《北齐》）

日本1937年攻占北京，其实在这以前，他们的军队早就大量开入。这当然是侵略行为，不过国民党政府没有力量阻止，也不敢阻止它。1936年秋天，那时我上高一，9月18日早晨9点18分——他们故意挑这个时间，日本军队突然开进北京城。从东长安街走到西长安街，大队坦克车从新华门的前面开过去，在北京城里耀武扬威。那时候柏油不太好，放学回来，我看见柏油路上坦克车轧过的痕迹都清楚极了。不过他们这样做是很失败的，何必采取这种横行霸道、不得人心的姿态呢？抗日战争中，他们对平民区毫无道理地乱炸一气，有的都给炸平了，其实越是这样越激发人们的反感与反抗。

我们都恨日本人，又生气又害怕，再有就是"高丽棒子"。"高丽"是朝鲜，"棒子"是流氓，在日本浪人的手下做事。日本浪人本来就是日本流氓，那些高丽棒子做他们的走狗，就是流氓手下的流氓，最可恨了。虽然他们是亡国奴，可又自视比你高一等，因为他们是老亡国奴，你还没亡国呢，所以在他们看来，你是更下一等的准亡国奴。元朝的时候把人分成四种：最高是蒙古人；第二等是色目人，即西域人；第三等是汉人，即中国北方先被征服的人；第四等人是南人，指最后被征服的中国南方的人。汉人跟南人还不一样，因为北方早就被占领了，北方人是顺民，南方人则更低一等。高丽棒子也是这样，他本来是亡国奴，做了日本流氓手下的流氓，越是这种人越可恶，正所谓"汉儿尽作胡儿语，却向城头骂汉人"。

我在北京只读到高中一年级就到后方去了。同班同学中有没走的，在日本统治下又念了两年，直到高中毕业。后来我入西南联大的时候，七八个北京的同班同学结伴同行，从天津坐船到上海，再坐船到香港，由香港换船到越南海防，然后换火车到河口，最后再坐三天小火车到昆明。从河口到昆明并不远，火车走滇越铁路本来也不需要三天。但山里边铁路用的是窄轨，和我们的电车一样，晚上就不开了，而且白天路边有人招手上，火车就停下来，所以走得非常之慢。这一路很艰苦，从北京到昆明要走三个月，还有走半年、走一年的。因为穷，到了一个地方往往找个小差事糊口，干上两个月，然后拿点钱又走，真是不容易。做亡国奴的那种心情不好受，所以才有那么大的决心。

1939年在昆明，我和以前北京的同学又见面了。问起日本统治下那两年的情形，他们说，日本人一来就把英文课废止了，全部改学日文，弄了一个日本人来教，其实也是学校的总监。我说，你们学了两年，日文应该不错了？他们说："什么不错，一个字都没学，字母都不认得。"大家谁也不念，考试全班都不及格，最后都是零分。他们还对我讲，

1937年底日军攻占了南京，敌伪下令要全北京市学生参加庆祝游行，消息一宣布，全班同学都哭了。虽然我听到这件事已是两年以后，依然激动不已。

日本侵略中国不是把中国统一，而是在东北、华北、南京分别扶植几个傀儡政权。打下东北以后，建立了"满洲国"，溥仪做皇上，用的那一套人马都是原来满清的遗老。比如罗振玉、郑孝胥，其实他们都只是摆设。打下华北以后，在北京成立"华北临时政府"，用的是一批北洋时期的政客，表面上继承的是北洋政府的"法统"。先请吴佩孚，那是北洋时期的军事领袖，可是吴佩孚不出来，一说是条件谈不拢，结果被日本人害死了。后来用王克敏，曾任北洋时期的财政部长。日本人打下南京，又成立了一个"维新政府"，后来改叫"南京国民政府"，扶植的是以汪精卫为首的一批国民党，包括陈公博、周佛海等等这样一批汉奸。

1935年12月，以宋哲元为首在北京成立了"冀察政务委员会"，也是个日本侵华的特殊产物。因为无论真正是国民党或日本哪一方面来了，都不会有他的份儿。日本不过就是利用他作为向"特殊化"的过渡，反过来，如果真正国民党势力直接控制了，也不会要他这种非嫡系的旧式军阀。今天却为宋哲元送上一顶"爱国将领"的桂冠，似乎很不实事求是。不应无视历史，"爱国"一词也不宜贬值。29军广大官兵的确是爱国的、抗日的，但宋哲元本人——至少在我的印象里——不过是想利用这个特殊的环境，在日本人与国民党的夹缝之中做个土皇帝。所以，他一方面敷衍南京政府，一方面又敷衍日本，在中南海举办堂会戏，请马连良、尚小云等名角来唱《四郎探母》，享受土皇帝的生活。可日本并不想让你永远处在半独立的状态，而是要彻底其皇民化的统治，所以这种苟全于夹缝之中的土皇帝注定是要短命的。

"一二·九"运动前夕，《独立评论》上发表了张奚若先生名震一时的大文章《冀察当局不宜以特殊自居》，旨在批判宋哲元的北京军政当局政府，警醒他们不要卖身投靠日本人。那篇文章当时引起了很大的轰动，为此《独立评论》还受处分，停刊了好一阵。1937年，中日战争已经到了一触即发的地步，宋哲元仍然在夹缝中求生存，梦想能够继续维持他土皇帝的宝座，并没有积极认真地备战，而是对日本一味妥协、敷衍，最终导致一败涂地的惨重损失。我们对宋哲元的痛恨决不亚于对日本的痛恨。如果以大刀、水龙头镇压"一二·九"运动的宋哲元是爱国的，难道"一二·九"运动是卖国吗？尽管宋哲元后来并未做汉奸，但他的所作所为与"爱国"二字相去甚远。如果不是他一味地妥协求全，北京、天津和河北不至于那么轻易地沦陷，等于拱手送人。

日本是1937年夏天动手的，7月7日在卢沟桥打起来，可是宋哲元根本就没有任何思想和物质的准备，手忙脚乱地不断后撤。蒋介石在江西庐山举行会议，请来全国著名的人物，讨论对日本作战的问题。要知道，庐山对于中国近代的历史影响太大了。过去蒋介石在那里办军官训练团，而且基本上每一年都把各界的名人请到庐山开谈话会，交流意见，其中包括了北大、清华的重量级人物。前几年我读曹汝霖的回忆录，1937年他也上了庐山，蒋介石专门跟他谈过话。那时候，连曹汝霖都认为非打到底不可，有人问他："你不是亲日派吗？怎么也主张非打不可？"曹汝霖说："我主张亲日，指的不是帝国主义的日本。现在他们侵略我们国家，是我们的敌人，怎么能再讲亲善？"①他说，"九一八"之后的几年内，日本政府都无意扩大战争，可惜当时当政的人，包括张学良在内，都没有把握好时机。现在日本军阀已经形成气候，日本政府没有能力控制局面，所以我们没别的办法，非打不可了。

应该补充一点，自1935年以后，由于大势所趋，蒋介石国民政府确实也在备战，并在各方面都取得了可观的进步。比如开通了陇海路、粤汉路，尽管这些也是出于对内控制的考虑，但也是针对日本的。另外，还邀请了英国经济学家李兹·罗斯到中国进行币制改革，没有这一项改革，抗战初期

---

① 参见《曹汝霖一生之回忆》，原文："我主张亲日，不是亲帝国主义者的日本。现在他们侵略我国，与我为敌，怎能再讲亲善？"中国大百科全书出版社，2009年，第317页。

的财政是无法支持的。那时候,蒋介石的谈话表现出一种民族复兴的姿态,曾经有两句非常有名:"和平未到根本绝望时期,决不放弃和平;牺牲未到最后关头,决不轻言牺牲。"但卢沟桥事变发生之后,蒋介石最后决心要打,发表了庐山谈话,表示目前已到最后关头,北平既变成沈阳第二,南京就会变成北平第二,正式宣布要抗战到底。后来毛泽东写文章,说这是多年以来蒋介石在对外问题上"第一次正确的宣言"。随后,红军按照国民党的番号改成第八路军,接受军事委员会蒋委员长的领导,全国一致抗日。

"八一三"淞沪会战,日本在上海大举进攻了。同学关崇煜和我非常要好,他家有无线电,可以收到南京中央电台的广播。当时正是暑假,我们相约每天下午见面,他都送我前一天收听、抄录的新闻,比如中国空军的英勇作战、日机追击英国大使许阁森座车之类。还告诉我说,每次时事新闻广播之前都先播放《义勇军进行曲》,鼓舞人们对日作战的士气和决心。

日本那时候对中国打仗,优势就在于它的工业基础比中国强,它的武器装备和组织训练比中国强,所以它的军力也比中国强。在北方还以陆地上打为主,可是在上海,它就有了海、空军的优势。那时候中国空军很少,而且用的都是美国飞机。年纪比我大一点的学生,很多人都去投考航空学校。那一批人素质都很优越，所以中国空军在一开头打的时候，战绩还是挺辉煌的。有一位前辈叫沈崇海，我没见过，是从报上知道他的。沈崇海1928年考入清华土木工程系，毕业后又考入杭州笕桥航空学校。"八一三"的时候，他的飞机被高射炮打中了，他就驾着飞机直冲下去，撞日本的旗舰"出云号"，二十六岁就殉国了。

上海这一仗打得厉害，一则全国士气高涨，二则国民党确实也打。张治中是当时的司令，几十万军队投入进去，足足打了三个月，不要说全中国，那是全世界都没料想到的。不过，如果单从军事上讲，这一仗却打得很不明智。应该是打得赢就打，打不赢就走。地方那么小，又是平原地带，无险可守，谁的炮火集中谁就占据优势。中国的力量远远不如人家，等于是拿人命去换他的炮火，那样硬打牺牲太大，不值得的。淞沪战役唯一的收获就是振作了士气，"我们也能打"，"也能跟他拼"，在政治上、心理上或者精神上起了鼓舞作用，同时可以获得更多的国际支持。也许这是必要的，可真要算起细账来，我觉得划不来。后来上海守不住了，一泻千里，整个阵营都乱了。日本人攻下南京，首府被人家占了，然后是徐州会战。北边的日本部队已经占领了北京、天津，顺着山东南下，南边的则从南京向北打过去，两边夹攻。打下徐州以后打郑州，然后沿着长江向上，1938年的秋天，日本人就打下了武汉。

国民政府从南京撤到武汉，本来主要的后路是粤汉路，通过它走香港，然后就可以和外边联系。那时候国民党总有依赖心理，太掉以轻心，认为英国或者美国很可靠，日本不会打广州。结果日本军队在大鹏湾登陆，轻取广州，粤汉路就被断绝了。本来还有另一条路，从广西走镇南关（今友谊关）到越南。可是日本人打了广州以后就打广西，这条对外通道也断了，所以就只剩下一条与外界联系的途径——云南。云南南边通越南，那已是唯一的出海口，实际上对外已经几乎完全被封锁了。

返 乡

我在师范大学附中读完高中一年级，1937年7月底，正值暑假，北京沦陷了。宋哲元的29军撤出去，接着就是日本统治时期。一开始，日本军队没有直接进城，出头的是一批汉奸，搞了个"维持会"，还不是一个正式成立的政府。街头上出现了一些半通不通的标语，如"华北人民结束起来"，意思大概是要华北人民团结建设一个华北傀儡政权，想必都是日本浪人、高丽棒子写的。8月14日早晨天朗气清，万里晴空，尽管还是盛夏，天气却很凉。我一大早起来站在大门外等报纸，只穿了一件单衣，觉得一阵阵的冷意。

拿到报纸后,我看到头一天上海开战的消息,非常耐人寻味。以前都是说:日军进攻哪里,我军奋勇抵抗,收复了哪里。但北平已经沦敌,随着局势的转变,报纸上的态度和立场开始大为改观。如果是中国人的口气,应该是"日敌悍然进攻上海",但那天的头版大标题"上海战事昨晨爆发",用一种纯中性的表达方式,完全是旁观者的口吻。

蒋介石在庐山会议发表演说,下定决心抗日到底。但当时日本毕竟比中国强,大家都知道要打的话就得下决心长期抗战,不可能在短期内把它打败。所以从8月开始,北京就有很多人陆陆续续南迁。上层人士、知识分子走得最多,有钱的、有地位的,觉着不安全就走了。农民离不开土地,他们的生活等于钉在了土地上,除非真正炮火打过来的时候躲一下,否则农民一般不会走。工商界的一般也不走,因为他只能在那个工厂或商店里工作,走了哪吃饭去?在汉奸维持会的统治下过了一个多月,9月初,除了在煤矿工作的父亲,我们家也走了。母亲是家庭妇女,对外界很多事情不甚了解。当时我已经十六岁了,算是半个劳动力,可以做一点事,就和姐姐一起带着母亲、妹妹回了老家。

那时候北方在打仗,铁路已经不通了。主要的两条铁路,一条是今天的京广线,那时叫平汉路,从北平到汉口,但战争已经打到保定附近,所以这条路断了。还有一条叫津浦路,到南京浦口,就是今天的京沪线,因为天津南面打仗也断掉了。我们只能先到天津,然后坐船到青岛——当时已经不能坐船到上海了,因为上海也在打。从青岛换火车到济南,再坐火车到徐州,最后转郑州到汉口,那时候大家都这么走。

我们走的那天早上,天可凉了,而且感觉非常奇怪。火车站一般都人很多,来来往往乱糟糟的,我想古今中外的火车站都这样,可只有那天早上的感觉特别不一样。人还是很多,可是静悄悄的,一点儿声音都没有,好像一根针掉到地上都听得见,整个火车站弥漫着一种令人窒息的死寂。这种感觉我经历过两次,另一次是在1933年春天。早晨天刚刚亮,一架日本飞机就开着机关枪在北京的上空盘旋,啪啪啪啪啪,非常之响,不知道它在打什么,可能是示威。我待在家里不敢出门,等到飞机走了以后才去学校,气氛也是奇怪极了。一般上课前大家又说又笑,班里总是乱哄哄的,可是那天一进教室,全班同学都坐在座位上,老师也坐在那里,一点儿声音都没有,就好像都德《最后一课》里描写的那种要亡国的感觉。所以离开北京的那个早晨,弥漫在火车站里的那种亡国的惨痛给我留下的印象特别深,寂静得近乎恐怖,好像空气都凝固了。再比如后来的"运动"期间,开大会,说今天要揪一个什么什么样的反革命分子,上面宣布:"限你五分钟站出来!否则,就……"全场寂静极了,一点儿声音都没有。"好,还有三分钟,……两分钟。"谁也不知道要揪出去的是谁，我想被揪的人事先也没有心理准备，不知道要揪出去的就是他。那种感觉非常恐怖，比我们年轻一代的人大概不能想象了。

我们从天津走水路，上船不久，有人从无线电里听说天津被飞机轰炸了。记得有个人问："天津不是日本人占领了吗，那还炸什么？"那人回答说："是中国飞机，一共去了六架。"我们听了都非常兴奋。后来到青岛换火车，那时候坐车已经非常困难了，等于逃难一样，人很多，而且运输也不正常了。因为要保证军用优先，所以民用的火车没有正点，只能在车站上等，不查票，也不用买票，什么时候车来了你就往上拥。火车一路走走停停、停停走走，非常之慢，也没有座位，挤个地方能窝下来就行。路上还好，只有一次碰上日本飞机的空袭，来了四架。火车停下来，我们都跑到田里躲。当地驻防的国民党军队有高射机关枪，就朝天上瞄准了猛打。结果有一架被打中了，冒着黑烟往下坠，大家就欢呼。有个兵士受伤，在飞机向下扫射的时候中弹了，大家都捐钱给他，热情很高。军队也帮助我们搬行李，都是义务的。《毛选》里有一段，说："自从抗战以来，全国有一种欣欣向荣的气象，大家以为有了出路，愁眉锁眼的姿态为之一扫。"①抗战刚开始的时候，的确是这样。《大公报》王芸生

---

① 参见《新民主主义论》，《毛泽东选集》第二卷，人民出版社，1990年，第623页。

的一篇社评《勖中国男儿》，号召大家抵抗侵略，给我们青年人很大的鼓舞。

一路上遇到许多熟人，比如教我们数学的老师闵嗣鹤，后来是有名的数学家了，陈景润就是他的学生。闵先生一毕业就教我们，我们是高一，所以应当比我们大七八岁。在天津上船时，我看见他和他两个妹妹也在船上，从青岛坐火车又是同路。后来在长沙，那时候北大、清华和南开已经组成临时大学，我姐姐就在那儿读书，我也时常去玩，又看见闵先生了，才知道他在数学系做了助教。西南联大时候，他又做了华罗庚先生的助教。其实闵先生很了不起，那是我后来才知道的。

路上还遇见姐姐的几个同学，其中一个叫李颉伯，是地下党，解放后是全国铁路工会的主席，做过河北省委书记，"文革"时候也被揪出来。他们当时都是去西安，其实就是去延安。北京的学生离开分几种情况，一种是直接参战的，一种回老家，一种继续上学。那时候，北京师大、北平大学、天津北洋大学几个学校迁到西安，组成了西安临时大学。所以，有些革命的学生口头上说是去西安临时大学读书，实际上就是从西安转到延安参加革命了。

到了郑州，又换火车到汉口。当时还没有长江大桥，所以要坐船过江到武昌，再从武昌坐火车回岳阳。我们回老家待了一段时间,也算是休整,记得有一个姨看见我说:"你怎么瘦了这么多?"我脸原来挺圆的,可路上走了一个多月,不得休息不得吃,非常辛苦,所以瘦了许多。

也是故乡,北京

我是1921年秋天在北京出生的,1937年秋天离开时刚满十六岁。对我来说,北京就是我的故乡,所以离开的时候非常留恋。尽管怀念的都是些很细碎的东西,但给我留下的印象美好极了。

我的家在北沟沿,现在改作赵登禹路。对门有个小商店,卖油盐酱醋,有时候也卖点儿青菜。一个掌柜、两个学徒,总共就这么三个人。因为就在我家对面,所以我时常经过那个铺子,而且常到那里买东西。当时那条路还是土路,常有赶大车的人从乡间来,就在小商店的门前停下来歇脚。那些都是真正的下层劳动人民,你从他们的装束就能看出来。一进门掏出两个铜板,不过相当于几分钱吧,往柜台上一放,说:"掌柜的,来两口酒。"掌柜就用一个小瓷杯倒上白酒递给他,然后拿出几个花生放在他面前。客人一边剥着花生吃,一边喝酒,一边跟掌柜的聊天,一副挺悠闲的样子。其实两个人并不相识,谈的都是山南海北的琐事,然而非常亲切,就像老朋友一样。东拉西扯地聊个十来分钟,说声"回见"就上路了。这个场景一次次出现在我的记忆里,让我感觉到一种人与人之间的脉脉温情,现在是不可得而再。现代化节奏的生活中,往昔的那种人情味再也看不到了。

对我来说,平生读书最美好的岁月只有两度,一次是从初二到高一这三年,另一次就是西南联大的七年。小的时候身处北京,读书条件非常优越,只需在学校领一张卡片,盖章之后就可以到北京图书馆借书了。北图以前在北海西侧,从我家到那里只要骑十分钟的自行车。每个星期六下午没有课,中午吃完饭,我就骑车到北图去借书。北图的房子盖得很漂亮,环境非常优美,也很幽静。刚一进去是柏油路,自行车骑上面没有声音。可是存车处前又是一段沙路,骑在上面便发出沙沙的声音,非常动人而富有诗意,至今回想起来仍然神往不已。周末放假了,心情非常轻松,到那儿一次可以借五本书,很方便,这就是一个星期的精神食粮。多年以后我去北京图书馆,就只许填三张借书单了,而且要等很长时间,还未必借得到。抗战前的那段日子因为知识初开,两三年就可以读不少书,开阔了眼界,自我感觉美好极了。可是后来一打仗,那种美好的生活就中断了。

当然也有非常悲苦、穷得不得了的一面,肮脏、贫穷、落后,随处可见。东城有几条比较好的大胡同,都是些很好的房子，是大宅门。可是你再看那些穷困的居住区，比如西城、北城那些破烂不堪的大杂院。本来普通一个四合院住一家，可是他们的院子连"四合"都谈不上，里面住着很多家，而且大部分都没有正当职业，或者是失业的，穷困极了。他们生活的唯一乐趣就是夏天晚上凑在一起东拉西扯，也唱一些歌，比如曹禺剧本里提到的"正月十五庙门开，牛头马面两边排……"这就是他们的流行歌曲。每个社会的文化总有两种，一种是上层的高雅文化，一种是民间的俗文化。乾隆时候的文学家、历史学家赵翼有一首诗，说："李杜诗篇万口传，至今已觉不新鲜。江山代有才人出，各领风骚数百年。"北京那时候也就一百多万人口，其实真正读过李杜诗篇的，我想大概连百分之一都没有，恐怕不会超过一万人。我自己当时就不读李杜诗篇，要说读过的也就《唐诗三百首》里选的那几篇，到成人以后才真正翻上一翻，那算是高雅的文化。另外一种就是人民大众的文化了。比如刚才提的那两句，"正月十五庙门开，牛头马面两边排"，我想北京总有六七十万，也就是半数以上的人都会唱。可是这种流俗文化却不流传了，如果不是曹禺写这两句的话，大概现在不会有几个人知道了。

历史有两个特点。第一，所有的历史都是由胜利者写的，而不是失败者写的。比如秦朝，秦始皇、项羽、刘邦三股力量最大，最后刘邦拿下天下，建立了汉朝。所以汉朝人写历史必然都是拥护刘邦，把另两个人贬成反面人物，这是必然的。假如秦始皇也能一统天下三五百年，那么这三五百年写的东西，就都会是拥护秦始皇、美化这位太祖高皇帝的了。历史都是由当权者写的，谁当权就写谁，你垮台就没你的戏了。所以，我们读历史的时候得打折扣，打胜利者的折扣，这一点古今如出一辙。比如毛泽东死了以后华国锋上台，哪个地方都摆他的像，而且给他的头衔是"英明领袖华国锋"。可是后来华国锋一下台，这些都不提了，他的像自然也就看不到了。

第二，历史都是高雅的上层阶级写的，真正下层群众写的历史几乎没有，也不可能流传。所以我们所看的都是正史，什么二十四史、二十五史，那都是官方写的，只代表高雅的上层，而不代表下层。你要是真看了下层的历史，就会知道，广大人民真是太悲惨了，又穷困又愚昧，而且到了地位很卑贱的时候，连起码的人格尊严也丧失了。用卢梭的话来说，根本就配不上"人"这个称号。像《红楼梦》里写的，主子一骂下人，下人就自己打自己的嘴巴，完全成为一个奴才，一点儿做人的尊严都没有了。在这一点上，应该有一点唯物论：必须要有一定的物质基础。比如必须有饭吃，才可以不受外界的压迫，否则只能低三下四，但求苟全性命，一直到后来都是这样。

再比如"文革"时候，历史所抓"五一六"，那是个

"反革命阴谋集团",当时抓了一大串人。个别也有不承认的,像我们同组的一个人,叫杨超。我对他的印象还很好,他就不承认自己是"五一六",留了一份遗书,说:"我不是'五一六',我不知道谁是'五一六'。"然后自杀了。其余也有两三个不承认的,但好几十人都承认了自己是"五一六",这简直不能想象。当然现在也都平反了,因为根本就不存在什么"反革命阴谋集团",可是那时候他们自己都承认。"人"到了如此悲惨的地步,以致丧失了起码的做人的尊严。你一骂他,他马上就承认是自己有罪,没有一个敢据理力争,这一点使人思之不免黯然。

以前北京有一种说法,叫作"东富西贵,南贱北贫"。东城有钱的人很多,你从那些胡同就能看出来。像东总布胡同、西总布胡同、无量大人胡同,还有现在的东单几条、东四几条,那些胡同比较整齐,房子好。另外,洋人来了以后大部分都住在东交民巷那一带。比如洋人把王府井叫作"Williamson Street"①,英籍澳人威廉姆斯经营了这条街。洋人带动那片的商业、文化,像平安电影院、光陆电影院都在东城。

西城王府多,所以叫"西贵"。恭王府、醇王府现在还

---

① 疑为"Morrison Street",英国《泰晤士报》驻京记者乔治·莫理循长期定居于此,曾担任袁世凯的政治顾问。

在，还有端王府，就是后来江青修的那片房子，据说想改为她的别墅。现在教育部的那个地方原来也是个很大的王府，叫郑王府。普通的封王、封侯，他的下一代虽然继承，可是要降一级，几代以后就成为平民了。清初时候封了八个最有功的王，叫作"铁帽子王"，那是世袭罔替，永远不降级的，郑王就是其中之一。所以原来的郑王府非常高级，大概现在只留下几间房子，其余的都拆掉变成楼了。另外，我家以前住在西城，是个比较小的四合院，附近王侯宅第也很多，北边的胡同叫"太安侯胡同"，往南是"武定侯胡同"。我去过太安侯的府第，那本来是侯爵的家，但已经破落了，变成一个大杂院，住了好多人家，大多是贫困户。我有一个同学就住里边，曾经带我到原来那个府的后花园去玩，还挺大的，普通人家哪会有自己的花园？

南城是明朝嘉靖以后扩充的，原来南边就到正阳门为止，后来觉得不够就往南推进，又筑起了一道外城。很多商人住在南城，包括一些大买卖。可是中国古代历来重农轻商，所谓"士农工商"，商人等级最贱，所以旧北京的商人最和气，对你殷勤极了。记得我有个堂兄从老家来，他说："哎呀，北京的商人可真是会做买卖，进了商店，你都不好意思不买东西。"因为我们湖南商店里的那些人非常凶，你要问个东西，他就说："你买不买？！"不买，他就不给你拿。南城是商业区，饮食、娱乐这些相应的行业也随在一起,赌场、妓院,那些更是下等人了,还有戏院和"戏子"。自古以来优娼不分,优就是娼、娼就是优,所以戏子的等级跟娼妓一样,也属于"贱民"。包括那些名角,至少在他出名之前也是这样。这些人住在南城,"南贱"指的就都是这些行业。

《儒林外史》里有一段讲两个读书人在茶馆喝茶,看到一个商人,大概挺有钱的,也儒冠儒服,一副知识分子的打扮,坐在那里喝茶。结果被那两个人发现了,一阵好打,"你也敢来冒充儒生!"因为"士农工商",知识分子高人一等。别看你现在有钱了,但商人还是低人一等,不能穿"士"的衣服。有一次和云南大学的李埏先生谈天,他是我们老学长,历史系李伯重的父亲。我说:"我们'文革'还缺一件事,还没有从服色来表现人的阶级。"中国古代是这样的,什么阶级穿什么衣服,非常严格。甚至于三品官不能穿二品官的衣服,被抓住了不得了,那你是冒充,就跟我们现在不能穿警察服一样。我跟他开玩笑,说:"'文革'的时候阶级分得那么严格,怎么没从服色上划分?"他说云南搞过一阵,凡是"地富反坏右"都得戴个黑箍,可是效果非常不好。比如商店里,售货员也有"黑五类",凡是戴黑箍的顾客不敢找别人,只找戴黑箍的售货员。戴黑箍的售货员态度也特别好,结果那些"红五类"的也喜欢找他,反而成了最受欢迎的人。这就造成了一个相反的效果,所以后来不实行了。他说的这个也是实情,假如我们被降了级,打入异类,就只能跟同一级的人交往。什么阶级说什么话,你是被专政的,就不敢和那些专你政的人交谈。这一点表现了我们社会的封建性还是非常浓厚的。人分三六九等,总会有人比较有钱,有人比较穷,这是自然的分。可是不要政治上的人为划分,等于把社会的不平等上升为政治上的等级制。

再说"北贫"。汉人大多从南方来,居住在南城,而北城,比如钟鼓楼那一带,从前住的都是旗人。旗人不工作,在清朝吃的是皇粮,一个月给发多少粮食,但一般也不会很多。许多人不够吃的,又游手好闲,整天提笼架鸟逛茶馆,尽是些穷人,所以叫"北贫"。小时候听到很多笑话,都是嘲笑那些旗人的。比如有一则说某个人家里有一块猪油,出门就拿它来擦擦嘴,让人看着他满嘴的油,好像家里吃得多么好似的,那说的都是旗人。

小时候经常去一些地方看热闹。那时北京有两个大市场:一个是东安市场,比较大,也比较新,有高档次的饮食、高档次的商品,还有大戏院,比如吉祥戏院,包括梅兰芳就在那里演出;另外还有一个西安市场,在西四牌楼,离我家很近,主要是供市井下层人民消费的娱乐场所。市场里面大约有二三十家说书的茶馆,说的基本上都是三国、隋唐、岳传等等历史演义的故事。其中以公案居多,像《包公案》、《施公案》、《彭公案》，多有武侠情节，说书人讲得栩栩如生，我们小孩儿听了更是着迷。还有滦县的皮影戏也很精彩，我有一个同学对此非常了解，甚至知道谁的皮影表演技术最精湛，说："某某一个人就能演一出有二十多个角色的《长坂坡》。"

西安市场档次偏低，没有高级的商品，好多是摆个地摊儿变魔术、练杂技，或者说相声的。相声不需要道具，就是两个人在那儿胡扯。解放以后相声档次提高了，成为一门艺术，可是解放前有很多低级趣味的东西在里边。举个最简单的例子，逗哏的说，那天看到一个老头儿，就在你们家门口，什么什么样子，然后另一个说："那就是家严。"严父慈母，旧社会说"家严"就是指自己的父亲，"家慈"指母亲。那个人故意装不懂，说："加盐？你干吗加盐呢？是天热了吧，怕放臭了，给腌起来？"尽是这些低级趣味的东西，逗大家伙乐。

小时候去戏园子看戏，那是最高兴的事了。我有一个堂兄在北京工作，就住我家里，他喜欢看戏，有时候带着我去。因为带一个小孩儿进去不要票的，把我往腿上一搁，我就跟着看。不过看不懂，很多一直到现在都不懂，只是看热闹。孙猴子一出来就高兴得不得了，最怕的是旦角出场，又没有表演，又没有内容，光听她咿咿呀呀唱个不休，唱的什么完全莫名其妙，觉着没意思，老唱不完似的。许多名角的表演我都看过，包括当时被称为"三大贤"的杨小楼（武生）、余叔岩（老生）和梅兰芳（旦角）。大概杨小楼当时上了年纪，所以他的表演武打戏很少，这让我很不满足。到了后来，我已经不怎么看戏了，才慢慢觉得杨小楼的优异。他的表演很有气魄和风度，那是其他武生演员不能企及的。

另外，我最喜欢看富连成科班的戏了，有些真是毕生难忘。比如《三侠五义》里的"水擒白玉堂"，演员我还记得，武生李盛斌饰白玉堂，武丑叶盛章饰蒋平。他们的表演精彩极了，让我感觉身临其境，好像蒋平和白玉堂就在台上一样。富连成科班的表演不但武戏多，而且成员都是没有出科的少年，表演很卖力，非常敬业，遇到大型演出时表演得极其整齐，这是任何名角的班子都无法比拟的。记得有一出戏叫《铁冠图》，讲的是吴三桂请清兵的故事，武打场面非常精彩。而且吴三桂面见多尔衮的时候，多尔衮讲的是满语，还有一个舌人的角色专门做翻译。每翻完一段话，台下的观众就会鼓掌喝彩。看来当时还是有人懂满语的，恐怕现在已经没什么人懂了。

京剧是一门古典主义的艺术，它的一举一动、一板一眼、一颦一笑都有严格的规定，即便是天才也不能背离这些严格的规范。记得我很小的时候，有一次被人带到一个京剧练功房，里面都是一些幼小的男女儿童，他们忍受超强度的训练，还要不停地受到残酷的打骂。这真是一种对幼小心灵的极大摧残，简直太不人道了。当时我就想："如果必须如此，那么我宁愿没有这门艺术。"据说解放后，教育方式已经改善，我祝愿美好的艺术是在美好的教育体制之下培养出来的。更进一步，我希望一切美好的思想都是从循循善诱，而不是从残酷斗争中培养出来的。

到了小学四、五年级的时候，同学中开始流行各种剑侠小说。这种新型的小说与传统侠义小说有很大不同，传统的侠义不过是武艺高强，而剑客则有各种超人的法术。直到初中一、二年级以前，看这些小说成了我们小时候最大的乐趣。记得我的一位小学同学曾对我说："如果放学回家做完功课，能一边听着窗外的雨声，一边躺在床上看小说，那是件多么美好的事情。如果看完小说还能吃一顿油煎饺子，简直就是世界上最幸福的事了。"

我当时最喜欢读的一部小说是平江不肖生的《江湖奇侠传》。我的老家岳阳以前叫岳州府，包括临湘、巴陵、平江和湘阴①四个县。平江不肖生原名向恺然，曾留学日本，和我的姑父是同乡同学。20世纪20年代初，不肖生写了《江湖奇侠传》，一举走红，奠定了他在现代武侠文学中的地位。中国最早的武侠电影《火烧红莲寺》演的就是这本书里

---

① 湘阴清属长沙府，此处疑为"华容"。

的故事，由后来的电影皇后胡蝶饰红姑。武侠小说的套路大概历来都差不多，但是他把写实与神奇的法术结合起来。比如"笑道人"，一笑起来，大家就都跟着他笑，山谷都会随之震动。前几年我在香港，金庸先生请吃饭，闲谈中还谈到了这部小说。不肖生的小说对于我们当时的影响，大概与金庸对现代年轻人的吸引力差不多。其中很多江湖武林的迷幻离奇，更是开启了与旧的侠义传奇大为不同的一副新面目。

我家有套《三国演义》，因为是半文言的，对于当时的我来说难度大些，所以兴趣不大。《红楼梦》家里也有一套，可是因为年纪轻，对书中描述的人情世故懵懵懂懂，也没多少兴趣，倒是《水浒》最喜欢。记得一年暑假，因为中午天气炎热，母亲要求我天天午睡，不让出家门。于是我就躺在床上看《水浒》，"梁山泊好汉劫法场"之类，爱不释手。其实《水浒》里有很多字我不认得，只能根据故事情节囫囵猜测。比如一百单八将是三十六天罡、七十二地煞，当时我并不认得"罡"和"煞"，误读成"天置"和"地熬"，后来还是堂兄帮我纠正的。冰心在一篇回忆录里说，她小时候读了很多小说，但并不能完全明白，也不完全认识里面的字，自己胡乱念，使得她长大以后仍然读很多白字。我想这是我们那一代人普遍的情况，不过我的国文知识主要是从那里学的，并非主要来自课堂。

我还算不错，抗日战争以前过了一段和平的生活。那时候，整个社会还很穷困，但是物价也便宜，过一个勉强说得过去的生活不需要花太多的钱。那时候的待遇，一个小学教师大概是三十块钱，如果是老资格的话，可以有大概四五十块。一个中学教师，比如我上的师大附中，那是好学校，老资格的教师一个月可以拿到近两百，年轻的大概总有一百块的样子，那是一般学校比不了的。大学教师拿得更多了，我父亲一个朋友的儿子是留德的，30年代回国在某个化学研究所工作，一个月是三百块大洋。有名的教师，比如冯友兰，一个月有五百，可以买一套普通的四合院了。胡适钱更多，因为他名气大，头衔多，兼了很多职位。何键任湖南省主席的时候，请胡适到我们家乡讲演，一次就送了他五千银洋，等于现在的明星出场一样。

我家并不很宽裕，可以算是中等的家庭。家里人多，母亲一个人干不过来，请了个阿姨。我的父亲算是中级技术人员，一个月大概有一两百块钱，如果是高级技术人员钱会更多。那时候，一个学生每月的生活费十块钱左右就够了，我们在学校吃饭大概五块多，一天吃三顿，吃得还不错。第一，吃细粮不吃粗粮；第二，菜的质量和数量还可以，至少保证你吃饱，不限量。记得中学有一次，大概是抗战前半年吧，我们在食堂里吃饭，不知怎么同学就喊起来了："怎么饭都没有了?!"炊事员赶紧出来，说："别忙别忙，你们等着，我给你们做片儿汤。"其实我吃了三碗饭，已经饱了，可是一听说有片儿汤，就又坐了下来，等上了片儿汤又吃了三碗。其实也没什么好吃的，可是觉得反正是白吃，所以就敞开了肚皮吃——好在那时候年轻，也能吃下去。可是后来就保证不了了，比如有一段时期粮食定量，发粮票，等于限制你的口粮，那就吃不饱了。

湖南印象

我对老家有很深的印象，总体感觉还是太落后了。湖南有四条水，湘、资、沅、澧，最后都注入洞庭湖，再从洞庭湖的湖口注入长江。我的老家岳阳就在长江湖口那个地方，按说交通枢纽应当很繁荣，实际上却非常之小。30年代初，电灯只有在商业街才有，普通家里还是点煤油灯。只有石板路，没有柏油路，小汽车当然是没有了，可是连大卡车也没有。还有各种落后的风俗习惯，比如寡妇改嫁。在今天已经习以为常了，可是我回老家听大人们谈天，说起某某人家的寡妇改嫁了，就觉着那是最耻辱的事，丢脸极了。而且寡妇改嫁，财产照例都得留下，不能带走。

当地还有一种风俗，如果人有了病，就请个法师来捉妖。披头散发，手里拿着宝剑，一边敲一边耍，嘴里念念有词。我记得有这么几句，法师对着那个"鬼"说："太上感应篇，说得甚分明。若不遵吾令，斩首不容情。"当时我挺纳闷，鬼的脑袋还怎么斩？已经是死了的，你斩它的脑袋，那不还是鬼吗？接下去是祷告，扔卦签，一看是阳卦或者阴卦就继续扔，直到扔出胜卦（一阴一阳）为止。我有一次生病也是这样，母亲按照当地的习惯请了法师，折腾了好一阵。然后两个人抬着一座菩萨，像抬轿子一样，前边有人打锣，后边找四五个人跟着在街上转。前边的人喊："某某某，回来没有？"后边的人答应着："回来啦！——"这是在叫魂，以为你的魂被吸走了，得把它叫回来。北京的迷信活动好像少一些，可是在我们家乡，巫术非常普遍。不过我想这有一个传统，像《楚辞》里就有许多神呀鬼啊、招魂之类，到了近代南方依然盛行。

后来我到长沙也是这样，很多街上挂的牌子都写着"排教某某"，也不清楚为什么叫"排教"。湘、资、沅、澧四条水上游都是森林，有一种行业是把树砍了在水里编成排，人站在木排上顺着水漂流下去，漂到洞庭湖、汉口，甚至还到下边的九江、芜湖，然后把木材卖掉。我疑心"排教"和这有关。因为驾排的人都得有很高的技术，大家就认为他们有法术，大概可以管治病。比如一个姓张的，他住在这儿，挂个牌子"排教张寓"，你要捉妖就可以找他。或者"师教李寓"，"师教"是怎么回事，我就猜不出来了。

当时的中国社会是非常落后的,还处在中世纪的状态,没有进入到近代。这使人回想到19、20世纪之交的那批启蒙者强调"开民智",似乎也有其道理。你能要求一批愚昧的人民真的能当家做主吗?

我在家乡住了一个多月,等于是失学了。正赶上父亲从河南焦作的煤矿回来,他也得工作,于是带我去了长沙。从岳阳到长沙大概一百多公里的路,火车也就走两个多小时。我们本来也是要坐火车的,但那时候完全乱套了,车来了又挤不上去,所以两三天都没走成。父亲说:"我们坐船去吧。"我父亲是本地人,认得本地红船局的管事。"红船"是救生船,专门营救失事船只,它用很多的大石头压舱,所以那种船特别笨重,特别稳,可是走得非常慢。父亲借了一条红船,船上有四个水手,我们就沿着湘江往上游去了长沙。

逆水行舟总要慢一些,而且那几天风也不顺,本来坐火车只需要两个小时,结果我们走了五天。正值深秋,我们坐着古代式的帆船,每天天一亮就开船,天黑了就停下来。一路的景色美极了,令人销魂,我一生都没享受过几次。此外还有一些印象挺深的,比如北方的妇女一般只做家务,不参加生产劳动。北京还算风气比较开通的,但商店或者饭馆的服务员都是男的,偶尔有个女服务员,还特别写上"有女招待",多少有点相当于现在"三陪"的那种色彩。可是南方的妇女和男人一样从事生产,而且女服务员很多,是很平常的事,给我的感受颇为新鲜。

我们一路走,不但景色是最美的,毕生难忘,而且还让我联想到另一个问题,一个有点哲学或者历史学意味的问题:怎么样就算是进步?要说坐火车的话,我们两个小时就到了,可是坐船坐了五天。从这个角度讲,我承认火车的优越性。可是从另外一个角度说,坐船不仅欣赏了景色的美,而且心情也极好,比坐火车美好得多,也舒适得多。如果要我选择,我宁愿这么慢慢地走。

多年以后,我读到一本哲学家Santayana的自传,他是西班牙人,后来定居美国。19世纪的英、美是先进国家了,西班牙还非常落后,自传上有一段写他十六岁时到美国去的经历。他说在西班牙要出去旅行的话,一两个人不敢随便走,至少也得凑上二三十人,年轻力壮的男子拿着枪在两边保护,老弱妇孺在中间。可是一到纽约,他的哥哥来码头接他,行李交给专门负责的工人,自己拿一个牌子就不用管了。Santayana觉得非常奇怪,因为在西班牙,行李得自己押着,给别人能放心么?他哥哥说:"没问题,这是美国,不是西班牙。"后来他就想,美国在许多方面的确先进,可是这次旅行缺少那种剑拔弩张的气氛,又非常之失望。在西班牙,一说要去旅行那兴奋极了,好像冒险一样。可是在美国,这种气氛一点儿都没有了,一切都变得平淡无奇。再比如印度的甘地，他最反对近代社会工业化的生活，自己织布，保持传统的生活习惯。还有英国的哲学家、数学家罗素，也许因为他古老的贵族情结，罗素对近代工业文明也是格格不入。

我在湘江上的时候刚好十六岁，当时我也想到：怎样才是生活的幸福或美满？如果单纯从物质上说，你比我快，或者比我安全，这就是你的幸福。可是从另外一方面说，虽然我慢，可是我一路上的美好感受是你享受不到的。虽然我费事，可是精神上多兴奋呢，到你那儿就变成平淡无奇了，我的费事是你的那个省事所享受不到的。所以，到底应该怎么衡量一个人的幸福，或一个社会的进步呢？如果单纯从物质的角度讲，似乎比较容易，可是人生不能单从物质的角度来衡量。比如你阔得流油，整天吃山珍海味，这就表示你幸福了？恐怕不单纯是这样。百万富豪不也有跳楼的吗？可见他们也有烦恼，也有痛苦。抗日战争时期，生活是艰苦的，可精神却是振奋的，许多人宁愿选择颠沛流离的生活，而不在日本人的统治下做亡国奴。

几年以后，我读到那些17、18世纪法国人性学者（moraliste）的书，什么幸福论、爱情论，他们喜欢谈论这些题材。我也曾想：将来我也要写一本幸福论，也写一本爱情论。人是个复杂的动物，不能单纯从物质角度衡量，或者单纯用金钱衡量。当然一个人离不开物质，没钱饿死了，那也不行。大跃进的时候，我们实行过一阵吃饭不要钱，结果把食堂都吃垮了。所以吃饭还得要钱，没钱行不通的。可是反过来，是不是钱越多就越幸福？好像也并不是那样。毕竟人所愿望的是幸福，而不仅仅是物质或金钱的满足。

上学记·乙

1.中央大学附中

到了长沙以后，还得继续上学。因为我是从北京去的，以前上的又是好学校，总觉着我们湖南的学校土气。像我们在北京的时候，上学用的是铅笔或者钢笔，带着方便，用起来也方便。可是湖南的学生都用毛笔，而且连写英文都用毛笔，也挺滑稽的。虽然他们的国学根底很好，可是有关近现代方面的知识，比如数学或者英文，就都差一些，所以我不大想在长沙入学。

历史上，湖南原本属于比较落后的内陆地区，经济不甚发达，文化上也相对落后。可是非常奇怪，清朝中叶以后，湖南的地位忽然重要起来，而且人才辈出，包括从陶澍、曾国藩、左宗棠到黄兴、宋教仁，再到毛泽东、彭德怀、刘少奇。当时我没有能解释，几十年以后，历史所有个很熟的朋友，也是湖南人，他给出一个说法可能是正确的。他说，太平天国以前，中国主要的南北交通线是走江西，下赣江、九江，从南京走大运河到北京。可是等太平天国一打仗，这条路断了，陆路就得走湖南，所以湖南的经济跟着繁荣起来。另外还有一个原因，打太平天国的主力是湘军，而主要战场在江南一带，那是中国经济最发达的地区，也是文化最发达的地区。湘军一去，不但搂了大量的财富，还把大量的图书、文物都弄到湖南，于是湖南一下就有了发展的条件。而且很多人由于这一仗，一下子变成政治上的重要人物，湖南的政治地位和以前不同了，文化也跟着上去了。总的来说，文化总是跟着政治、经济走的，一直到今天都是。比如20世纪初，很多诺贝尔奖是英国人、德国人的，可是今天大多是美国人的了。

后来我才知道，其实湖南中学水平是很高的，尤其古文非常之好。但那时候它的大学不行，只有一所湖南大学，水平也一般。湖南的中学生毕业以后，如果上大学的话，近的就到北边上武汉大学。所以武汉大学的湖南籍学生占第一位，湖北学生反倒是占了第二位。不然就往南走，到广东上中山大学，那里广东学生占第一位，湖南学生占第二。或者再远一些，到上海、南京、北京、天津这些大城市来上学。

年轻时我对这些不大了解，虽然考上了长沙高中，可是并不想去，恰巧南京的中央大学附中搬到了长沙。那时候，国民党有意把中央大学建成全国最大的大学，院系设置非常齐全，包括美术系、音乐系、体育系都有。附中的水平也相当不错，教师都是中央大学出身的。上海、南京被日本占领以后，中央大学迁到重庆，它的附中迁到长沙，就在湖南大学的南面。我姐姐跟我讲，中央大学附中在南方是非常好的学校，所以我就考了这个学校。解放以后，中央大学改成南京大学，而且跟清华一样被拆散了，工学院、医学院、师范学院都独立出来。附中跟着师范学院走，变成今天的南京师大附中，所以我上的两个中学是南、北两个师大附中。

我们先在长沙念了一年，1938年秋天，听说日本人快打过来了，中大附中又从湖南搬到贵阳。后来听说日本人刚到岳阳，中国人一把火自己先把长沙给烧了——那是学莫斯科。拿破仑军队打来的时候，莫斯科一把大火把自己给烧了，结果拿破仑进来后是一座空城，吃的、喝的全没有，待不下去又撤退了。所以中国就学莫斯科，坚壁清野，叫作"焦土政策"，让敌人来了一无所获。其实，这是万不得已才用的办法。那时候湖南主席张治中，他大概也是操之过急，日本人还没来，先一把火把整个城都烧了，使自己受了不应有的很大损失。

和现在一样，国民党时期也是推行党化教育。它的直接统治以南京为中心，主要包括江苏、浙江、安徽，还有江西、福建、湖北、河南等几个省份。其余的，像山西、两广，还有西北和西南，地方军阀的势力大，有点半独立的性质，党化教育要少许多。而北京因为地位特殊，思想意识的控制力量也很小。中大附中的确是个不错的学校，可它是在国民党的直接控制之下，我一进去就感觉到南方学校和北方的自由化气氛不太一样。学校管理军事化，学生全部住校，早上起来军训教官带着跑步。然后是唱歌，唱"大刀向鬼子们的头上砍去"之类，然后喊口号，最后一个口号总是"蒋委员长万岁"。晚自习以后也是排队点名、唱歌、呼口号，然后熄灯睡觉，全部都是军事化管理。可在北京不是这样，虽然也住校，也有军训，但什么时候睡觉、什么时候起床都没人管。吃饭不用排队，随便你什么时候去，反正上课以前去吃就行了，无所谓。可是到了南方就管得非常严，对于我这种自由散漫惯了的人很不习惯。

我们那时候有个训育主任，专门负责学生的政治、品德工作，大致相当于解放后的政治辅导员。有一次，我们那训育主任从重庆回来，说是见了罗校长，即中央大学校长罗家伦，他也是我们的校长。北京师大附中也是这样，师范大学校长就是我们的校长，然后附中里有个主任，相当于中学校长。训育主任给我们讲话，说："我在重庆的时候，见了罗校长。我请示了罗校长对中学的意见，罗校长说：'我希望你们办成一个真正的三民主义的学校.'……这话也许低年级的同学不懂,就不要问了,可是你们高年级的学生应该懂我的意思。"那意思就是说,怕学生"左"倾,怕学生搞民主、闹革命。

还有一件事,挺有意思的。那时候每个星期一的早晨都要做纪念周,上来就是背诵《总理遗嘱》,跟"文革"时候每天背《再版前言》一样。一般都是校长带着背,有一次校长不在,训育主任就领着我们背。可是背到半截他忘词了,结结巴巴背不下去,结果弄得非常之尴尬。后来我听一个同学说,南京官场里的那些人每到星期一的早晨都先在家里把《总理遗嘱》背熟,怕到时候给忘了词。不过好在那篇文不长,总共就一页,背起来也容易。你想,我们从小学就开始背,一直背到中学毕业,早就滚瓜烂熟了。所以我现在都背得,而且一个字都不错。

不过总的来说,国民党的思想控制并不很严格,同学之间还是很开放的。记得有个同学问我:"你是赞成'左',还是赞成右?"我说:"我赞成'左'。"如果意识形态控制严格的话,我说这话就犯罪了,解放后给你戴个帽子就可以送去劳改。但国民党时期还不是这样,虽然有时候也抓人,可是很多事先通气就跑了。再比如高二的时候,有一回作文,我在里面写:"社会的进步也有它的规律,要经历奴隶社会、封建社会等五个阶段。"那是《辩证唯物主义和历史唯物主义》里的一段内容，斯大林亲自写的，解放后是标准教科书，但对于我们那会儿是非常新的东西。我是刚从上海生活书店的那些"左"派杂志里读到的，而且对全世界都要走入社会主义这一点深信不疑，于是就写了这么一篇文。按理说，那时候标准的讲法应该是孙中山的三民主义，你把《联共党史》里的东西搬出来，当然是离经叛道。可是老师并没有驳斥什么，没有说我说的不对，或者对我进行思想教育之类。一方面那时候的控制不是很严，另一方面，国民党虽然打着三民主义的旗子，可实际上讲的是一套、做的是另一套，也不是真正的三民主义，所以它对意识形态的东西并不真正感兴趣。

不过就我现在的理解，"五种生产方式"马克思确实提过，但并没有把它作为一种普遍的必然规律，而只是作为"经验的事实"。它是西方历史经历的事实，并不是说每个国家、每个社会都必须经过这五个阶段。我想马克思没这个意思，可是到了斯大林就变成客观规律了。举一个或许不恰当的例子，毛泽东自己说过，小时候他念的是四书五经孔夫子那一套，青年时接触了西方康德的唯心主义思想，到了后来他才接受马克思主义。我想他所说的这些，在他那一辈人中是较为普遍的现象。可你不能说这是一个规律，认为所有人的思想都必须经过这三个阶段，这是不成立的。比如到了我这一辈，小时候就很少接受或者信仰孔孟之道了。

2.西洋教科书

和现在一样,当年我们读书的时候也讲求分数,大多数同学考虑的也是哪一门功课最能拿分儿、是最吃紧的,其余的课都不重要。像历史、地理,临时背背就完了,反正不会不及格,也不会得什么了不起的高分。至于更次要的课程,比如你歌唱得好不好,那就更不重要了。最重要的是三门主课,国文、英文、数学,其中国文又是最不重要的。因为第一,作为一个中国人来说,都会说中国话、会写中国文。第二,国文最不见分数,一般都给个七十来分,好的给个八十多,差的也不会不及格,所以最吃紧的两门课就是数学和英文。数学是死的,出五个题目,全答对是满分,答对四个就是八十。英文也是,比如这句话应该怎么讲,你懂就是懂,不懂就是不懂,那是很过硬的。而且,这也是后来上大学时最要紧的两门课。学理工科的,数学过不了关就没法学。学文科的,除了中文专业,外语过不了关也看不了教科书。

那时候,我们的教科书几乎都是美国本,中学也是。虽然有的是有翻译的,但那些术语,像什么速度、加速度,数学里的无限大、无限小之类,都用英文。因为经常用,翻来覆去就那几个词,倒也不费劲。比如中大附中教我们化学的那位老师,他教得很好,所有术语都用英文,说是为了将来上大学看书方便。的确是这样，因为当时中国没多少化学书可以研究。后来西南联大理学院的许多课程，像姜立夫先生讲微积分，周培源先生讲力学，都是直接用英文。再比如数学，初中时候学几何，课本是三个作者合作的，因为他们名字的第一个字母都是S，所以叫"三S几何"。高二讲大代数，用的是Fine的本子，叫《范氏大代数》。那也是美国的教科书，而且写得非常深，尤其后面的部分几乎是高等数学。不过那本书有个缺点，系统性很差，忽然讲这个、忽然讲那个，编的不是很连贯。除此之外还有一本代数书，是Hall和Knight两个人合编的，更是零零碎碎，所以不是必修。可是这本书有个优点，它介绍了很多非常巧妙的方法，我零星读过一些，没有看全。后来有个叫上野清的日本人把这两本书综合起来，写了一本很完整的教科书，叫作《大代数学讲义》，汇集了前两本书的优点，而且编得很系统。所以这本书在当时的中学里边非常流行，凡是数学拔尖的同学都读，叫作"开小灶"。不过我没看过，因为那时候我在准备跳级参加统考，课业太重了。

上高中以后，大家就开始看点儿英文的课外读物了。起初看些简单的，比如 *Tales From Shakespeare*（《莎士比亚故事集》），当时译成《莎氏乐府本事》。"莎氏"指莎士比亚，"乐府"就是说原作是有旋律的，可以唱，中国古代的"乐府诗"也是这样。"本事"就是"本来的故事"，我小时候上戏院，还有一种介绍剧情的小单子，就叫"……本事"。这本书的作者是19世纪初年英国文学家Charles Lamb，他和姐姐玛丽把莎士比亚的剧本编成故事，等于是剧情的说明，写给一般读者看。不过我现在回想，学那个英文并不很合适，只不过因为在北京看过电影《铸情》（即《罗密欧与朱丽叶》），所以就认定了要读莎士比亚。再比如19世纪德国文学家Storm的《茵梦湖》（*Immensee*），一个小薄本子，很流行，大家都看这本，我也跟着看。还有歌德的《少年维特之烦恼》，那是开浪漫主义先河的作品。本来按照中国传统道德，那没有什么可赞美的，最后主人公还自杀了，不足为训。可是浪漫主义自有其浪漫主义的价值，让我们接触了一点新思路，才知道：哦，原来浪漫主义是这样的。

我觉得最好的一本书，而且直到今天仍然觉得非常之好，经常向年轻人推荐，就是*Gulliver's Travels*（《格列佛游记》）。作者是18世纪初的英国作家Jonathan Swift，可是往往有人不欣赏，觉得那是给小孩儿看的。这本书是我读高二时英语老师推荐的，我现在还记得这位先生的名字，叫陈君涵，鲁迅曾回过他一封信，收在《鲁迅全集》里。以前我看过这本书的中译本，说："不就是《大人国，小人国》吗？"陈先生说："唔——，你可不能小看这本书。别看是一本童话，它的文字非常之好，你们一定要很好地学习。"所以我又把这本书的英文本找来读，发现文字确实极好，非常之简洁，非常之清楚，非常之明白，很难得的。后来我在杂志上看到，曾经有一个有名的英国记者，驻柏林的，说在德国时间长了，英文慢慢生疏，写文章时就先读《格列佛游记》，然后才能写出漂亮的英文。的确是这样，用这本书做英文范本非常之好。不但学英文，就是中文也应该这样。有的人过了一辈子，可是文字好像总不太通顺，我想还是应该从写得清楚明白入手。等到年纪再大一点，我又知道，这不仅仅是一本童话，更是犀利的讽刺。比如里边讲，大人国的皇后是大人国的第一美人，可是格列佛一看见就觉着可怕极了。她的一根汗毛就跟一棵大树一样，样子非常吓人，而小人国里的人却都精致美丽。其实这是个讽刺，越是大人物越丑，小人物却是美丽的。可惜我那时候太小，不大了解这些，只是看热闹，除了表面上清明如水的文字，还不能体会其中深层的寓意。

3.逃离"修道院"

1938年春天，日本人打下徐州，武汉的形势变得紧张起来。因为长沙离武汉比较近，许多学校都搬家了，像清华、北大、南开在长沙成立的临时大学搬到昆明，中大附中就搬到了贵阳。

过去有句俗话，"天无三日晴，地无三里平，人无三分银",说的就是贵州。我在贵阳住了一年,真的只碰上三个晴天。除此以外天天都下雨,细细的毛毛雨不断地下,所以我对那三个晴天印象非常深,日子我还记得。1939年2月4日,万里晴空,真是没有想到。那天日本飞机来轰炸,炸得非常厉害,几乎炸了贵阳半个城。接着连续三个晴天,结果天天拉警报,我们就跑到山洞里躲着,印象非常深。"地无三里平",确是实情,贵州除了山就是山,而且什么都种不了,那真是穷山恶水,所以非常之穷。明朝有一个旅行家叫徐霞客,他的游记非常好看,他就写过贵州。后来丁文江,那是老一辈的地质学家了,按照徐霞客的路子走,也写了个日记,我零零碎碎看了一些,也挺生动的。他说,贵州的穷你想象不到,任何一个小饭铺只有两种东西可以下饭,一碟盐巴、一碟干辣椒,就这么两盘,那真是穷得要命。

为了躲避轰炸,我们在一座叫马鞍山的山里头念书,离城里相当远,就更闭塞了。一来物质生活十分艰苦,衣服没有新的,冬天都不穿袜子光着脚。二则精神生活也很单调,等于与世隔绝,给我的感觉就跟修道院一样。宿舍里是上下铺,都住得满满的,早上一吹号就得起来军训。吃完早饭上课,上午、下午都上课,晚上自修,到了九点半钟熄灯睡觉。每天除了上课就是念教科书,课外读物几乎没有。学校图书馆的书就那么几本,而且信息也不灵通,顶多就是看看一两份报纸,知道一点儿新闻大事。不像战前在北京有那么好的条件，可以去北京图书馆，可以逛书店，可以看电影、看戏，接触很多东西。中大附中的教师还是高水平的，记得我们化学老师上课不用讲义，完全是顺口讲，而且讲得非常之流利。可是因为条件差，实验通通没有了。那些化学反应式我们都是死背，等于背咒语一样，至于这些符号代表什么东西，我们都不知道。

从1938年秋天到1939年秋天，我在贵阳住了整整一年，生活圈子小极了。一年三百六十五天不出学校，天天看的就是学校里的那些人。而且又偏远又穷困，进城既不方便又没钱，也没有东西要买，过得非常闭塞、非常不自由，我总想着早一点儿离开。刚上中大附中的时候，由于逃难耽误了半年，前半段高一我又重读了一遍，本来就心有不甘。再加上到了贵阳实在苦闷，所以就跳了一级，准备以"同等学力"的资格去考大学。一年读了两年的课，比如解析几何，还有高三的物理都得自学，也挺紧张的。不过还好，真被录取了。班上也有同学和我一样是跳班考的，还有后来和我在西南联大同学的，可是大部分都按部就班，结果就比我低了一级。

抗战以前，考大学、考中学都是各个学校分开了，各招各的，各考各的。比如你选定两三个学校，就到这两三个学校去考，不可能每个学校都报。我记得1937年还是分开的，到1938年就改成统考，因为打仗了，统一考试也方便。但那时候还不叫"高考"，而叫"统考"，也是分几个考区，贵阳考区、昆明考区，还有成都、重庆、西安、兰州、桂林，西部总得有七八个招生的点。东部被日本人占了，像北京、天津、上海、南京就都没有，也不可能设考区了，很多人后来都跑到后方上学。

古代科举考试叫作"一考定终身"，我们那时候也差不多，算是人生的一次重要选择，所以也挺郑重的。国文、数学、英语，历、地、物、化这些都要考，生物好像就不考了。可能还考一门政治，或者三民主义之类的，总得有这么一门，我记不清了。反正上午、下午各两门，两天就考完了。那时候我们也填志愿，和现在一样，按照分数的档次入不同的学校，所以报志愿也有讲究，报高了、报低了都是失误。不过我上的两个中学都是名校，而且我是班上的第一名，考大学应该没问题。所以我三个志愿报的都是西南联大，一个机械系，一个土木系，还一个什么系，我都不记得了，反正没考虑上别的学校。

当年的考题我不太记得了，国文除了作文，还考了一段文言文的翻译。那是《礼记·礼运》里的一段话，非常有名，"大道之行也，天下为公，选贤与能，讲信修睦。故人不独亲其亲，不独子其子……"那时候各地的学风很不一样，北京基本上是白话、文言参半，可是到了南方，文言文就更占优势。统考前，我们也找历年的考题来看，清华、北大的作文题都是白话，那都看得懂，可是有份上海交大的考试题非常之难。上海交大是非常好的大学，请的都是清朝末年的一些老先生教国文，出了个作文题："形而上者谓之道，形而下者谓之器"论。我连题目都看不懂，要是这个题目给我作文的话，肯定得零分。

那一年数学考题非常之难，也不知道是谁出的，比我们中学所学的更深。其中有一个题目我还记得，在椭圆上任取一个点，问：把这个点到椭圆上每个点连线的中点连接起来，是什么图形，并列出方程。我知道连起来是一个内切小椭圆，给描出来了，可是列不出公式。有个同学数学学得非常好，考完了以后跟我讲，这道题不能用正坐标表述，得用极坐标。经他一说我就想起来了，所以印象特别深。另外，这件事也给了我极大的启发，一个终身受益的启发：当我们的思想解释不通的时候，就得另换一个坐标，不能死硬地按原来的模式去套。

我想，历史中真正学术上、思想上的重大突破，大概都需要坐标的转换。有些用原来的坐标解释不了了，却仍在那里生搬硬套，是行不通的。比如"文革"时候，我们有一个非常严格的坐标，资产阶级、无产阶级间"你死我活的斗争"，而且什么都往上面套，这是非常可笑的。一个科学的命题，它可能错，也可能对，但你不能说这是资产阶级的，那是无产阶级的。可那时候我们就一定得按这个坐标去硬套，无论什么都是阶级斗争，都得无产阶级专政，结果很多东西都说不通。再比如，原来我们的坐标：地是不动的，日月星辰以大地为中心转动。后来哥白尼来了个革命，说大地是动的，地球围着太阳转，这就把坐标变过来了，不然很多现象讲不通。扩大来说，世界上没有金科玉律，没有什么是永恒的标准，人类进步需要不断地转换坐标。假如我们只有一种思想模式的话，人类的思想和科学就不会产生长足的进步。这跟宗教不同，宗教可以只有一种信仰，可是科学不应该是一种信仰。一个物理学家决不能说牛顿字字是真理，谁要反对就砸烂他的狗头，那科学就没进步了。

及至发榜，贵阳考区的第一名是高我一班的许少鸿兄，后来学物理，我们在大学及研究院都是同级，至今仍保持联系。我排在他之下，是贵阳考区的第二名，西南联大本系的第四名。第几名对我来说无所谓，能考入西南联大就是当时自己最大的，也是唯一的愿望了。

第二章 (1939—1946)

上学记·丙：迁徙的城堡

现在回想起来，我觉得最值得怀念的就是西南联大做学生的那七年了，那是我一生中最惬意的一段好时光。

1.自由散漫的作风

我在北京上师大附中的时候，每年开学教务主任都有一篇成绩报告，说：我们今年暑假毕业了多少人，有多少人考上北京大学、清华大学，多少人考上了南洋交大——就是上海交大。虽然我们是师大附中的，但他连多少人考上师大都不报，大概当时就认为这三个学校是最好的。所以我脑子里边也总以为，将来我要上大学就上这三个学校。

1939年秋天，我去昆明报到。一来就觉着天气美好极了，真是碧空如洗，连北京都很少看见那么好的蓝天。在贵州，整天下雨没个完，几乎看不到晴天。云南虽然也下雨，可是雨过天晴，太阳出来非常漂亮，带着心情也美好极了。

而且云南不像贵州穷山恶水，除了山就是山，云南有大片大片一望无际的平原，看着就让人高兴。当然还有一个最重要的原因：环境不同了。联大三个学校以前都是北方的，北京、天津不属于国民党直接控制的地区，本来就有自由散漫的传统，到了云南又有地方势力的保护，保持了原有的作风。没有任何组织纪律，没有点名，没有排队唱歌，也不用呼口号。早上睡觉没人催你起来，晚上什么时候躺下也没人管，几天不上课没人管，甚至人不见了也没有人过问，个人行为绝对自由。自由有一个好处，可以做你喜欢做的事，比如喜欢看的书才看，喜欢听的课才听，不喜欢的就不看、不听。这个非常好，非常符合我的胃口。

有个叫邹承鲁的院士，以前是西南联大的学生。他对生物化学非常有贡献，60年代轰动一时的胰岛素就是他们搞成功的。我看过一篇记者的访谈，记者问："为什么当时条件非常差，西南联大也不大，却培养出了那么多的人才？"他的回答非常简单，就两个字：自由。我也觉得是这样。那几年生活最美好的就是自由，无论干什么都凭自己的兴趣，看什么、听什么、怎么想都没有人干涉，更没有思想教育。

比如那时候，什么样立场的同学都有，不过私人之间是很随便的，没有太大的思想上或者政治上的隔膜。宿舍里各个系、各个级的同学都有，晚上没事，大家也是海阔天空地胡扯一阵。有骂蒋介石的，也有三青团拥护蒋介石的，而且可以辩论，有时候也挺激烈。可是辩论完了关系依然很好，没有什么。记得有一次在宿舍里争了起来，那时候正在征调翻译官，有的同学是自愿的，可也有分派。比如哪一年级的哪一班全班都要去，那是强制性的，梅贻琦校长亲自开会做动员。回来后有个同学就骂："梅贻琦官迷心窍，这回可是大捞了一把，可以升官了。"我不同意这种说法，说："打仗需要人，征调是很自然的事情，你怎么能那么想呢？"于是我们就在宿舍里吵，不过过去就过去了，后来我们的关系依然很好。这和解放后非常不一样了，同样的事情如果放在解放后，梅贻琦是来宣布党的政策的，你骂他就是反党，性质要严重得多。"文革"时候更是这样，每天从清晨到夜半就是学习、劳动，而且规定得非常死，什么书都不让看，只能是捧着小红书，每天好好检查自己的思想。记得有个工宣队的人管我们，见有一个人看鲁迅的书，那应该是没问题的，结果被申斥了一顿，说："有人竟然还看与运动无关的书？！"后来又发现另一个人看《资本论》，更应该没问题了，可也遭到了申斥，说："告诉你，不要好高骛远！"

学生的素质当然也重要，联大学生水平的确不错，但更重要的还是学术气氛。"江山代有才人出"，人才永远都有，每个时代、每个国家不会相差太多，问题是给不给他自由发展的条件。我以为，一个所谓好的体制应该是最大限度地允许人的自由。没有求知的自由，没有思想的自由，没有个性的发展，就没有个人的创造力，而个人的独创能力实际上才是真正的第一生产力。如果大家只会念经、背经，开口都说一样的话，那是不可能出任何成果的。当然，绝对自由是不可能的，自己想干什么就干什么，那会侵犯到别人。但是在这个范围之内，个人的自由越大越好。

我和母校的关系非常密切，两个姐姐是这个学校的，妹妹是这个学校的，姐夫、妹夫是这个学校的，我的老伴也是这个学校的。二姐念经济，三姐念化学，妹妹念的是中文，后来在人民大学自杀了，现在只有一个姐姐在美国。从1939年到1946年，我在西南联大度过了整整七年，从十八岁到二十五岁，这正是一个人成熟的时期。

我在西南联大读过四个系，不过都没念好。高中统考填志愿的时候，我问一个同学："你考什么专业？"他说："像我们这样不成材的只好读文科，你们念得好的都应该上理工科。"因为那时候都觉得，没出息的才去念文科，这是当时的社会风气，所以我一年级念的是工科，上了土木系。说来也挺有意思，中学时候我根本没想到将来要学什么专业，只是看了丰子恺的《西洋建筑讲话》，从希腊、罗马的神殿，一直讲到中世纪的教堂建筑，觉着挺有意思，于是就想学建筑。工学院一年级不分专业，学的都是机械系的公共必修课。比如初等微积分、普通物理，这两门是最重要的，还有投影几何、制图课。第一学期我还挺认真地学，可是到了第二学期，兴趣全然不在这些，有工夫都用来读诗、看小说了。于是决定改行，把梁启超的东西拿来看看，诸如此类，开始有意识地补充一些文科知识。

那时候转系很方便，只要学分念够了可以随便转，学分不够也可以补，至多是多读一年。我想搞文科，但不知为什么就选择了历史系，现在怎么也想不起来了，也许有两个潜在的原因吧。第一，我小时候在北京，看了好些个皇宫、园囿。按照中国的传统，一个新朝代建立就一把火把过去旧的皇城烧了，然后大兴土木盖新首都。只有清朝入关的时候，北京作为一座完整的都城被保留下来了。像中南海、北海，这都是明代的皇家园林，包括紫禁城、皇城——不过解放后有些给拆了，没有保留一个完整的格局。过去的内城墙有九个门，明朝中叶嘉靖时又建了一个外城，这些到了清朝入关都基本没动。设了个官职叫"九门提督"，相当于北京的卫戍司令。那么清初"康乾盛世"，康熙、雍正、乾隆这一百多年的财力都干什么了？其中之一就是大兴土木，在西郊盖了许多皇家园林。最大的是圆明园，还有静明园、静宜园、清漪园，清漪园就是后来的颐和园。从香山一直到北大、清华这一带都是皇家园林，这就容易使人"发思古之幽情"，让我觉得历史挺好玩的。第二，那时候正值国难，小学是"九一八"，中学是中日战争，刚一入大学就是二战，对人类命运也很关心，以为学历史能更好地理解这个问题。

不过，我对繁琐的历史考据一直没有多大兴趣。有些实践的历史学家，或者专业的历史学家，往往从一个小的地方入手考证一个小的东西。比如红学家考证曹雪芹是哪一年死的，把所有可能的材料都找出来，那可真是费尽心力，到现在还没有个结论。不过我觉得，即使有一天费很大的劲把曹雪芹是哪一年死的考证出来，也并不等于理解了历史。那时候冯文潜先生教西方哲学史，给了我很大的启发，让我感觉到，真正理解历史一定要提升到哲学的高度。项羽说："书能知姓名。"①只知道姓名、知道年代，你可以知道很多很多零碎的知识，但不一定就意味着你理解了历史。我想任何学问都是这样，最后总得有人做出理论的总结，否则只能停留在纯技术性的层面。当然纯技术性的工作也有价值，不过那不是我所希望的，我所希望的是通过学习历史得出一个全面的、高度性的认识。战争时候，我们关心的是人类的命运，我以为可以从历史里找出答案。比如历史上有些国家本来很强盛，可是后来突然衰落了，像罗马帝国，中国的秦汉、隋唐，我觉得挺神秘的，希望探索历史深处的幽微，所以就念

---

① 李白诗云："剑是一夫用,书能知姓名。"典出《史记·项羽本纪》："项籍少时,学书不成,去;学剑又不成。项梁怒之。籍曰:'书,足以记名姓而已。剑,一人敌,不足学。学万人敌。'"

了历史系。

有些事情说起来很有意思。解放以后院系调整，冯友兰一直在北大待了几十年，从组织关系上说，他是北大的人，死后应该把书捐给北大。可是不价，他捐给了清华。刘崇鋐先生在台湾去世，他的书也是捐给清华，而没有捐给台湾的大学，这也似乎不合常规。我猜想，大概他们觉得自己一生最美好、最满意的那段时光，还是在清华，所以愿意把书捐给清华。我现在也八十多岁了，回想这一生最美好的时候，还是联大那七年，四年本科、三年研究生。当然，那也是物质生活非常艰苦的一段时期，可是幸福不等于物质生活，尤其不等于钱多，那美好又在哪里呢？

我想，幸福的条件有两个。一个是你必须觉得个人前途是光明的、美好的，可是这又非常模糊，非常朦胧，并不一定有什么明确的目标。另一方面，整个社会的前景也必须是一天比一天更加美好，如果社会整体在腐败下去，个人是不可能真正幸福的。在我上学的时候，这两个条件恰好同时都有。当时正是战争年代，但正因为打仗，所以好像直觉地、模糊地，可是又非常肯定地认为：战争一定会胜利，胜利以后一定会是一个非常美好的世界，一定能过上非常美好的生活。那时候不只我一个人，我相信绝大多数青年都有这种模糊的感觉。"文革"时候，有些激进的红卫兵大概也确实有过这种感觉，以为今天革命，明天就会"赤遍环球是我家"，马上全世界就都可以红旗招展、进入共产主义时代，都是无产阶级的天下了。人总是靠着希望生活，这两个希望是最根本的。所以那时候，虽然物质生活非常之困苦，可是又总觉得幸福并不遥远，是可望而又可即的。

2.三个大学从来都"联"得很好

西南联大是北大、清华、南开合起来的一所大学。南开的人少、钱少，物质力量也小，占不到十分之一。其余的是另两个学校分摊，其中，清华占了有多一半。三个学校基本上合成一个，而且合作得很好。当然也有联不好的，像西北联大，一年就散伙了。因为那几个学校本来就是不一样的，硬把它们捏在一起，矛盾闹得非常厉害，以致无法维持。西南联大却一直都联得很好，我想有它人事方面的优越条件。随便举几个例子，比如清华校长梅贻琦，他是南开出身的，清华文学院院长冯友兰，他是北大出身的，北大文学院院长胡适是清华出身的。由此可见，三个学校彼此之间血缘关系非常密切，这是一个先天的优越条件。抗战后期酝酿联合政府，有人发牢骚说："联合不起来，联了也得闹事。"于是就有人提出来，说："西南联大联合得那么好，联合政府为什么就不能呢？不如请三个学校的校长来做联合政府的委员吧。"当然，这也许是开玩笑。

三个学校合并以后，组织了一个常务委员会，常务委员就是三位校长，主席是梅贻琦。张伯苓在重庆，实际上就是做官了，不常来，我在昆明七年只见过他一面。那次他来向学生做了一个讲话，不过张伯苓好像并不长于学术，言谈话语之间还带着天津老粗的味道，满口的天津腔。他说："蒋梦麟先生是我最好的朋友。我有一个表，我就给他戴着，跟他说：'你就是我的代表（戴表）。'"又说："我听说你们学生烦闷，你有什么可烦闷的？烦闷是你糊涂。"

蒋梦麟以前是教育部长，所以主要搞一些外部事务，对学校里边的事情不怎么管。实际上联大校长一直都是梅贻琦，他还兼过很长一段时期的教务长，所以我们写呈文的时候都写"梅兼教务长"。他的工作成绩还是挺不错的，能把三个学校都联合起来，而且一直联合得很好，在抗战那么艰苦的条件下非常不容易，他确实挺有办法。而且梅贻琦风度很好，顶有绅士派头，永远拿一把张伯伦式的雨伞，甚至于跑紧急警报的时候，他还是很从容的样子，同时不忘疏导学生。在那种紧急的关头还能保持这种风度，确实很不容易。大概正是因为他的修养，所以能够让一个学校在战争时期平稳度过。

西南联大有五个学院，工学院主要就是清华的，文、理、法三个学院是三个学校都有。另外还有一个师范学院，是云南教育厅提出合办的，比较特殊。云南教育差一些，师资也差，希望联大给云南培养些教书人才，我想联大也不好拒绝，就合办了一个师范学院，先是调云南中学的教师来上课，后来就直接招生了。可在我们看来，师范学院有点像"副牌"。比如我们有历史系，师范学院只有"史地系"，大概考虑将来到中学教书，没准儿除了教历史还得教地理，所以就两门一起都学一点儿。再比如他们有个"理化系"，可我们理学院的物理系、化学系是分开的，课程的内容、程度和他们都不一样。战后复员时，师范学院独立出来，成为今天的云南师范大学。

五个学院在地址上分三块，工学院在拓东路，位于昆明城的东南角，文、法、理学院和校本部在一起，在昆明城的西北角。校本部就是挂"西南联大"牌子的地方，像校长办公室、校务组之类学校的主要部门都在那里。我们住在校本部，是新盖的校舍，叫"新校舍"。其实就是泥墙茅草棚的房子，连砖都没有，都是夯土打垒，古人管这叫"板筑"。窗子没有玻璃，支上几根木头棍子在那儿就作为隔断了，幸亏昆明天气好，不然天冷受不了的。

和今天比起来，那时候的学生实在太少了。工学院五个系，土木、电机、机械、化工、航空，学生是最多的，总共不过四五百人。有一个航空系的同学跟我很熟，带我去参观过，看那些风洞器、流体实验之类，像是很先进的。我第一年上的是工学院，初等微积分、普通物理课是必修。记得第一个实验是落体实验，物体在自由状态下下落的时候越来越快，通过振动仪在玻璃板上画出一条曲线，然后根据测量曲线两点间的距离得到各种数据。仪器都是国外的，实验时需要用一块玻璃板，上面刷的白粉是用酒精调的，那也是学国外的规矩。因为酒精挥发得快，一下就干了，可以立即进行实验，要用水的话还得等老半天。可是酒精比水贵得多，现在回想起来都觉得有点奢侈，可见那时候做实验一点儿都不含糊，比我们中学的时候强多了。工学院的每星期都有一个下午到工厂实习，制模翻砂、打铁炼钢，都是自己动手。后来批知识分子不参加劳动，四体不勤、五谷不分，其实并不都是那样。我们在工厂里和工人一样地干，就是没人家熟练，笨手笨脚的。

文、法、理三个学院有多少学生我没统计过，印象中加起来不过七八百人。文学院有中文系、外文系、历史系、哲学系，只有外文系的人最多，大概一级总有二十多人吧。像中文系、历史系每年只招十几个，哲学系人最少，每年只有两三个。可是我那一年历史系人特别多，总得有二十个。法学院包括政治系、法律系、经济系、商学系和社会系，因为我上过政治系两年课，知道他们一年也就六七个人。法律系基本上也是这个数字，只有经济系的人比较多，一年总有四五十人。我想这大概和将来就业有关系，学经济的毕业以后出路好一点。可是其他的，比如学政治的，出来你干什么？做官也没你的份。

理学院里数学系人最少，我们43级那一届只有三个人。物理系一年有八九个，多的时候十几个，42级那一班的好像只有八个人。可是他们那一班不得了，出了五六个尖子，包括黄昆、张守廉和杨振宁，号称"三大才子"，现在都是大名人了。全校一年级不分科，考六十分就pass（过关），可要想在二年级入系的话，至少得考七十分。比如进大学考的是数学系，你的物理成绩够了七十分，只要愿意，二年级就能上物理系。但我至今不知道，如果每科都考六十分怎么办，那岂不是哪个系都进不了了吗？

新校舍只有一个院子，地方就那么一点，房子不多，住也在那里、上课也在那里，所以很多人都非常熟悉。包括那些理学院的老师，虽然并不一定交往，可是大家都知道这是吴有训、叶企孙，那是周培源、吴大猷，都是物理学的老前辈了。像数学系的华罗庚、陈省身，都是大名人，大家几乎天天见面的。而且还老听同学讲那些老师的小段子，现在回想起来，我们做学生的有时对老师也不大恭敬。记得刚入大学的时候，有个同学跟我讲："今年来了三个青年教师，才二十八岁，都是正教授。"不要说当时，就是今天怕也很少有，哪有二十几岁就做正教授的？一个钱锺书，一个华罗庚，还有一个许宝騄，都是刚回国。许宝騄搞统计学，据说非常了不起，属于世界级的权威，后来就在北大经济系，但我不懂统计学，不知其详。我还记得有人问："华罗庚是谁？"有同学说："就是那个瘸子。"

华罗庚那时候瘸得很厉害，不能直着走，有一条腿老在那儿画圆圈，抗战后到Illinois（伊利诺伊）大学教书，在美国治了一次才好一些。当时关于华罗庚的各种小道传说很多，听数学系的同学讲，他在班上净骂人，大家都说他对人过分苛刻，"人头儿差"。不过我想，这大概跟他的经历有关。华罗庚先天有两个条件很不利的，第一没有学历，连中学都没毕业，虽然刚从英国剑桥回来，可是也没拿到学位。现在也一样，非正途出身的人要吃亏很多。虽说钱锺书的学历也不高，像梁启超、王国维几位大师都没有学历，不要说博士，什么"士"都没有，但对于有些人来讲，"非正途"的阴影的确很难摆脱。第二，华罗庚有残疾，要出人头地就必须有非常特殊的才能，而且要远远超过别人。华先生确实有他的过人之处，脑子非常灵活，那是别人比不了的地方，但另外一方面，竞争的激烈可能会对他产生影响。这是我的心理分析，也不知道对不对。

上面说的是理学院的老师，文学院的更是天天见面了。朱自清、闻一多、沈从文、罗常培、罗庸都是中文系的，我们都认得，当然他们对于学生就不一定都认得了。历史系至少陈寅恪、钱穆在那里，都是大师了。傅斯年也在，他是北大文科研究所所长，但不教课，只是挂个名。还有雷海宗先生，后来在南开。像刘崇鋐先生、姚从吾先生，后来都去台湾了。其实台湾大学的那批人大致就是北大的底子，傅斯年是校长，除了刚才说那几个人，还有钱思亮、毛子水等等都在那里。所以台湾大学实际上就是北京大学，只是不用"北京大学"的名字。

3.自由，学术之生命力

旧社会上课跟新社会有很大的不同。解放后，我们学苏联那一套，搞"五节教学制"。上课五十分钟，先五分钟复习，再几分钟如何如何，再几分钟又如何如何，规定得非常仔细。学校用的是全国统一的标准教科书，上课前老师备一份讲稿，一二三四、ABCD，落一条都不成。可是我做学生的时候，各个老师教的大不一样，各个学校也不同，有很大的自由度。比如中学教中国通史，每个教师都可以按照自己的一套讲。当然国民党也有意识形态上的标准讲法，既不是唯物史观，也不是唯心史观，叫作"唯生史观"。"生"就是三民主义里的"民生主义"，教育部长陈立夫提倡这个。不知道这套官方的理论在重庆是不是有市场，不过我上中学的时候没有老师这么讲。只记得有个同学会考得了第一，学校奖励他一本陈立夫的《唯生论》，我想他也不看，我们都不看，所以并没受它的影响。再比如国文，老师高兴教哪篇文就教哪篇。今天选几首李白、杜甫的诗，明天选《史记》里的一篇，像《刺客列传》，或者选一篇庄子的《逍遥游》来讲，没有标准教本。大学入学考试的题目也没有标准一说，倒是解放以后，全国有统一的规定、统一的模式，有标准教科书，考试还必须按"标准答案"。不过我想还是应该没有"标准"，包括自然科学，我认为也不需要有。如果大家都按一个思路去想，科学怎么进步？爱因斯坦的理论也不应该成为标准，否则永远不可能超越。

相形之下，联大老师讲课绝对自由，讲什么、怎么讲全由教师自己掌握。比如中国通史，那是全校的公共必修课，听课的人多，钱穆、雷海宗两位先生各教一班，各有一套自己的理论体系，内容也大不相同，可都是讲到宋代就结束了。《国史大纲》是钱穆当年的讲稿，学期末的时候，他说："我这本书就要出了，宋代以后的你们自己去看。"再比如二年级必修的中国近代史，老师只从鸦片战争讲到戊戌变法，清朝灭亡、民国成立都没讲。实际上，中国近代史应该从1840年鸦片战争到20世纪40年代，正好一百年。可是老师只讲五十年，等于只讲了前一半。向达先生教印度史，两个学期只讲了印度和中国的关系，成了"中印文化交流史"。我爱人上过北大陈受颐先生的西洋史,一年下来连古埃及多少王朝还没讲完。我记得冯友兰在回忆录里说,他在北大上学的时候有位老先生讲中国古代哲学史,结果半年只讲到《周易》,连诸子百家都没涉及。可见当年的老师讲课多么随意,但我觉得这有一个最大的好处,教师可以在课堂上充分发挥自己的见解,不必照本宣科。

学术自由非常重要,或者说,学术的生命力就在于它的自由。不然每人发一本标准教科书,自己看去就是了。老师成了播音员,而且还没有播音员抑扬顿挫有味道,学生也不会得到真正的启发。比如学习历史,孔子是哪一年生、哪一年死,怎么周游列国等等,每本教科书上都有,根本用不着老师讲。而老师的作用正在于提出自己的见解,启发学生,与学生交流。

我上二年级的时候才十九岁,教政治学概论的是刚从美国回来的年轻教师周世逑,第一节课给我的印象就非常深。他问:"什么叫政治学?"政治学就是研究政治的学问,这是当然的了。那么,什么叫政治?孙中山有个经典定义:"政者,众人之事;治者,管理。"①所以"管理众人之事"就是政治,这是官方的经典定义。可我们那老师一上来就说:"这个定义是完全错误的。你们在食堂吃饭,有人管伙食

---

① 参见《三民主义》中"民权主义"第一讲。

账。你们借书，有人管借书条。你们考试，注册组要登记你们的成绩。这些都是众人之事，但它们是政治吗？"这可是大逆不道的事情，他怎么敢这么说？比如现在，谁敢说马克思的定义是完全错误的？我想没人敢这么说。不过，我觉得他说的也有道理。有些老师喜欢在课堂上胡扯，甚至于骂人，但我非常喜欢听。因为那里有他的风格、他的兴趣，有他很多真正的思想。比如冯友兰在课堂上骂胡适，说："胡适到二七年就完了，以后再没有东西了，也没起多大的作用。"这是教科书里看不出来的。

当然，联大里也有老师是非常系统的教科书式的讲法，比如皮名举先生教的西洋近代史。皮名举是清末经学大师皮锡瑞的孙子，讲课非常系统、非常有条理。比如今天讲维也纳会议，那么整堂课就是维也纳会议，虽然有时也谈些闲话，但并不扯远。皮先生有个特点，每堂课只讲一个题目，而且恰好能在下课时把这个题目讲完，据说以前只有蒋廷黻能做到这一点。后来我教课的时候也想学着做，可是非常失败。因为总免不了要多说两句，或者少说两句，不能那么恰好在五十分钟内讲完，我没那个本事。另外，上皮先生的课必须交作业，像我们中学的时候一样，可是他留的那作业我到现在都觉得非常之好：画地图。近代史从1815年拿破仑失败以后的维也纳会议，一直讲到1914年第一次世界大战，正好一百年。一个学期要求画六张欧洲政治地图，那么一个学年就得画十二张。当然我们也是照着书上现成的抄,不过我觉得,这确实太有用了。以前我们对政治地图重新划分没有地理上的具体印象,但画过一遍之后,脑子就非常清楚明白了。包括中国史也应该是这样,可是除了皮先生,没有别的老师再要求过。

老师各讲各的见解,对于学生来讲,至少比死盯着一个角度要好得多。学生思路开阔了,逐渐形成自己的判断,不一定非得同意老师的观点,这是很自然的事情,而且可以公开反对。记得有一次数学系考试,有个同学用了一种新的方法,可是数学系主任杨武之先生认为他做错了。这个同学就在学校里贴了一张小字报,说他去找杨武之,把杂志上的新解法拿给他看,认为自己的没有错。后来杨武之很不好意思,好像还辞掉了系主任的位子,或者请了一年病假[①],这是今天不能想象的了。

再比如钱穆先生的《国史大纲》,里面很多见解我不同意,不但现在不同意,当时就不同意。钱先生对中国传统文化的感情太深厚了,总觉得那些东西非常之好。有点像情人眼里出西施,只看到它美好的一面,而对它不怎么美的另一面绝口不谈。我承认传统文化里确实有好东西,但并不像他

---

① 1942年11月,杨武之因病请辞西南联大算学系兼师院数学系主任职务,具体不详。

讲的那么非常之好。人无完人，总有优点、缺点，文化也没有完美的，也有它很黑暗、很落后、很腐败的部分，比如血统论。封建时代科举考试的时候，要写三代履历，曾祖父、祖父、父亲必须三代清白。"王八戏子吹鼓手"，妓院的、唱戏的、搞演奏的都是贱民，凡这类出身的人都不准进入考场。这是传统文化里腐朽的部分，可是钱先生好像并没有正视它，讲的全是中国传统文化里美好的部分，以为这才是中国命脉的寄托所在，这是他的局限。另外，钱先生是旧学出身，对世界史，特别是对近代世界的知识了解不够。可是在我看来，中国近代历史的最大特点就在于参与了世界，而且不参与不行，也得硬把你拉进来。这时候，中国面临的最重要的任务是如何近代化，与近代世界合拍。所以闭关的政策行不通了，一定要开放，包括我们的思想认识，要有世界的眼光。钱先生对于这些似乎关注得不太够，也是他的欠缺——这是对前辈的妄论了。不过我以为，学术上不应该论资排辈，不然学生只局限在老师的圈子里，一代不如一代，那就没有进步了。

再说几件小事。逻辑学那时候是必修，我上的是金岳霖先生的课。金先生讲得挺投入，不过我对逻辑一窍不通，虽然上了一年，也不知道学的是什么东西。只记得有一个湖北的同学，年纪很大了，课上总跟金先生辩论，来不来就说："啊，金先生，您讲的是……"我们没那个水平，只能听他们两个人辩。我觉得这样挺好,有个学术气氛,可以充分发挥自己的思想。如果什么都得听老师的,老师的话跟训令一样,那就不是学术了。还有一个理学院的同学,姓熊,他对所有物理学家的理论都不赞成,认为什么都是错的。周培源先生那时候教力学,这位熊同学每次一下课就跟周先生辩。周先生老骂他,说:"你根本就没懂!你连基本概念都没弄通!"可是这位同学总不依不饶,周围还有很多人在听。因为我们下一堂课就在理学院边上,每次路过都看见他们站在院子里辩,都成南区教室的一景了。

同学之间也经常讨论,一则学校小,几乎天天见面。二则非常穷,吃喝玩乐的事情都做不了,一切娱乐都与我们无关。三则战争时期,大家都是背井离乡,一天到晚待在校园里,所以唯一的乐趣就是聊天了。物理系的郑林生和我中学就是同学,后来住一个宿舍,那是一辈子的好朋友了。郑林生曾经批评我说,对近代科学不了解是我的一大缺欠。有时他跟我谈一些物理学对宇宙的看法,特别是认识论,记得有一次说起法拉第。法拉第学徒出身,没有受过正规教育,所以不懂高等数学,这对于学物理的人来讲是致命伤。可是他发明了磁力线,用另外的方式表述电磁现象,后来成为电学之父。这次谈话使我深受启发,其实我们对于这个世界的理解以及表述,不必非得用原来的模式。比如过去讲历史都讲正统,讲仁义道德,但这只是理解历史的一个层面,完全可以换一种方式。亚里士多德说过:"诗人可能比历史学家更真实,因为他们能够看到普遍的人性的深处。"①所以有时我想,或许艺术家、文学家对于历史的理解要比历史学家深刻得多。古人说:"人之相知,贵相知心。"如果你不理解人心,而只是知道一个人几点钟起床、几点钟吃饭,并不等于了解他。专业的历史学家往往止步于专业的历史事件,没有能够进入到人的灵魂深处,知道得再多,也不意味着他就懂得了历史。我的许多想法就是在和同学们一次次的交谈中得到启发,有些甚至伴我一生。

4.逃课、凑学分与窗外的聆听

我们那时候可真是自由,喜欢的课可以随便去听,不喜欢的也可以不去。姚从吾先生的课我就不爱听,他教历史系的专业课,可我一直都没上。政治系主任张奚若先生,他的西洋政治思想史、西洋近代政治思想史两门课我没有选,不参加考试,也不算学分,可是我都从头到尾听下来,非常受启发。乃至于现在,我的专业也变成思想史了。

联大实行学分制,文学院要求四年一共修132个学分才能毕业,工学院是144个学分。其中三分之二是必修课,一

---

① 参见亚里士多德:《诗学》第九章。

定要通过的。比如一年级,文科生要学一门自然科学,学理工的国文是必修。另外英文也是必修,6个学分,不及格不行,可是像第二外语或者第三外语,那就是选修了。

我上历史系的时候,按规定,中国史必须学两个断代。至于哪两个断代,比如先秦史、秦汉史、隋唐五代史,或者南北朝史等等,随你挑。因为我那时候对中国古代史没兴趣,选的两个都是近代的,一个是姚从吾先生的宋史,一个是郑天挺先生的明史。姚从吾先生是北大历史系主任,可是我们当年都觉得姚先生口才不好,讲得不怎么样,所以不想上他的课。姚先生还教一门史学方法,也是历史系的必修课,我就听过两堂。总觉得没什么内容,简直浪费时间,还不如我自己借本书呢,一个星期就看完了。而且我知道,好多同学都不上他的课,姚先生也从来不点名。到了学期末,我们把同学的笔记借来看看,应付考试。可是后来姚先生到台湾,做了"中央研究院"的院士,而且后来的一批中年骨干历史学家都是他培养出来的,真是出乎意料。可见以言取人、以貌取人是何等的不可靠。

郑天挺先生原来是北大的秘书长,教我们明史,也教唐史、清史。郑先生讲得非常之系统,一二三四、ABCD,从头讲起。什么政府组织、经济来源,有哪些基本材料等等,比中学的课程提高了一个档次,只不过讲得更细致。这种讲法在联大里很少见,当然也有优点,对于我们尚未入门的人可以有个系统的认识。可是非常奇怪，因为明史是历史系的专业课，如果你不是学历史的，并没有必要上。理学院的不必说了，像文、法学院其他专业，比如经济系的，你学明史干什么？除非是专门研究明代经济史，那你可以上明史课。不然的话，比如你是学国际贸易的，学明史有什么用？要按专业课的选择标准，这门课顶多十来个人上，即便历史系的学生也不见得必修。可是郑先生的课非常奇怪，经常有上百人来听，还得准备一间大教室。怎么会多出这老些人呢？因为郑先生的课最容易 pass，凡是选了课的，考试至少七八十分。所以什么物理系的、化学系的都来选，叫作"凑学分"，这在当时也是一种风气。不过，郑先生讲课的确非常有趣味。记得讲到朱元璋时，专门提到他的相貌，那可真是旁征博引，某某书怎么怎么记载，某某书又如何如何说。最后得出一个结论：按照中国传统的说法，明太祖的相貌是"五岳朝天"，给人的印象非常深刻，而且让人觉得恐惧。就这样，整整讲了一节课。

郑先生是专门研究明清史的，院系调整的时候调他去南开，他很不想走。因为研究明清史，北京的条件是最好的，无论是材料、实物，甚至于人，比如说贵族的后代，这些条件都是最好的，一到天津就差了。可那时候都得服从领导，领导调你去天津，你就得去。后来我听了一种说法，说北大院系调整的时候，把胡（适）派都给调出去，不知是真是假。抗战以前,郑天挺先生是北大的秘书长,我做学生的时候他是总务长,一直这么多年,是老北大了。校长蒋梦麟、文学院院长胡适跟他的关系都非常密切,所以他被调出去了,后来做了南开副校长。

其他名人的课,因为好奇,我也偶尔听听,比如外文系陈福田先生的西洋小说史。记得那一年外文系的男同学都调去做美军翻译官了,所以班上七八个全是女同学。男生一共两个,还都是去旁听的,我是其中之一,另一个是杨振宁。陈先生是美国檀香山的华侨,清华外语系主任,他的英文比中文还好。但他的课只从17世纪《鲁滨逊漂流记》的作者笛福开始讲起,按现在的教学方案来说挺没章法的,不过这在当时没人管。而且陈先生对战局非常关注,后来还主持办翻译官的训练班,所以他上课不是先讲狄更斯、巴尔扎克的小说,而是一上来就把新加坡失守之类的战局情况分析一遍,内容也挺丰富的。

再比如沈从文先生的中国小说史。那个课人数很少,大概只有六七个人听,我旁听过几堂,并没有上全。沈先生讲课字斟句酌的,非常之慢,可是我觉得他真是一位文学家。不像我们说话东一句西一句的连不上,他的每一句话、每一个字都非常有逻辑性,如果把他的课记录下来就是很好的一篇文章。沈先生非常推崇《金瓶梅》,我现在印象还很深刻。《金瓶梅》过去被当作淫书，不是正经的小说，一直到民国以后都被禁止。可是沈先生非常欣赏这本书，认为对人情世态写得非常之深刻，《红楼梦》在很多地方都继承了《金瓶梅》的传统。沈先生是非常用功的，可是没有任何学历，连中学都没念过，并且当过兵。后来他到大学里教书，还成了教授，所以往往受学院派的白眼。记得有个同学跟我讲，刘文典在课堂上公开说："沈从文居然也评教授了，……要讲教授嘛，陈寅恪可以值一块钱，我刘文典一毛钱，沈从文那教授只能值一分钱。"包括钱锺书，他在一篇小说里也骂过沈从文，说：有一个人，年纪轻轻的，可是他的经历丰富极了，好像几十年都干不过来。①不知这是哪一篇文里说的，我都忘记了，可一看就知道是说沈从文。可惜我们现在看过去的人总是带着谅解的眼光，只看到融洽的一面，没有看到他们彼此之间相互轻视、看不起的那一面，没能把人与人之间的一些矛盾真正揭发出来。

　　刘文典大概是西南联大年纪最大的，听说他早年参加清朝末年同盟会，和孙中山一起在日本搞过革命，非常老资格。而且，他完全是旧文人放浪形骸的习气，一身破长衫上油迹斑斑，扣子有的扣、有的不扣，一副邋遢的样子。有一件事我想是真的。北伐时候刘文典是安徽大学校长，蒋介石

---

① 钱锺书在小说《猫》中影射了文化界的众多名流，其中有举动斯文、"讲话细声细气，柔软悦耳"的作家曹世昌，即暗讽沈从文。

到安徽时，照例要请当地的名流见面。蒋介石是很注重仪表的一个人，可是刘文典挺干瘪的一个老头儿，还戴着副眼镜。蒋介石看他其貌不扬，问："你就是刘文典吗？"他回了一句："你就是蒋介石吗？"一下把蒋介石给惹恼了，把他抓了起来。后来经蔡元培、吴稚晖等等元老保释，才把他放出来。

刘先生当然非常有名了，而且派头大，几乎大部分时间都不来上课。比如有一年教温李诗，讲晚唐诗人温庭筠、李商隐，是门很偏僻的课，可是他十堂课总有七八堂都不来。偶尔高兴了来上一堂，讲的时候随便骂人，也挺有意思，然后下次课他又不来了。按说这是不应该的，当时像他这样的再找不出第二个，可他就是这个作风。后来因为出了点事，据说是接受了什么人赠的烟土，学校把他给解聘了，他就去了云南大学。抗战胜利以后，其他人都走了，刘文典却留在云南不出来。第一，云土好，刘文典吸鸦片烟，这在联大是绝无仅有的。第二，云腿好，他喜欢吃云南的火腿，所以不走。有人给他起了个外号，叫"二云居士"，解放后做了政协委员，1957年也弄了个右派。好多年前，云南大学教授、老学长李埏给我讲了一个刘文典的故事，挺好笑。反右的时候有人揭发刘文典，说他有一首黑诗，就拿出来念。诗的前面是一段序，说他有一个姬人非常可爱，怎么明媚、怎么窈窕，温存又体贴，总而言之好得不得了。可惜短命死矣，弄得他晚上十分感伤睡不着觉，于是写了一首诗怀念她。那诗写得确实缠绵悱恻、哀婉动人，怎么成黑诗了呢？揭发者说，刘文典根本就没这么一个姬人，实际上写的是他那杆烟枪。解放后不准抽大烟，他就只好怀念他那杆烟枪。

闻一多的《诗经》、《楚辞》，还有朱自清的课我也去听，不过朱先生讲课不行的，较为平淡。外文系卞之琳先生属于晚一辈的教师，作为诗人、作家，当时就非常有名了，可在学校里还不是正教授，讲课也不行。卞先生是江苏海门人，口音非常之重。我有一个同班同学上了一年卞先生的英文，回来就说："卞先生的课呀，英文我听不懂，中文我也听不懂。"这一点我非常理解，因为我趴着窗户听过他的课。他那中文实在是难懂，我想他那么重的口音，英文发音也不会太好。不过，一个人说话是不是清楚和他的学识没有关系，这是两回事。我们一年级学英文都去听潘家洵的课，潘先生五四时候就翻译了易卜生的作品，教我们的时候总有五十来岁了。因为潘先生的专业课是语音学，所以他的发音非常标准，而且说得又慢又清楚，几乎每一个字都能听进去，我们都喜欢跑去听他的课。

钱锺书先生名气大，我也跑去听。他的课基本都用英文讲，偶尔加一句中文。不过他有时似乎有点喜欢玄虚，不是很清楚明白地讲出来，而是提示你，要靠你自己去体会。所以非得很聪明的人才能够跟上他，笨的就对不上话了。另外，当年清华四大导师里我赶上了陈寅恪，他教隋唐史、魏晋南北朝史。不过那时候我还是工学院一年级的学生，没有资格选这种专业课。陈先生的课正式上的人很少，大概就七八个。但是陈先生名气大，大家都知道他是泰斗，所以经常有人趴到窗户那儿听，我也夹在其中。上课了，陈先生夹一个包袱进来，往桌上一放，然后打开书。可是他基本不看，因为他对那些材料都非常熟悉，历历如数家珍，张口就是引什么什么古书中的哪一段，原话是什么什么。如果按照解放后的标准来说，没有任何教学大纲，完全是信口讲，他的那种教课方式是不够格的，但解放前允许这种讲法。陈先生说话有口音，讲得不是很精彩，不是靠口才取胜的那种教师。而且他讲的那些东西太专门了，引的古书我们都没看过，所以完全不懂。陈先生第二年就走了，本来是去英国任牛津大学的讲座。因为德国刚占领了法国，马上就要打过海，英国岌岌可危去不了了，只好留滞在香港。

5.图书馆不是藏珍楼

联大有个大图书馆，每个系也有自己的图书馆，这在战争期间是很难得的。而且全部开架，学生可以自由进书库，愿意看什么书就看什么书，随便你什么时候，待上一整天也没人管。有的书看着名字不错就拿出来翻翻，如果觉得没意思，又给搁回去，有的非常感兴趣就借出来，好像浸泡在书的海洋里，那种享受真是美好极了。解放后我在历史所待了三十年，也算是研究人员了，那都不能进书库。要看书的话得在外边填借条，然后交给管理员去拿。有一次我跟管书库的人商量，说我就查一个材料，但不知道在哪本书里，你让我进去翻一下就完了，不必来回填条换书，太麻烦了。其实那时候我年纪挺大，都五十多岁了。后来他答应了，"恩准"我进去查书，还拿个手电筒，就离两米远，紧盯在我屁股后面，似乎唯恐我在里面偷书，或者搞破坏。你想，你在那儿站着看书，还得有个人监视，就觉得尴尬极了，很不舒服。现在的北京图书馆也一样，许多馆室不能入库，得先在外面填条，而且限借三本。但也许只找出一本来，翻翻可能还不是你想要的。得，这半天等于瞎耽误工夫，翻了一本没用的书就报废了。

后来我在美国国会图书馆碰见一个美籍华人，叫居密，她是国民党的元老、司法院院长居正的女儿。她说去南京找材料，借书麻烦极了，借档案就更麻烦，结果待了七个月，所看到的内容抵不上在美国图书馆看一个月。这个我相信，因为我们的手续太麻烦了。如果书库能随便出进，就跟逛书店一样，左翻一本右翻一本，那一天能看多少？虽然不是所有书都仔细看，可是信息量就非常大了，需要哪本可以再借哪本。如果不能进书库，借什么书得填条让他给你拿，那一天又能看多少？我觉得，这跟我们的指导观念有关。图书馆的作用是什么？应该是尽最大的可能把书让大家看到。可是按照我们后来的观点，图书是国家的财富，要尽量地把它保护好，越翻越烂怎么成？所以就千方百计地尽量少让人看，或者不让人看。无形之中，这使我们在吸收知识方面落后了。图书馆是为传播知识设立的，着眼点不应当是建多少高楼、收藏多少图书，而是怎么才能让这些书流通，最大限度地发挥作用。如果这一点不考虑的话，图书馆变成了藏珍楼，生怕人家给摸坏了，这就失掉了它最初的意义。

所以，1980年我第一次去美国的时候，印象最深的就是他们的图书馆。按理说我是一个外国人，也没介绍信，什么证件都没有，可是并没有人查问，书库照样可以敞开了进，没关系。图书馆从清晨开到夜半，只要你有精力，可以从早干到晚。而且它的条件非常好，里面有沙发，旁边就是小吃店，累了、饿了可以歇一阵再继续，那你一天能收获多少？而且里面那些关于中国的书，包括港台的书、大陆出版的书，报纸、杂志几乎都有。可是我们这里呢？国外的书看不到，港台的书也看不到。记得60年代初我在历史所工作的时候，听说林语堂在台湾"中央研究院"的期刊上写了一篇评《红楼梦》的文章。因为我对《红楼梦》也有兴趣，于是想借出来看看，可是图书馆负责人对我讲："借台湾的出版物得写个申请，让党委特批。"搞得像个政治事件一样，你说，谁愿意去找那个麻烦？这等于在思想上自我封闭了。别人的都不看，关起门来就看自己的那一点儿，好比一个足球队整天关起门来自己练，人家是什么打法你都不知道，这种球队出去能赢吗？它是资本主义，既然在理论上你先天就比它优越，它都不怕你，你为什么要怕它呢？

那时候，我们有好几条路径可以提高英文，一个是跑到外文系图书馆借英文小说。记得有个同学问我："你看了多少本？"我说看了二十本吧，他说："二十本不够，得三十本。"后来我们发现，读英文小说不要看英美人写的，而要看其他国家的作品翻译成英文的。比如法国人大仲马、小仲马、莫泊桑的，或者俄国人托尔斯泰、屠格涅夫的，那些作品被翻译成英文就容易得多。还有一条路，就是看英文杂志。联大有个挺大的杂志阅览室，国内、国外的期刊总有两三百种的样子。没事了可以到里面翻一翻，跟逛书店一样，可以吸收很多东西。其中我有兴趣而且现在还记得很清楚的，比如 *Apollo*，那是关于美术史的，里面插图非常精彩。其实学校没有美术史的专业课，可那种杂志阅览室里也有。还有一本讲音乐史的杂志，名字是法文的，叫 *Etude*，介绍了很多古典音乐。有一篇文章给我印象很深，讲舒伯特的歌 *Erlkönig*（《魔王》）。那是一个德国民间的传说，有个小孩病得很重，父亲抱着他骑马去看医生。晚上风吹得很紧的时候，忽然有一个魔王出现勾引那个小孩，后来他就死了，在狂幻之中死去。这首歌我在北京就知道，是歌德的诗，可是一直没找着，看见那本杂志上有，赶紧抄了下来。这些条件后来就都没有了。我在历史所那么多年，牌子也是"中国科学院"的什么什么，按理说条件应当很丰富，结果反倒不如联大的时候。

英国领事馆离我们学校不远，它的阅览室可以随便进。一般只有三四个读者，而且阅览室的人挺殷勤的，还给你倒一杯茶。1939年秋天，就在我离开贵阳的前两天，希特勒进攻波兰，二战开始了。英国领事馆里有各种英文的报纸杂志，当时我们对战局也很关心，常过去翻看。其中有一份 *The Illustrated London News*（《伦敦新闻画报》）报道战局，配了很多照片和图画。1940年6月，法国投降，希特勒占领了巴黎。戴高乐跑到英国继续打仗，叫作"自由法国"，后来叫"战斗法国"。其实戴高乐在法国地位并不很高，原是陆军部一个局长级的人物，不过他提出了一个新的战术观念很有名。他认为，未来作战主要是靠机械化的机动战，而不是像一次大战那样打壕堑战，挖个深沟，有个机关枪守着敌人就过不来。二战时候大规模使用坦克，可以到处跑，所以打的是运动战。德国打败法国以后有个"海狮计划"，准备过海打英国。先是大规模地轰炸，每天都是几千架飞机，连续轰炸了三个月，伦敦的居民都住在地铁里，那些情形《伦敦新闻画报》上都有。当时英国只有八百架战斗机，数量上远远少于德国，可都是当时最先进的。一种喷火式（spitfire），一种飓风式（hurricane），性能非常优越。而且英国还有一个秘密武器是雷达，在"大不列颠之战"中起了非常大的作用，所以德国终于没能过海。这些都是我从领事馆的阅览室里看到的，一方面增加了时事知识，另一方面，不自觉地就吸收了许多现代报刊的应用英文，那和文学的范文又不同了。

另外，我还订过一份《新华日报》，那是唯一的共产党报纸而在国民党控制区发行。当时也有些其他同学订，我不知道具体的数字，但一般都可以看得到。因为凡是当了权的都喜欢说空话，什么为人民谋福利之类，我们都不爱看，也不相信，就想听听不同的声音。这份报纸是公开的，在昆明找的都是十三四岁的小孩送，可惜后来被三青团给砸了，以后就收不到了。国民党的机关报纸是《中央日报》，相当于我们的《人民日报》，各个省政府也有自己的报纸，军方办的叫《扫荡报》。《大公报》在当时是比较中立的，解放后我们说它是"小骂大帮忙"，小骂国民党、大帮国民党。有意思的是，前几年我在某杂志上看见一篇文，说旧《大公报》是小骂共产党、大帮共产党。当然，这只是他的理解。那时候《大公报》讲"大公"，所以经常指责国民党，对共产党虽然有时也同情，但也会指责。抗战刚一胜利的时候，国民党、共产党都在抢沦陷区，特别是东北。《大公报》曾发表社论《可耻的长春之战》，对国民党、共产党各打五十大板。紧接着，《新华日报》发表社论《可耻的大公报社论》回敬，这是后话了。

6.茶馆听吹牛，里根挂二牌

我们那时候的生活条件极差，尤其教师就更艰苦了。以前那些名教授，比如冯友兰，战前一个月的工资有四五百大洋，在北京可以买一套四合院的房子。可是后来一打仗就不行了，每况愈下。从前都是用硬币，比如银元，上边有袁世凯或孙中山的头像，还有铜板。不过都很麻烦，稍微多一点就很重、很累赘，而且非常脏。1935年，国民党政府请英国的专家李兹·罗斯来中国进行币制改革，改用法币，即"法定的货币"，由中央政府的银行统一印发，全国通用。这当然比硬币优越，一开始很方便，而且打仗要用钱，钱从哪里来？票子一印就出来。所以，当局采取最简单的办法就是印票子，可是老那么掏窟窿怎么受得了？1935到1937年，国民党确实也在着力，因为知道战争是不可避免的，包括币制改革也是备战。但你不能一味地靠这一种办法。从1937年打仗到38年、39年，物价显著上涨，结果通货膨胀，导致整个经济崩溃，最后连吃饭都很困难了。

80年代末,我们也经历过一次。那两年物价涨得很快,大家抢购,清华的银行贴出条儿来,说:大家注意,不要来取钱了,我们这儿没钱。这大概也是社会主义的优越性了,因为我们那时候可以接触到的只有一个中国人民银行,谈不上竞争,等于国家垄断。如果是在资本主义社会,或者旧社会,哪个银行要是贴这个条子就该倒闭了。所以旧社会的银行最怕谣言,一说"某某银行要倒闭了",大家拼命去取钱,就把银行挤垮了。

西南联大时候,吃也差、穿也差、住也差。一间茅草棚,上、下通铺住四十人,颇有点类似我们70年代五七干校的宿舍。由于生活不安定,有的人休学,个别有点钱的在外边自己租间小房子住。还有的根本就在外边工作,比如在外县教书,到考试的时候才回来。宿舍里往往住不满,但也有二三十人,很挤。我同宿舍里有一位,那是后来有了名的作家,叫汪曾祺。他和我同级,年纪差不多,当时都十八九岁,只能算是小青年。可那时候他头发留得很长,穿一件破旧的蓝布长衫,扣子只扣两个,趿拉着一双布鞋不提后跟,经常说笑话,还抽烟,很颓废的那种样子,完全是中国旧知识分子的派头。北大历史系的汪篯当时已经是助教了,也是这种作风,可惜"文革"初的时候自杀了。

当年的艰难,恐怕是今天难以想象的。不过好在不要钱,上学、吃住都不要钱。学生每个月靠"贷金"吃饭,而且不用还，这和今天大不一样了。假如那个时候要收费的话，我相信绝大部分学生都上不了学。不但我们上不了，就是再大的名人也上不了，包括杨振宁。那时候教授钱太少了，杨振宁的父亲杨武之是数学系主任，他一大家子人，饭都不够吃的，还上什么学？所以我觉得，解放后上学反而要钱了，是一个倒退。学校不是做生意，不能因小失大。毕竟赚钱不是目的，为国家培养人才才是最大的收获。

幸福最重要的就在于对未来的美好希望。一是你觉得整个社会、整个世界会越来越美好，一是你觉得自己的未来会越来越美好。只有具备这两个条件，人才真正的幸福。那时候也挺有意思，日本飞机经常来轰炸，生活非常之艰苦，可是士气却没有受影响，并没有一种失败主义的情绪流行。大家总是乐观地、天真地，并且理所当然地认为，战争一定会胜利，而且胜利以后会是一个美好的世界，一个民主的、和平的、自由的世界。这是我们那个时代的青年最幸福之所在。

联大的学生绝大多数都是背井离乡，寒暑假也回不了家，一年四季都在学校里。而且因为穷困，吃喝玩乐的事情极少有可能，只好大部分时间都用来学习，休息时就在草地上晒晒太阳，或者聊聊天。昆明大西门外有一条凤翥街，街上几十个茶馆，大家没事就去喝碗茶。其实喝什么无所谓，无非就是茶叶兑开水，很便宜，大概相当于现在的一毛钱。有的人是真拿本书在那儿用功，但大部分人是去聊天，海阔天空说什么的都有。最清楚记得有一次，我看见物理系比我们高一班的两位才子，杨振宁和黄昆，正在那儿高谈阔论，对着吹。其实我们也没有来往，不过他们是全校有名的学生，谁都知道的。黄昆问："爱因斯坦最近又发表了一篇文章，你看了没有？"杨振宁说看到了。黄昆又问以为如何，杨振宁把手一摆，一副很不屑的样子，说："毫无 originality（创新），是老糊涂了吧。"这是我亲耳听到的，直到现在印象都很深。

当时我就想："年纪轻轻，怎么能这么狂妄？居然敢骂当代物理学界的大宗师，还骂得个一钱不值？！用这么大不敬的语气，也太出格了。"不过后来我想，年轻人大概需要有这种气魄才可能超越前人。正好像拿世界冠军一样，下运动场的时候必然想着："我一定得超过他，我一定能打赢他！"如果一上来先自己泄了气，"哎呀，我不行，我不行"，那还怎么可能打败别人？科学一代一代发展，总是后胜于前的，这个道理很简单，因为所依赖的基础不同了。我们之所以比他们高明，是因为站在了他们的肩膀上，这是牛顿的话。牛顿花了前半生的工夫得出三大定律，可是今天的中学生听老师讲一个钟头不就明白了吗？但我们不能为此就嘲笑牛顿。任何学术都应该，而且必然后胜于前，尤其对于那些有才华的人，他的眼界就应该比前人更高。假如只能亦步亦趋地跟在老师背后，什么"字字是真理"，那是没出息的表现。

再比如老友王浩，他是学数学的，后来是世界级的权威了，可是对哲学极有兴趣。我跟他聊天的时候，他倒很谦逊，总说不懂不懂。可有时候聊着聊着，无意之中，忽然他就吐露出非常狂妄的话。比如我们谈到某某哲学家，我说："在这个问题上，这位哲学家好像没有说得太清楚。"他突然来一句，说："哲学总有讲不通的地方，他也就只能这么讲了。"就是说，他没那个水平，只能讲到这儿为止了，结果把一个大哲学家说得好像挺不值钱的。我想，这些地方反而应该是一个年轻人必备的品质。要想超越前人，必得先看出前人的不足，要是拜倒在他的脚下，那就永远也超不过他。自惭形秽的人，比如我，大概永远不会是有为的。

那时候时常看看电影，而且也不贵，一个月总得看上两三次。我在昆明待了七年，看了大概有两百多场。当时有一家南屏电影院是新盖的，设备很新，影片也都是最新的。记得每次演电影之前先放一段国歌，"三民主义，吾党所宗，以建民国，以进大同……"大家起立，屏幕上依次放映国父孙中山、国家主席林森和蒋介石委员长的像，接下来才是看电影。

电影分为几种，一种是时事性的纪录片。比如隆美尔和蒙哥马利在北非的沙漠之战，片子很快就出来了。1945年2月雅尔塔会议，也是马上就公映。那次让我非常惊讶的，就是罗斯福的衰老不堪。那年罗斯福才六十三岁，对于一个政治家来说，应该是正当年的时期。可他衰老得不得了，简直就是九十三岁，和不久之前判若两人。果然，看了那片子以后没几天他脑溢血，突然就死了。另一种是故事片，很多都是描写二战的，像《卡萨布兰卡》（当时叫《北非谍影》）、《魂断蓝桥》。再比如《东京上空三十秒》，那是顶新的片子。1941年底日本偷袭珍珠港，第二年初美国就炸了东京，电影里演的就是那次轰炸。还有一部电影讲二战海战，看了以后我才知道，那些潜水艇里的人要时常照日光灯，补充一些紫外线。另一种是文艺片，比如《简·爱》、《乱世佳人》，还有音乐片。像讲小施特劳斯的《翠堤春晓》，音乐非常好，我看了三遍，可有的同学看了五六遍，里边的好几个歌我们都会唱。《葡萄春满》讲的是舒伯特的一生，还有《一曲难忘》，写肖邦的。演肖邦老师的是Paul Muni，演乔治·桑的是Merle Oberon，都是当时非常有名的演员。那个片子我也看了好几遍，就是喜欢听它的音乐。后来Merle Oberon和Laurence Olivier合演了《呼啸山庄》，当时译为《魂归离恨天》，那个也很好看。还有Laurence Olivier和Joan Fontaine合演的《蝴蝶梦》，都是当时有名的片子。

那时候的新片子非常多，里根的电影我也看了好几部，在当总统以前，他是个二流演员。当时有个英国的著名演员叫 Eroll Flynn，演了许多战争武打片。其中有一部叫《绝望的旅程》，里根就在里面给 Eroll Flynn 配戏，用京剧的行话讲，是"挂二牌"的。当然还有"挂三牌"的，那就更不重要了。

据说当时担任影片中译名工作的是吴宓老师，大家都言之籍籍，不知确否。不过从某些片名来看，比如《卿何薄命》、《魂归离恨天》，两辞皆出自《红楼梦》，很像是吴先生的风格。附带说一点，当时的电影没有配音，有些同学就是去学英语的。我作为历史系的学生，也从电影里认识了一些具体的古代生活情况。比如 Laurence Olivier、费雯丽主演的《汉密尔顿夫人》，描写了特拉法尔加海战，那在英国历史上是非常有名的。还有 Norma Shearer 演的 Marie Antoinette，中译名为《绝代艳后》，即法国路易十六的王后。这些都丰富了我们的知识，同时也享受了美妙的艺术。再比如狄斯尼画的 Fantasia[①]，用了贝多芬的《田园交响乐》等名曲伴奏，最后以舒伯特的《圣母颂》结尾。看过之后，真是令人三月不知肉味。

[①] "狄斯尼"今译为"迪士尼"，1940年出品的《幻想曲》(Fantasia)为动画史上的经典之作。

7.兼职做教师

从1939到1944年,对我是最困难的几年。抗战前在北京做中学生的时候,学校里一天吃三顿饭,一个月才花五块多钱,质量不错,而且可以敞开吃。后来我在长沙上学,还是五块多钱,吃的也不错,至少都是细粮。可是到1939年就不行了,物价飞涨。学校里吃饭虽然不要钱,可是非常之差,跟我们60年代"三年困难"期间差不多。人的胃口毕竟有限,可是困难时期粮食定量,就意味着限制你的口粮,不让吃饱了。西南联大的时候虽然没有定量,可大家都过去抢,不一会儿工夫就没有了。一直到1942年,我在外面可以找个零星的工作兼差了,才算好一些。

1943年读了研究生以后,我就在中学里做兼职教师。每个月工资好几千,听着挺多,大概相当于现在的七八百块钱。每顿饭都自己花钱在中学里买,总算能吃饱一点了,只要不养家糊口,生活还算过得去。昆明有好几十个中学,比较缺教师,几乎全让我们给包了。联大学生的水平比当地的高一些,而且年轻人精力充沛,还可以"杀价钱",工资压得比较低,所以学校里也愿意用。记得我有一个同学教地理,这种课一般大家都不太重视,可是他教得特别好,还编了许多顺口溜。你问他班上的初中小孩子:"巴拉圭的首都在哪?"这种小国家连我们都不知道哪儿是哪儿,可是那些小孩能哇啦哇啦背出来,我现在都说不上来了。只记得阿比西尼亚,即今天的埃塞俄比亚,问一个学生:"阿比西尼亚的首都在哪?"他张口就答:"亚的斯亚贝巴!"

我们做研究生的时候,几乎没有人不做中学教师。只有工学院的例外,他们可以下工厂、修公路、修铁路,或者修汽车。除此以外,我想大多数同学都在兼课,包括鼎鼎大名的杨振宁。杨振宁在联大附中教书,他的爱人杜致礼以前就是他班上的学生。后来他出国了,王浩就接手在那里教。当时不但是学生教,连老师也在中学里兼职。我在好几个中学都教过,求实中学、五华中学、龙渊中学、昆华女中,教国文,教英文,也教过历史、地理,研究生三年基本没间断过。在五华中学教中文的时候,朱自清先生也在那里教一班,我教另一班。他的威望、名气我比不了,本来就是名教授和文学家,当然应当比我高明得多,所以我也并不觉得泄气。闻一多先生也在昆明的中学里教书,学校知道他是有名的诗人,给的工资特别高,还特别给他一间房子。虽然现在看来不觉得怎样,不过在当时就非常了不起了。

8.闹恋爱?

在恋爱、婚姻的问题上,老一辈人和我们当时的年轻一代有很大不同。五四那辈人一方面是维新的，比如钱玄同，号疑古，他的名字就是"疑古玄同"之意，对古代根本是怀疑的。可是另一方面，他们的旧学根底都非常深，其中也包括了旧的思想。所以他们的婚姻大多是家庭包办，后来又讲婚姻自由、个性解放，对家庭包办的婚姻不满意，就另外找人结合。其中最典型的就是胡适。胡适的婚姻是家庭包办的，虽然后来也另外有人，除了韦莲司可能还有别人，但他不愿意伤母亲的心，始终保持着和江冬秀的婚姻。这是中国旧的伦理传统，郭沫若、鲁迅都是这样。虽然在外面又有了新的婚姻，原来包办的夫人却还在，算是家庭成员。

到了我们那一代，学校没有规定学生不可以结婚，不过事实上不可能结婚。书还没念完，自己生活不能自立，怎么维持家庭？"青年男子谁个不善钟情？妙龄女人谁个不善怀春？这是我们人性中的至神至圣"，这是郭沫若译歌德《少年维特之烦恼》的卷头诗。①但那时候真正闹恋爱的人很少很少，很少有人在毕业以前就谈恋爱，结婚的更是绝无仅有，总以为那是遥远的将来的事情。一般都是参加了工作，到二十五六岁，甚至三十多岁才结婚。女同学结婚的就更少了，或者一结婚就中断学业，去做家庭主妇了。

---

① 出自郭沫若1922年译本。

50年代末有一本小说很流行,叫《青春之歌》。我不知道别人怎么想,反正我觉得那本书很败坏胃口。小说写"一二·九"运动,写北大的女生。那时候北大女生才四五十人,宿舍就在马神庙的北大五斋,我两个姐姐都住在那里。我去过好多次了,所以那几十个女生我至少认识一半以上,可是没听说谁是结过婚的。男同学里也很少有人结婚,除非是从偏远地区或农村里来的,城市里长大的大都没结婚。可是书里写林道静未婚同居,而且还换了人,那在当时简直是绝无仅有的,哪有女同学随便跟人同居?后来我在联大唯一见到有学生同居,大都是东北的。那时候东北已经被日本占领了很久,国破家亡,什么都没有了。那些同学流亡在关内,自己没有安身的地方,所以两个人就找一个公寓住下来。可这是很少有的,一般都不这样。一个人写小说,总是有意无意地把自己的经验放在里边去。大概杨沫本身是这样的,可她又不是北大出身,所以那些情节就显得太虚假,完全不符合当时的真实情况。

9. "天人交感"下的人生观转变

我做研究生第一年读的哲学,可是不久得了肺病,一犯起来就吐血,身体非常虚弱。那时候肺病非常普遍,大概很多人都有,只不过没有检查出来。因为不犯病的时候和正常人一样，如果我不吐血，我也不会知道自己有肺病。也许是别人传染给我的，也许我还传染了别人，这些都不知道。没有隔离，也没有药，等于自生自灭。

后来我才知道，吐血好像也并不那么严重。细菌把血管咬破了，所以就吐血，如果一个人失血不很多的话，没有那么严重。吐血而死往往并不是因为失那点儿血，一般都是因为窒息。血出来的时候把气管给堵住了，那是非常难过的，我挺有体会。而且我得肺病还有个特殊经验，只要天气一变，比如忽然打雷、忽然下雨，我就感到气闷压迫，开始吐血。有位同学跟我开玩笑，说："你这是'天人交感'。"《资治通鉴》里有一段故事，武则天的时候屡兴大狱，抓起人来就用酷刑。有一个人在监狱里受了很重的刑，结果出来以后能够预报天气。比如要变天了，要下雨了，他就能事先感知到，特别灵验。别人问他："怎么会这么灵？"他说不是他灵，而是他的伤一变天就立刻发作，所以预言非常准确。我想这个是对的，当时我也有这种经验，天一变就能感觉到。

我的遭遇还算不错，终于挺过来了，不过并不是所有人都这么幸运。物理系一个同学叫张崇域，我跟他中学就在一个班，物理念得是最好的，后来还上了研究生。我相信如果他一直活下来的话，现在也该是物理学大家了，也可以是诺贝尔级的。不幸后来得了肺病，毕业不久就死了，非常可惜。化学系有个小胖子叫陆钟荣，也是读得非常优秀，我们一起上过德文。他毕业的时候得了肺病，眼看着一天天消瘦下去，真是骨瘦如柴瘦得不得了，后来也死了，实在太可惜了。他们那么年轻有才，如果给一个条件能够活下来的话，我想一定非常有成绩，可惜很早就去世了。

本科毕业以后，我念了三年研究生。起先受王浩的影响一起念了哲学，不过我没有念完。一是因为生病，半年都没上课；二是又受王浩的影响，放弃了哲学。王浩本科是学数学的，哲学念得也非常好。他说，学哲学只有两条路可走，一条是从自然科学入手，特别是从数理科学入手，不然只能伦理说教。比如孔孟之道，仁者爱人之类，但这些并不是哲学，真正讲哲学一定要从自然科学入手。另一条路，就是得一点哲学的熏陶，然后改行搞文学。他这一点说得非常有理，西方的大哲学家大都科学家出身。像近代的笛卡尔、莱布尼茨，当代的怀特海、罗素，还有列宁批判过的马赫、彭加勒，都是第一流的科学家。王浩是学数学的，当然可以搞"真正的哲学"。我没自然科学的基础，念了一年工科远远不够，心想还是不要学哲学了，学也学不好的。那时我正病重，于是找了一些文学书排遣，特别是英国浪漫派，雪莱、拜伦、济慈的诗歌对我产生了非常大的影响。

西方的诗歌和中国诗有一个最大的不同，往往都是长篇大论，一首诗就是一小本书，发挥一套完整的人生哲学，这在中国诗里很少见。英国19世纪有两个重要诗人，Browning（勃朗宁）和Tennyson（丁尼生）。一般的评价是勃朗宁更高明，可我当时的感受是，勃朗宁的诗歌虽然气势雄浑，但缺少人生境界的深度。在这一点上，丁尼生似乎更胜一筹，也更加让我着迷。中年时候，丁尼生写了一首长诗《怀念》（*In Memoriam*），怀念他死去的朋友，写得非常感人，系统地发挥了自己的人生哲学以及宗教信仰。而他之打动我的，更多是一种精神寄托，用陈寅恪先生的话讲，就是"畅论天人之际"。再比如，丁尼生八十三岁去世，他的最后一首诗 *Crossing the Bar* 几乎每个选本上都有。诗的大意是，那天早上他出港的时候赶上大雾，船出不去，直到中午雾气散尽才驶离港口。丁尼生想到自己八十多岁了，人生快要走到尽头，跨过人生的界线、驶离此岸的港湾，之后，就可以见到"我的舵手"（即上帝），"I hope to see my Pilot face to face/ When I have crost the bar." 这些诗我读过之后非常感动，而且非常欣赏这种人生观，觉得这才符合我的胃口。所以，第二年我又转到外文系念文学去了。

我在外文系的第一位导师是吴宓先生，后来他去四川了，由美国人温德（Robert Winter）做我的导师。不过后来

145

也没念好，因为我主要的兴趣不是文学研究，只是那些诗对我有启发，觉着非常有会于心。我一直都这样认为，精神上的追求和享受本身就是目的，不能太功利。比如念这个对我没多大用处，拿不到博士，也找不着好工作，那我就不干了。当然这样想也不算错，但那是另外一种作风。从中学开始，很多年我都不大用功，这大概与我自由散漫的习惯有关系，也可以说跟自己的人生观有关系。在我看来，读书最大的乐趣在于自己精神上的满足，这比什么都重要，而不在于是不是得到一种世俗的荣誉。假如不是很有兴趣，又要付出很大的牺牲，我觉得犯不上。或者说，太功利就丧失了自己的生命，反而得不偿失。

1945到1946年，正是我做研究生第三年。"一二·一"民主运动非常热闹，绝大多数同学都参加了，我也在其中。课停了，学校里也乱，静不下心来读书写论文。1946年联大宣告结束，清华、北大回北京。本来我应该跟着回北京写论文，我想写一篇论叔本华。因为叔本华虽然是哲学家，可他走的是文学的路，我很有感触。可是二姐写信来，说母亲随她在台湾病得厉害，以为快要不行了，我就去看她。等到可以回来的时候，内战又打了起来，北上无望。所以研究生念了三年，最后我也没有拿到学位。

大学之谓：忆先生

1.闻一多先生

一个人的性格或者思想大多初步觉醒于十二三岁，等到二十四五岁思想定型，就形成了比较成熟、确定的人生观、世界观。此后或许能有纵深的发展或者细节上的改变，但是不是还可以有本质的改变，我想是非常罕见的。闻一多先生早年追求纯粹的美，后来成为民主斗士，旁人看来似乎有非常巨大的思想转变，但我以为那不过是一些表面的变化。在这一点上，我同意温德先生的话。温德是闻先生多年的好友，1945年民主运动的时候，他的当代文学批评课只有我和徐钟尧学长两个人上。有一次，温德先生和我们谈起闻先生，说："他就是一包热情。"接着又摇摇头，说："不过搞政治可不能单凭一包热情啊。"言下似有惋惜之意。

温德先生的这句评价非常中肯。闻先生是个热情的人，早年追求唯美是一团热情，后来和梁实秋、罗隆基参加极右派组织，搞国家主义，其实也是凭着一团热情。西安事变爆发后，闻先生拥蒋、反对张学良，在教授会上痛斥："怎么能够劫持统帅?!"当时很多人都有那种感觉,如果蒋介石真出了事情,肯定要发生内战,岂不给日本制造了机会?所以西安事变的时候,很多人都指责张学良,称之为"劫持统帅"。等到他把蒋介石送回南京,当天北京最大的报纸《世界日报》头版大标题就是"委座出险,举国欢忭"。第二天,北京的右派学生还举行了游行,也是声势浩大的。他们成立了一个"北京市学生联合会",叫"新学联",区别于"一二·九"时成立的左派学联,并且还有人希望能合并成一个学联。至于是否真正联合,我不记得了,不过至少抗战刚开头的时候,左派、右派间并不是很尖锐的。及至40年代,生活艰苦了,闻先生亲身感受到了国民党政权的腐败和黑暗,又满腔热忱地投入民主运动。

闻先生晚年讲诗(其实那时候他还不到五十岁),有一首初唐诗人张若虚的《春江花月夜》,他特别欣赏。在他的《宫体诗的自赎》一文中,曾把这首诗评价为"诗中的诗,顶峰上的顶峰"。当然这首诗写得的确很美,我也非常欣赏。不过除了浓厚的唯美倾向,还带有几分人生幻灭、虚无颓唐的味道,好像和他民主斗士的形象不大合拍。所以我以为,闻先生的思想主潮早年和晚年是一以贯之的。他本质上还是个诗人,对于美有特别的感受,而且从始至终都是一包热情,一生未曾改变过。现在不是有很多人在讨论:"如果鲁迅活着,会怎么样？"其实同样可以问："如果闻一多活着，会怎么样？"仅凭一包热情，恐怕也不会就畅行无阻，我这么想。

闻先生那一辈人的旧学根底非常之好，可他同时又是极端反传统的。社会转型时期，有的人唯恐中国的旧文化不存在了，拼命维护。还有一种人，认为传统的东西束缚中国人太久了，中国要进入新的时代，就要彻底抛弃过去，全面创造新文化。闻先生、鲁迅、胡适都属于这种人。鲁迅激烈反对中国的旧文化，说得个一文不值，甚至提出不看中国书。《狂人日记》里宣称：什么"仁义道德"，满书都写着血淋淋的两个字"吃人"。在这一点上，闻先生跟鲁迅非常相像。民主运动的时候，他在课堂上对我们说："你们是从外面打进来，我从里边杀出去，我们里外合应，把传统的腐朽文化推翻！"意思是说：青年学子没有受过中国传统文化的毒害，所以你们须从外部推翻它，而我是受过这个教育的，所以我现在要反对它，从里边杀出来与你们合作。我想这代表他当时真实的思想情况，虽然他研究的是中国传统文化，但并不认同。

另外还有一点，我要保留自己的意见。现在很多文章总是特别强调闻先生如何穷困，比如联大时期给别人刻图章，都说成是他为生活所迫，不得已。我觉得贫困是事实，但也不单纯就是这样。闻先生早年是搞美术的，又会绘画，又会雕刻。现在北大西门一进门的地方有个西南联大纪念碑，上面的篆字就是闻一多写的。碑文上书"中文系教授闻一多篆额"①，写得非常好，而且只有公认的大手笔才有资格题。所以说，搞美术乃是闻先生的本行，写字、篆刻都是他的专业。当然他也是因为贫困，挣点小钱补贴家用。但如果过分强调为生活所迫的一面，刻字竟成了他不务正业的谋生手段，不免有些过分渲染的味道。

2.张奚若先生

学术和政治的关系总是非常微妙的。一方面，学术永远不可能脱离政治，政治也永远不能脱离学术，甚至希特勒独霸世界还得有一套思想理论的基础，所以学术和政治永远有它们相结合的地方。但另一方面，学术和政治又不能完全画等号，关键在于如何把两者的关系摆在一个正确的位置上。不要东风压倒西风，也不要西风压倒东风，否则就没有学术可言了。

在历史所的时候，有一次和年轻的同志聊天，他问："解放前能看《共产党宣言》吗？"我说："从前我做学生的时候就看过，而且的确很受感动，还手抄了一遍，没事就拿出来看看，挺珍贵它的。"那个同志听了觉得奇怪，说："怎么那时候就能看这种书呢？"其实那时候学校里的自由度相当大，借书几乎没什么限制，何况还是张奚若先生指定的必

---

① 实为"中国文学系教授闻一多篆额"。

读书，哪能不读？张先生讲政治思想史的时候，指定几本书必读，其中就有马克思的《共产党宣言》、列宁的《国家与革命》。当然都是英译本，到图书馆随便就可以借出来看。

张奚若先生把马克思作为一门学术来研究，不过我觉得，他本人当时的倾向是自由主义的改良主义。旧社会的政治学界很大一部分都是受自由主义的影响，特别是清华、北大的教师，大多受拉斯基（H.J.Laski）的影响。马克思讲无产阶级专政，很重要的一点就是暴力革命，可是英国几百年都是和平改良，最不赞成暴力革命。拉斯基是伦敦政治经济学院的教授，主张改良。虽然他也承认军队、警察等等国家要害部门都掌握在资产阶级手里，无产阶级很难取得政权，暴力也许是必须经过的。可是他又说：如果不事先通过民主竞选，"You are not justified（你是没有道理的）"。就是说，还得先礼后兵。先通过竞选争取，若不成功，再采取其他的方法，不能一上来就暴力革命，这是拉斯基的观点。张奚若先生也认为，共产党未必不能通过合法的手段取得政权，所以应该先试着采取竞选。而且，20世纪40年代有一个时期，法国共产党和意大利共产党选票非常之高，甚至于成为第一大党，似乎并不见得永远不能竞选成功。不过后来受苏联的影响，形势又变了。

有一个现象很奇怪。按理说，马克思主义代表先进的工人阶级思想，应该是在工人阶级数量最多的国家里最流行，共产党也应该在这种国家最有力量。可结果正相反，马克思主义在20世纪最薄弱的地方反而是英美这些资本主义最发达的国家,那里共产党的力量也最小。美国的共产党始终不成气候,好几次总统大选都有以个人身份参加竞选的,可是共产党连竞选的力量都没有。英国也是这样。相反,越是在落后的非工业化地区,或者说,在工人阶级最少、资本主义成分最少的地方,马克思主义反而流行。这一点似乎很值得研究,为什么会出现这种怪的现象?

另外,我们所说的专政和马克思的无产阶级专政有一点很大的不同。马克思所说的专政是政治意义上的,在政治上剥夺资产阶级的权力,而我们的则是所谓思想专政,"在思想上对资产阶级进行全面的专政"。我觉得,这与马克思的原意似乎不吻合。当然你可以说,这是创造性地发展了马克思主义,但也可以说是大大背离了。马克思本人对资产阶级的学者、艺术家、诗人、文学家往往有很高的评价,引用了那么多莎士比亚的著作,对黑格尔非常欣赏。恩格斯在《自然辩证法》里对文艺复兴的资产阶级文化巨人的评价也非常之高,并没有在思想上专政的意思。《法兰西内战》中,马克思对1870年的巴黎公社高度赞扬,视之为无产阶级第一次的实践行动。实际上,巴黎公社的成员要么是布朗基主义者,要么是无政府主义者,而且无政府主义占了绝大部分,总之都不是马克思主义者。但马克思从来不认为这些人是反动派,相反,他热情地赞美,说巴黎公社是最早的无产阶级专政。假如放在我们无产阶级文化大革命时期,巴黎公社那些人恐怕都得挨整，谁敢站出来承认："我是无政府主义。"那还活得了？

张先生教课喜欢杂着英文，经常讲着讲着就成英文了。他有一个发音我现在都记得，hu应该发［hju:］，可他是陕西人，老说成［xju:］。比如human让他念就成了"休曼"，不过我们都习惯了。第一年上西洋政治思想史，从古希腊讲到18世纪的卢梭。第二年西洋近代政治思想史，本来应该介绍整个19世纪的西方政治思想，可是张先生并不全讲，只谈他特别注重的几家。上学期只讲了黑格尔、马克思两个人，下学期讲T.H. Green、F.H.Bradley和Bosanquet，三个人都属新黑格尔派。其实他们仅仅是19世纪末英国唯心论的一派，不足以包括近代的西方政治思想，可张先生就这么讲。好在当时有这个自由，教师可以按照自己的思路发挥，解放后这样讲就不可能了。

和其他一些老师的课一样，张先生也经常在课堂里扯闲话。比如亚里士多德说"人是政治的动物"，动物过的是"mere life"（单纯的生活），但是人除此以外还应该有"noble life"（高贵的生活）。接着张先生又说："现在米都卖到五千块钱一担了，mere life都维持不了，还讲什么noble life？"张先生有时候发的牢骚挺有意思，最记得他不止一次地感慨："现在已经是民国了，为什么还老喊'万岁'？那是皇上才提的。"（指"蒋委员长万岁"）还有一次提到冯友兰的《新理学》，他说："现在有人讲'新理学'，我看了看，也没什么'新'。"他没有点冯先生的名字,我们当然都知道说的是谁,因为1941年《新理学》在教育部得了一等奖,大家都知道。其实课上扯扯闲话也挺好,你可以从他的自由发挥里知道他真正的想法,这是书本里学不来的。

另外还有吴之椿先生,那时候快五十岁了,比一般的老师都老。他也是讲西洋政治思想史,其实主要就是19世纪后半叶英国达尔文主义的社会思潮。吴先生的课讲得非常深刻,谈到斯宾塞以降的英国政治思潮,真是历历如数家珍。不过和张奚若先生一样,都没写过大文章,要按现在的标准得被刷下去,可是那时候都知道他们是大学者,学问非常好。吴之椿先生偶尔写文章,也不是纯学术性的,我倒是很欣赏。有一段文字我现在都记得,他说,人类的关系有一种是权威的关系,一种是圣洁的关系。比如政治就是权威的关系,你是我的下属,你就得服从。可夫妻间就是纯粹圣洁的关系,双方是平等的,并不是说一方命令你什么,你就得听他的。吴先生说:"可惜中国人的事情总是权威的成分多,而圣洁的观念少。"这段话给我印象挺深的。

张先生是民主人士。1946年1月,在重庆召开了一个政治协商会议,召集各党派、无党派的代表人士总共三十八人来参加。其中国民党八人,共产党七人,民主同盟、社会贤达各九人,青年党五人。天津永利公司的李烛尘代表民族资产阶级的实业家，学者傅斯年、张奚若，他们都是无党派的代表。这里还有一段小插曲，挺有意思。张奚若的代表名额是共产党提出来的，国民党说："张奚若是本党党员，不能由你们提。"后来张奚若还有个声明，说：我不是贵党党员。张奚若是老同盟会的，本来拥护国民党，但在民主运动中转向，而且反得很厉害，并不承认自己是国民党党员。

解放后，张先生做过教育部部长、中国人民外交学会的会长。因为那时候，我们只和几个社会主义国家建立了外交关系，跟广大的世界（或者说广大的资本主义国家，包括先进的、落后的）都没正式建立外交关系。可是中国毕竟要在各个方面和外面世界联系，于是成立了一个中国人民外交学会，和其他国家进行民间交往，张奚若先生做会长。1957年张先生几乎被打成右派，因为他总结了十六个字："好大喜功，急功近利，鄙视过去，迷信将来。"刘少奇就批判他说："有一个朋友说我们好大喜功，好大喜功有什么不好？好六亿人民之大，喜社会主义之功，这有什么不好？"[1]但后来还是保护了他。也许因为总要保护些有名的人，虽然有些

---

[1] 1958年，毛泽东在南宁会议、成都会议，及两次最高国务会议等讲话中多次批驳张奚若。刘少奇也曾在工作报告中说："有人批评我们'好大喜功，急功近利'。说得正对！难道我们能够不好六亿人民之大，喜社会主义之功吗？难道我们应当好小喜过，绝功弃利，安于落后，无为而治么？"参见刘少奇：《中国共产党中央委员会向第八届全国代表大会第二次会议的工作报告》，人民出版社，1958年，第23页。

话说得过了头，也没有太受冲击。

现在回想起来，张奚若先生总结的那十六个字还是有道理的，我们是有些鄙视过去、迷信将来。其实有些传统的东西和阶级斗争没有关系，那是人类经验的积累、人类智慧的结晶，不能随随便便就否定了。比如红灯的波长最长，看得最远，所以红灯停、绿灯走。这是有科学依据的，全世界都是这样，资产阶级、无产阶级都得按信号灯走。可是"文革"的时候就有人提出："红色代表革命，所以红灯应该走，绿灯应该停止。"那不乱套了？那时候太简单化了，以为旧的都要不得，新的都是好的。其实新的事物在开始的时候总是不成熟的，应该逐步地让实践来检验。不能一声令下就一哄而上，那就太盲目、太不切实际了。

3.战国派雷海宗

历史系主任雷海宗先生，我上过他三年的专业必修课。在我的印象中，雷先生不但博学，而且记忆力非常了不起。上课没有底稿，也从来没带过任何一个纸片，可是一提起历史上的某某人哪一年生、哪一年死，或者某件事发生在哪一年，他全都是脱口而出，简直是神奇。一般的像我们，除非特别有名的可以记一记，哪能每个都记得？反正我不能，他那脑子真是了不起。或许正因为雷先生有这个天赋条件，所以他在看待历史问题时并不执着于某个偏僻的小题目,而是放眼世界,注重宏观历史理论的研究。这是很难做到的,而且在当时考据盛行的气氛下就更难得了。何炳棣回忆录里说,陈寅恪看不起雷先生,说:"有人还教中国通史。"①意思好像是中国通史不能教。雷先生不但教中国通史,还教西洋史和史学方法,什么都能教,这和汤用彤先生有点相似。汤先生是北大哲学系主任,讲印度哲学、讲佛教,也讲魏晋玄学、讲西方哲学,不但在当时,就是现在也很少有人能中、印、西三种哲学都讲。照我看来,汤先生好比哲学系里的历史学家,而雷先生才是真正的哲学家,是历史系里的哲学家了。

雷先生受斯宾格勒的影响非常深,酝酿出一套自己的历史哲学。斯宾格勒在《西方的没落》里提出一种理论,认为文明和人的成长一样,也有一个生命的周期:列国时期、战国时期、大一统帝国、蛮族入侵、文明灭亡。比如古代的埃及文明、巴比伦文明,希腊、罗马文明莫不如此,现在,西方的文明已经快要到了它的没落时期。这种学说被称为文化形态学,雷先生基本接受这一学说的论点,他的中国史、西洋史都有一套与众不同的理论体系。但雷先生又把这种理论发展了,认为中国的文明经历了两

---

① 同行揶揄,雷海宗总以"大过人"的容忍对之。何书中转述同学黄明信的话,1937年春历史系师生茶话会上,"陈寅恪先生相当高声地和一位同学说,何以目前居然有人会开中国上古史这门课。那时雷先生不过几步之外,决不会听不见这种讽刺的。"参见何炳棣:《读史阅世六十年》,广西师范大学出版社,2005年,第115页。

个周期：公元383年淝水之战，北方蛮族打进来，汉族退到江南，从此开始南北朝的时期，这是第一个周期的结束，也是第二个周期的开始。

雷先生讲课十分动人。巴金的爱人萧珊那时候叫陈蕴珍，比我高一班，她也上雷先生的课。有一次我听见她跟一个女同学说："雷先生讲课真有意思，好像说故事一样。"雷先生很会讲故事，有的就跟他亲眼看见了一样，不过我总半信半疑。讲者动情、听者动容，并不等于可信。至于文化形态学的理论，我也觉得有几分牵强，甚至可以说是武断的。有人说，斯宾格勒并不希望西方文明没落，这一点我相信。不过按照他的理论，西方文明非得没落不可，这是他理论的一个必然，所以我年轻时就不太能接受这种论点。文明毕竟是人类共同的创造，是不是能把个体生命的生物学规律硬搬到人类的历史文化上来，这一点很难肯定。比如中国的文字，从甲骨文一直到今天的简化字，这是几千年积累演化而来的结果。也许有一天它会消失，不过这个很难说，未必就意味着它有一个固定的生物学意义上的周期。

雷先生和林同济先生是好友。1939年秋天，林先生在西南联大做过一次讲演，题目是"战国时代的重演"，把当时的国际形势比作新的战国时代。林先生口才非常好，讲得确实动人，所以那天非常叫座。大教室里挤得满满的，总有两百人的样子，我也去听了。记得有个同学提问："马克思讲过,人类社会的进化最终要进入共产主义,没有战争,实现世界大同,是不是这样?"林先生回答说:"马克思是个很聪明的人,但聪明人的话未必都是正确的。人类社会今后是不是这样,还要事实来验证,不是事先可以预言的。"后来雷先生、林先生,还有外文系的陈铨、云南大学政治系的何永佶等几个人物办了一份杂志《战国策》。别人称他们作"战国派",在抗战期间算是一个重要的学派。

1941年的年底,太平洋战争爆发。日本人把英美打了个措手不及,最初的那一个月把整个远东都席卷了。越南是早就给占了,这次又把缅甸、新加坡,一直到印尼、菲律宾一网打尽,速度之快非常惊人。《大公报》的《星期评论》上每周都请名人写文章,当时公孙震发表了《新加坡失守以后的盟国战略问题》。文章写得确实大气磅礴,据说"公孙震"即是林先生的化名。文中有一个意思是责备英美,认为他们对中国仅仅停留在援助上,未能在生死关头全力以赴地投入。那篇文章轰动一时,而且博得了很多赞美。

不过按我现在的理解,战国派有一个很重要的缺点,并没有真正从人文的高度,而仅仅是技术的层面看问题。这一点倒是吻合了"战国策"的名字,完全是从战争的策略上去考虑。二战以后,雷先生写过几篇关于世界政治格局的文章,也都是从技术角度着眼。比如空军在军事上已经占有非常重要的地位了,旧大陆、新大陆之间走北极最近,所以一定要在阿拉斯加或者挪威的斯匹茨卑尔根岛建立空军基地等等。当然他说的也对，这些也应该考虑，不过总欠缺一些更深层次的人文底蕴。而且，因为他们是右派理论了——虽然技术是中性的，但毕竟总有一个意识形态的依托，有为谁服务的问题，所以也受到很多人攻击。当时还出了一份叫《荡寇志》的杂志，专门批《战国策》，同时左派也攻击他们。我最近看到一篇回忆录，说周恩来在重庆的时候，还曾向左派的一些评论家说：不要这样攻击战国派，毕竟他们还是抗日的，还在同一个战壕里。

1942年春天，林同济在云南大学主持一次讲演，雷先生又去专门讲了他的那套历史周期论，我也去听了。讲完以后，林先生赞美说："这真是the romance of a historian（一个历史学家的浪漫）。"林先生的英文极好，本来是政治学教授，解放后资产阶级政治学不能教了，他就改行搞英国文学，教莎士比亚。1980年，在访问美国期间去世了。

4.吴晗印象

吴晗是专门研究明史的，当时任教云南大学。钱穆离开西南联大以后，中国通史课人手不足，就把他请来接手。

吴晗的课我听过，可是不大欣赏，因为他不是对历史做综合的观察，而是分成许多条条。比如中国的官制、中国的经济等等，把历史分割成许多专史，缺乏综合的整体观点。而且他有几件事情，给我留下的印象都不大好。我的姐姐是38级经济系的，毕业以后不能住在学校，得找个房子。吴晗那时候是二房东，租了很大的一所房子，然后分租给好些家，我姐姐就租了他一间小房。"二房东"在旧社会是一个很不好听的词，被认为是从中剥削、吃差价。吴晗经常赶人搬家，说有亲戚要来住，得把房子收回去。不知道他是不是真有亲戚要来，不过在旧时代，二房东要涨房租的时候总是这样赶你走，不然就给他加点房钱。吴晗轰过我们好几次，印象深刻。

还有一件事情。那时候日本飞机经常来轰炸，我们天天跑警报。而且有一种紧急警报，告诉大家飞机马上要临头了，就不要再跑了，赶快找个地方隐蔽起来。昆明不像重庆，重庆是山城，一拉警报大家就钻山洞。昆明没有山洞，所以大家就往郊外跑，可以跑很远，就看你能不能跑了。我们年轻，十分钟就能翻过两个山头，躲在山沟里就足够安全了。老师们则不然，年纪大了，而且一二十年的习惯本是在书斋里静坐，翻山越岭则非其所长。大凡在危急的情况下，很能看出一个人的修养。比如梅校长，那时候五十好几了，可是顶有绅士风度，平时总穿得很整齐，永远拿一把张伯伦式的弯把雨伞，走起路来非常稳重。甚至于跑警报的时候，周围人群乱哄哄的，他还是不失仪容，安步当车慢慢地走，同时疏导学生。可是吴晗不这样，就知道慌着逃命一样。有一次拉紧急警报，我看见他连滚带爬地在山坡上跑，一副惊惶失措的样子，面色都变了，让我觉得太有失一个学者的气度。

第三件事情。吴晗教了好几年中国通史，因为是公共必修课，上课的人很多，有一年的第一次考试全班都不及格。当然也有类似的情况，比如周培源先生上物理系二年级的必修课，教力学，据说第一次月考也是全班不及格。这有点像《水浒传》里讲的，犯人来了先打三百杀威棒，要你尝点苦头。不过必须是权威教授才可以耍这个派头，大家也吃他这一套，不及格就不及格了。可是吴晗辈分很低，刚毕业没几年，开头做助教，后来在云南大学做讲师，到我们联大时不过就三十几岁，结果你也耍这个派头？未免太自高自大了。同学们派代表和他交涉，首先自我检讨没有学习好，然后表示老师的教法是不是也有可以改进的地方。吴晗一怒之下宣布罢教，在校园里引发了一场不大不小的风波，当时上课的同学大概还有人不会遗忘。解放后我看吴晗写的回忆，觉得他在心理上总有一个情结（complex），或者说老有个疙瘩，希望自己跻身于名教授之列。比如他说自己拿桶到井里打水，老打不上来，便感叹教授生活的悲惨，老也念念不忘自己是个名教授。教授为什么就不可以去打一桶水呢？而且我们那时候，没谁认为他是个名教授，可老要耍派头，我对他这点的印象也不好。

吴先生是明史专家，写《朱元璋传》，前后四次修改，先是被说成讽喻蒋介石的,"文革"时又被红卫兵批为反对毛主席。①看来吴先生对于历史的理解似乎依然不够透彻,未能逃脱历史的必然。"文革"后,清华给吴晗立了像,我觉得也有点问题。讲名望、社会地位或影响,梁启超大概要远远超过吴晗,为什么不给梁启超立像?要论"文革"受迫害,受迫害的人多了。比如赵九章,那是气象专家、两弹一星的功臣,"文革"受迫害自杀了,可是没给赵九章立像。再比如叶企孙,物理学界的元老了,"文革"时候说他是特务,关了好几年,后来死得很凄凉,但也没给他立像(何按:在众多学者的呼吁下,清华大学现已为叶企孙立像,但也只在教学楼里,似乎并没有立在校园中)。我并不是说吴晗不可以立像,不过比他更优秀的人太多了。讲

---

① 第一稿作为历史通俗小册子,1944年在重庆出版,一名《由僧钵到皇权》(在创出版社),又名《明太祖》(胜利出版社)。作者对此稿颇为不满,后补充大量史料,更名为《朱元璋传》(1949年,上海新中国书局、三联书店、香港传记文学社)。此两稿借古讽今,以朱元璋影射蒋介石,二稿尤甚,极尽谴责与贬低,描写了一个残暴、无耻的独裁者,从流氓为暴君,借以痛骂国民党政府。

  作者曾赴解放区,将二稿呈递毛泽东,毛与吴晗谈,并书信一封给予意见。1954年第三稿,作者力求客观公正,仅油印百余册以征求意见。有学者指出,该书阶级关系、阶级矛盾的分析不够。毛的意见:朱元璋是农民起义领袖,是该肯定的,应该写得好点,不要写得那么坏。十年之后,作者再度修改,进一步运用历史唯物主义的方法,认为"和历史上所有的封建帝王比较,朱元璋是一个卓越的人物",还是"功大于过"的,但仍大量保留以猛治国、诛杀功臣、严刑重罚、大搞特务统治、兴文字狱等等。是为第四稿,1965年三联书店出版。

学术，他比不上陈寅恪、王国维。讲影响，他比不上梁启超。讲贡献，他比不上叶企孙、赵九章。为什么单给他立像，不给别人立？或许是政治的原因吧。不过我觉得，这个标准似乎不太适宜。

5.冯友兰先生

前不久，我在《科学文化评论》杂志上看到对邹承鲁院士的访谈。记者问他："西南联大的先生里您最欣赏谁，最不欣赏谁？"邹承鲁说："最佩服的是陈寅恪，最不欣赏冯友兰。"[1]这话说来似乎有点大不敬了，不过当年我们做学生的大多对冯先生的印象不佳，主要还是由于政治的原因。冯友兰对当权者的政治一向紧跟高举，像他《新世训》的最后一篇《应帝王》等等，都是给蒋介石捧场的。在我们看来，一个学者这样做不但没有必要，而且有失身份。1941年，教育部举办过一次全国学术评奖，就我的记忆，国民党当政二十

---

[1] 采访人问："在西南联大的诸位前辈中，您最佩服的是谁，最不佩服的是谁？"邹答："在老师里面，佩服的是陈寅恪，不佩服的是冯友兰。你不知道，在西南联大时，我们这些学生对于冯友兰就是很有看法的。他是当时少数几个部聘教授之一，曾得到过蒋介石的接见。解放后他又得到了毛泽东的接见。真相信某个东西倒也没关系，但不要说违心的话。陈寅恪坚持自由之精神，独立之人格，深为我所佩服。"参见熊卫民：《自由之精神，独立之人格——访邹承鲁院士》，《科学文化评论》2004年第一期，收录于《口述历史》第三辑（中国社会科学出版社，2005）。

二年中仅举行过这么一次。①当时评出一等奖两名，一是冯友兰的《新理学》，也是《贞元六书》的第一本，另一部是华罗庚关于数论的著作。冯书的评审者是张君劢，对冯书给予了极高的评价。冯先生在学术上是有贡献的，但是否即如张君劢所推崇的那么高，恐怕不无疑问。洪谦先生随后发表一系列文章，评冯先生的哲学，几乎是全盘否定、一无是处。解放后，冯先生对自己做了一系列深刻的自我检讨，张君劢在海外看到之后大为生气，又把冯先生骂得狗血淋头。②

1945年国民党在重庆开全党的代表大会，主席团有十几个人，自然都是国民党最重量级的人物了。冯友兰也躬逢其盛，赫然名列其中。后来听说国民党要他做中央委员，他没有接受，还是留在学校里教书。那时候在民间，民主的气氛还是占上风，所以大家跟冯先生的思想就拉开了距离。国民党也曾表示出一副民主的姿态，要在基层进行选举，街道上

---

① 实际上，1941—1947年间，民国教育部总共颁布了六届政府级学术奖励，其中第一届格外轰动。

② 解放之初，张君劢公开指责冯友兰，措辞严厉道："足下将中国哲学作为一种智识，一种技艺，而以之为资生之具，如牙医之治牙，电机工程师装电灯电线，决不以之为身体力行安心立命之准则，……足下读书数十年，著书数十万言，即令被迫而死，亦不失为英魂。奈何将自己前说一朝推翻，而向人认罪，徒见足下之著书立说之一无自信，一无真知灼见。自信不真而欲以之信人，则足下昔日之所为，不免于欺世。今日翻然服从马氏列氏之说，其所以自信、信人者又安在耶？……即令足下不发一言，中共未必置之于死地，北平城内噤若寒蝉者何可胜数，奈何足下竟不识人间尚有羞耻事乎？"参见张君劢：《一封不寄的信——责冯芝生》，1950年发表于香港《再生杂志》，收入蓝吉富《当代中国十位哲人及其文章》，台北：正文出版社，1969年，第66—67页。

贴出一个大榜，写着：选民谁谁谁，某月某日选举。好友王浩跟我讲，一次和冯先生聊到此事，冯友兰说："中国以后要走民主的道路。"王浩说："可那只是故作姿态，都是假的呀。"冯友兰答道："不能这样说。既然当局肯这么表示，就说明它真心要这么做。"一个大哲学家，天真得宛如一个三岁的小孩子。不要说那时候，就是今天也一样。贴个选民榜，然后让每个人去选举，这就是民主了？还差得远呢。

冯先生后来没有去台湾，其实他完全有资格的，可是他留了下来，这是他的功绩。解放后，冯先生又高举紧跟毛泽东思想，不断写检讨，说自己是唯心论的，以前主要是为蒋介石服务等等。或许是他说得太深刻了，或者怎么样，总让我们觉得有点过分。记得有一次他在检讨上说：现在大家都要做毛泽东的小学生，我还不够格，我现在要争取做毛泽东的小学生。他就检讨到这种地步，就这么谦虚。"文革"时候，冯先生又跟着四人帮走过一阵，这是他一贯的作风。江青有一段时候特别提倡女性要当权，批孔高潮之际，冯先生已年近八十，以梁效写作班子顾问的身份随江青到天津。不幸因病住进医院，病榻之上还力疾写了一系列咏史诗，其中有两句力捧女皇，"则天敢于作皇帝，亘古反儒女英雄"[1]，参与到喧腾一时的"女皇颂"之中。不久"文革"结束，北大陈启伟先生有一篇《评梁

---

[1] 《咏史》二十五首原载《光明日报》(1974年9月14日)，所引两句出自第十一首。参见《三松堂全集》第十四卷之"闲编"，河南人民出版社，2001年，第1092页。

效某顾问》①的文章,所批的就是冯先生。

1980年我去美国的时候,曾和一位台湾学者闲聊。他说台湾有四大无耻文人,第一个是钱穆。接着又说了三个名字,不过因为我们和台湾隔绝得很厉害,所以我都没有听说过。后来他又说,大陆也有"四大",哪四位呢?第一郭沫若,第二冯友兰,第三××,第四×××。这是我第一次听人这么说,起初以为只是台湾的说法。后来看到徐铸成先生的回忆文章,说他在解放之初来清华大学曾见过冯先生,想不到后来冯先生竟名列"四大"②,可见"四大"之说大陆亦

---

① 王永江、陈启伟:《评梁效某顾问》,《历史研究》1977年第四期。此前,9月2日《人民日报》第四版曾预告这一期《历史研究》的出版,10月22日第三版又摘要介绍此文。文中有言:

"顾问先生说,在'四人帮'搞所谓儒法斗争史研究的时候,他是'只好人云亦云的'。这个话半真半假。承认那时曾'云''四人帮'之所云,这是真的;把自己说得如此被动,无可奈何,'只好'云云,则是假的。"顾问著诗《咏史》吹捧法家,吹捧吕后、武则天。当年讲"应帝王",引用老子的话"能受国之垢者,始可为社稷主",意即"不怕全国人民痛骂的,才能做皇帝"(《人民日报》)。这话过去是讲给蒋介石听的,现在则是讲给江青,只是"更加露骨、更加肆无忌惮"。……"总之,这位顾问的一生,变化多端,但是万变不离其宗。""值得注意的是,这位顾问每次变化,都要把自己打扮成已经改邪归正、重新做人了的样子。特别是解放以后,他已经'脱胎换骨'好几次了。"

次年3月,《哲学研究》第三期发表王永江、陈启伟文章《再评梁效某顾问》,此处不赘。

② 徐铸成先生措辞含蓄,称之为"四大不要……",其中涉及冯友兰的部分已不可考。徐时霖先生(徐铸成后人,其系列作品整理者)遍查回忆录及相关资料,亦未查到出处。徐先生谨慎,求证于诸位学者、文人后代及徐铸成弟子,已有数人明确表示读过,疑散见某报纸杂志,今不可考。

另,牟宗三曾在东海大学"中国文化研讨会"上做过一次演讲,作为新版序言,收录于《政道与治道》(台湾学生书局,1980)。其中言及五代这个"很差劲的时代"时,愤愤然道:"五代人无廉耻,代表人物即是冯道,亦如今日大陆上有所谓的'四大不要脸',其中领衔的即是郭沫若与冯友兰。"(第6页)是为旁证。

有之。徐先生生平的立言真诚、立场进步，这是众所周知的。

"文革"结束后，冯先生又写了好几次检讨，说自己在"文革"时候犯了错误，违背了"修辞立其诚"的原则。有一次开会，我遇到涂又光先生，他在河南人民编《三松堂全集》。我问："冯先生的历次检讨收不收？"他说不收。我问为什么，他说："因为那都是言不由衷。"我不同意这种观点。作为一个全集来说，凡是他有的就都应该收，至于言之由衷还是不由衷要由读者来判断，不能由编者决定。不然就应该叫选集，怎么能叫"全集"？①虽然有的人那样说是迫于压力，比如翦伯赞死的时候，兜里还揣着个条儿：毛主席万岁，万万岁！他为什么要这么说？是真相信，还是其他的什么原因？有一种猜测，认为他是为子女着想。因为假设要写"打倒……"的话，恐怕他的子女都不会有好下场。究竟他最后怎么想的，谁也不知道了，可是这些作为原始资料都应该保留。冯先生的作品也不例外，而且我以为，冯先生的检讨是他平生著作里最值得保存的一部分。因为它代表了那一代中国知识分子自我反省的心路历程，有极大的历史意义，可以算是20世纪下半叶中国知识分子的一种非常典型的思想状态的结晶。所以，不但不应该删掉，反而真应该给它出个单行本。这不是为他个人，而

---

① 《三松堂全集》第十四卷之"闻编"中，仅收录了冯友兰1950—1973年间公开发表的六篇学术检讨等。编者声明"是特定的政治环境中的产物，不能代表冯先生的实际学术思想"，"读者自察焉"。

是为当时中国整个文化界、知识界留一份典型史料,这甚至于比他的著作还重要,更有价值得多。学术可以否定,可是作为历史的见证,他的检讨永远具有史料价值。

冯先生一生也有非常真诚的一面。解放之初,他写信给毛泽东,表示接受批评,努力自我改造,五年之内重新写一部中国哲学史。毛复信说:"总以采取老实态度为宜。"①

---

① 1949年10月初,冯友兰致函毛泽东,表达了钦佩与欢喜,并为自己的过去感到愧悔。"因为在过去我不但对于革命没有出过一分力量,并且在对日抗战时期,与国民党发生过关系,我以前所讲的哲学,有唯心及复古的倾向。这些在客观的社会影响上说,都于革命有阻碍。""各方面对于我的批评我都完全接受,但是我也要表示,我愿意随着新中国的诞生,努力改造我自己,作一个新的开始,使我能跟着你及中国共产党,于新中国的建设中,尽一份的力量。""我计划于五年之内,如政协共同纲领所指示的,以科学的历史的观点,将我在二十年前所写的《中国哲学史》,重新写过,作为一个新编。""我愿以此项工作迎接将要来临的文化高潮,并响应你的号召。"不久,毛做了简短回复:"友兰先生:十月五日来函已悉。我们是欢迎人们进步的。像你这样的人,过去犯过错误,现在准备改正错误,如果能实践,那是好的。也不必急于求效,可以慢慢地改,总以采取老实态度为宜。"

及至晚年,冯先生回望自己的一生,坦诚以对,从不讳言。论及此事时说:"我不料毛泽东的回信来得如此之快,并且信还是他亲笔写的,当时颇有意外之感。信中最重要的一句话'总以采取老实态度为宜',我不懂。而且心中有一点反感,我当时想,什么是老实态度。我有什么不老实"。然而经过三十多年,明白自己当时说了大话、空话、假话。"我说我要用马克思主义的立场、观点、方法,在五年之内重写一部中国哲学史,这话真是肤浅之至,幼稚之极。""夸夸其谈,没有实际的内容,这就不是老实态度。"并坦言道:"现在回想起来,如果我从解放以来,能够一贯采取老实态度,那就应该实事求是,不应该哗众取宠。写文章只能写我实际见到的,说话只能说我所想说的。改造或进步,有一点是一点,没有就是没有。如果这样,那就是采取老实态度。就可能不会犯在批林批孔时期所犯的那种错误。"参见《三松堂全集》第十四卷之《书信集》,第636—637页,及第一卷之《自序》,第135—136页。

"文革"以后,他想和梁漱溟见上一面,梁漱溟回信说:北大哲学系的老人现在只剩我们两人了,本来应该见一面,但你"谄媚"江青,我不愿意见你。①如果是别人,不见就算了,大概不会再提这事,但是冯先生非常有意思,这个他也拿出来公诸于众。在这一点上,确实也很难得。

80年代初,美国哥伦比亚大学授予冯先生荣誉文学博士学位。其实他本来就是哥伦比亚大学的博士,现在又给个荣誉的,他就去了。那次的行礼会非常有意思,无论对中方、

---

① 关于梁漱溟与冯友兰的这段往事,其后人皆有文章回应。1971—1985年间,梁、冯无交往。1985年12月冯友兰九十寿宴,宗璞代父致电邀请梁漱溟,梁以"天冷不能出门"拒绝。据梁培宽先生回忆,梁漱溟在电话中一再重复"不去"、"我不去","且面带恼怒之色。最后再次厉声说出'我不去'三字,随即重重地挂上话筒,似未容对方将话再说下去"。数日后,冯友兰收到一封短信,据宗璞先生回忆,大意是:"北大旧人现惟我二人存矣,应当会晤,只因足下曾谄媚江青,故我不愿来参加寿宴。如到我处来谈,则当以礼相待,倾吐衷怀。"冯友兰读后"并无愠色,倒是说这样直言,很难得的",并寄赠《三松堂自序》。……不几日,梁将《自序》全部读完,为其"认真自我剖析"打动,态度有所转变,"由极不以为然,变为可以谅解;由拒不赴宴,变为表示'甚愿把晤面谈'"。

不久,冯友兰在女儿的陪同下造访梁漱溟。关于"谄媚江青"的话题,冯说:"一切事实俱已写清,应该能明白,如有不明白处请提出来。"梁未发表任何意见。宗璞先生"童言无忌",为其父辩白道:"梁先生来信中的指责,我作为一个后辈,很难过。因为我以为您不应该有这种误会。父亲和江青的一切联系,都是当时组织上安排的。组织上三字的分量,谅您是清楚的。""可以责备他太相信毛主席共产党,却不能责备他谄媚江青。"梁漱溟亦未做回应,转而谈及其他,从始至终未提及批林批孔。参见宗璞:《对〈梁漱溟问答录〉中一段记述的订正》,原载《光明日报》(1989年3月21日),收录于《霞落燕园》(作家出版社,2005)。梁培宽:《冯友兰先生与先父梁漱溟交往二三事》,原载《博览群书》(2002年第9期)。

对美方都非常有意思。美方有个致辞，表彰冯先生对于中国哲学的贡献，诸如此类一大套。其实那都是他解放前的贡献，而这一部分恰好是他本人早就彻底否定了的，可是现在却又为此授予他荣誉博士学位。冯先生的答辞也很奇怪，绝口不提那些美方所谓的贡献，给了一套完全驴头不对马嘴的说法。他说中国是个古老的国家，但是"周虽旧邦，其命维新"等等①，然后行礼如仪，把荣誉证书接到手中。双方就跟演一场滑稽戏一样，究竟肯定什么，否定什么？这一点倒正好象征当时中美双方的关系，各说各话，实际上又完全对不上口径。

我想，冯先生在某种意义上还属于中国旧知识分子的一个典型。旧时代里，知识分子唯一的出路就是做官，这是根深蒂固的一个传统，和近代资本主义国家有很大的不同。近代资本主义国家有很多其他的路可以走，比如爱迪生只念过三个月的小学，比尔·盖茨大学念了两年没有毕业。只要他

---

① 答辞中，冯友兰先生回顾了自己六十年的学术历程，并论及将来。言道："中国今天也需要一个包括新文明各方面的广泛哲学体系，作为国家的指针。总的说来，我们已经有了马克思主义和毛泽东思想。""中国的马克思主义，这个名词有些人会觉得奇怪。其实它久已存在，这就是毛泽东思想。毛泽东思想的定义就是马克思主义普遍原理与中国革命实践的结合。"……"我经常想起儒家经典《诗经》中的两句话：'周虽旧邦，其命维新。'就现在来说，中国就是旧邦而有新命，新命就是现代化。我的努力是保持旧邦的同一性和个性，而又同时促进实现新命。""赞扬和谴责可以彼此抵消。我按照自己的判断继续前进。"参见《三松堂全集》第一卷之《自序》，第306—312页。

有本事就成，并不需要依赖官本位这张皮。可是在中国过去，知识分子除了官本位没有其他出路，只能靠依附专制皇权得到自己的地位。

冯友兰先生教中国哲学史，他那上、下两卷的《中国哲学史》写于抗战前夕，在当时是很轰动的，成为标准教科书，现在也不失为哲学史的经典著作之一。冯先生的理论逻辑非常清楚，而且要言不烦，没有啰嗦的话，这是他的优点。但他那部书也有很大的缺点，当时我就这么认为，现在看来问题就更多了。第一，冯先生总是先有一个理论的架子，然后用材料去填充，或者说先有结论，再倒着去研究，这是他的一大缺点。第二，冯先生对哲学有自己的理解，所以总是按照自己的想法去发挥，至于古人是不是就如他所写的那样，总有几分可疑。第三，他那本书虽然叫"中国哲学史"，可实际上并没有跟历史挂钩。每一种思想都不是凭空产生的，总有它的背景和现实意义。所以从严格意义上讲，冯先生写的是"按照历史顺序排列的哲学"，并没有表现出"史"的作用来。第四，冯先生不懂佛学，那段是全书最弱的一部分，始终没有讲清楚，只是用几段引文代替了理论的讲解。佛学是很难懂的，印度的思路本身跟我们就不一样，而且都是翻译的，又不是严格的翻译，里边加了很多中国自己的思想，所以就更难了。佛学应该是一门很专门的学问，他没有懂。另外还有一点，近代部分写得太薄弱，好像草草了事。冯先生在《自序》里边也说，"九一八"以后形势很紧，来不及再详细写，就匆匆忙忙收尾了。我以为写得最好的部分是先秦的名家、道家以及宋代的朱子。但这两部分更多的却是作者本人思想的发挥，未必就是古人的原意，古人大概也不会有那么明晰的体系。而后来冯先生新理学的体系主要来源正是这两家哲学。

冯先生很敏锐，后来写《中国哲学史新编》的时候又提出了一些新见解，给太平天国再翻案。太平天国是农民起义，这点我们都肯定，可他提出太平天国是反动的。因为鸦片战争以后中国进入近代化了，太平天国搞神权政治、搞迷信，那是古代的玩意儿，所以是反动的。其实这一点大家过去也都知道，只是不能谈。他那套书一共是七册，其中第七册国内不能出，只在香港出了，不过现在大概也可以了吧。①

6.金岳霖先生

金先生早年学的是政治学，博士论文是关于T.H.Green的政治思想，改行逻辑学已是中年以后了。不过我想，一个

---

① 《中国哲学史新编》第七册的单行本更名为《中国现代哲学史》，先后由香港中华书局（1992）、广东人民出版社（1999）、三联书店（2009）等社出版。2000年版《三松堂全集》第十卷中，也已收入《新编》第七册。

人的思想到二十多岁就基本定型了，当然你可以进步，但思维方式不会再有根本的改变，不大可能真正重新开始。比如毛泽东，年轻时接受的是斗争哲学，可以终其一生斗争到老，而像我这样的人总觉得那是件挺伤神的事，不愿意去干。"与天斗其乐无穷，与地斗其乐无穷，与人斗其乐无穷"，这是毛的话。要让我说，"与人斗争，其苦无比"，费那劲呢。中年的金先生思想仍然很敏锐，察觉到了新的哲学路数，然后介绍到中国来。虽然他自己在这方面只写了一本《逻辑》，但他的贡献在于培养了从沈有鼎以下的一批青年学人，开辟了数理逻辑的新路数，这是中国历史上几乎不曾有过的。假如当年不是盲目学习苏联，而是独立自主、有选择地探讨当代科学前沿，很可能中国已经在这一崭新领域达到世界的前沿了。因为它毕竟不像某些尖端科学那样，不需要非常昂贵的费用和悠久深厚的传统。

20世纪以后，西方哲学主要有两大分支。一派是大陆哲学，重点在人生哲学，包括对生命的体验、生命的价值等等，比如海德格尔。这一派在欧洲非常流行，可是在美国却不吃香。二战的时候，欧洲很多大陆哲学派的学者跑到美国，结果名牌大学都不要，只能到不起眼的小大学去。所以二战结束后，他们又回到欧洲，才把这套东西再炒热起来。另一派是分析哲学，专门讲逻辑分析、语言分析。数理逻辑（Mathematical Logic），那时候也叫符号逻辑（Symbolic

Logic），你可以说它是哲学，也可以说是数学。罗素说：哲学都讲伦理学，可是我不明白哲学为什么要谈这些问题。在他看来，伦理道德问题没有触及哲学的根本，或者说，根本不成其为哲学问题。搞这个路数的人往往会走过头，结果成了一种纯技术性的操作，就像下围棋一样，沦为一种人工智能的游戏。当然这也非常重要，但如果把这个就认同为哲学，似乎有点走偏了，哲学岂不成了数学的分支？不过学术上应该允许有不同的路数，百家争鸣才能有进步。

我们国内哲学也受了这两大派的影响，可能受分析哲学的影响少一点，原因何在？在我看来，近代西方哲学大多是由自然科学（尤其是数理科学）进入，可是中国过去文理分家。搞文科的看不起理科，搞理科的看不起文科，大家都守着自己那一亩三分地，不能从知识上打通。比如什么是经济学？按照我们的传统来说，经济学就是讲生产关系的，归根到底就是阶级斗争。"阶级斗争一抓就灵"，这是毛的话了，所以用阶级斗争完全就可以理解经济学，一通百通。可是你到美国去看，他们那些经济学教授上来就是写公式，一步步演算下去，等下了课满黑板都是公式，好像上了一堂高等数学。这算什么经济学？这不是数学吗？可是反过来说，他们看我们那也不是经济学，政治斗争能算经济学？

对于文化，我们过去有太简单化的毛病。政治上定个标签，无产阶级的就宣传，资产阶级的就都不要了，似乎一切问题都迎刃而解。我们学习过苏联米丘林—李森科"无产阶级革命的生物遗传学说",批判资产阶级孟德尔—摩尔根的"反动遗传学",结果也没反对掉。李森科后来被揭发,说是个学术骗子。苏联还批判过数理逻辑,说它是唯心论,是资产阶级的概念游戏。可是到了60年代,苏联的一些尖端学科上不去,为什么呢?因为计算机上不去,而数理逻辑正是计算机的理论基础。如果金岳霖先生建立的逻辑哲学学派能得到顺利发展,很可能中国哲学界里就有一门领先于世界的学科了。

7.中国通温德,白俄噶邦福

西南联大有几位外籍教授。我入学时,外文系的燕卜荪(W.Empson)刚刚离去,那是著名的诗人和批评家了,但温德(R.Winter)教授一直留校任教。原先温德在芝加哥大学教书,专业是研究十六七世纪的欧洲文学。闻先生回国后,把他介绍清华来教书。

我上过温德先生的当代文学批评,因为只有我和徐钟尧学长两个人上课,所以时常和我们闲聊。记得一次他说,古往今来真正达到纯粹的美的境界的,只有雪莱、济慈和肖邦三个人,其余的都不够。肖邦三十九岁死了,雪莱二十九岁死了,济慈二十五岁就死了,都非常年轻。济慈的 epitaph

（墓志铭）是他死以前为自己写的，非常有名，"Here lies one whose name was writ in water."（这里躺着一个人，他的名字写在水上。）我们知道这句话，可是不理解它的意思，什么叫"名字写在水上"？温德说，西方有句谚语："人生一世，不过是把名字写在沙上。"潮水一来，名字被冲没了，人生一世就是这样，正像中国古诗里说的："人生寄一世，奄忽若飙尘。"可是济慈要把名字写在水上，这就更彻底了，不必待到海水来，一边写就一边消失了。我听了以后非常感慨，觉得他对人生的领悟真是彻底，达到了如此的境界。后来我也喜欢读济慈的诗，比如他的商籁（十四行诗）*Bright Star*和*When I have fears*，非常有名。

温德教授的后半生完全在中国度过，后来在北大一直活到一百岁，1987年才去世。温德先生称得上是个Old China Hand（中国通）。有一次他到云南西部旅行，途中遇到土匪，急中生智操起一口国骂。土匪一下被唬住了，不知他什么来头，加上他的个子非常高大，土匪竟被吓跑了。还有，抗战时候沿海的人都往内地跑，上海的工人到了后方，用竹篾片盖起二层小楼。其实就是在表面抹了层洋灰，看上去和洋房一样，非常巧妙。温德把他看到的这些讲给我们，绘声绘色的，我们都觉得好笑，可见他对中国的事情非常了解。抗战结束后，国民党开政治协商会议，代表名单上有三十八个人。记得温德指着傅斯年的名字说："Another Guo Min Dang.

(又是一个国民党。)"傅斯年没有加入国民党,但实际上是站在国民党的一面,温德对这些政治上的事情都"门儿清"。

噶邦福(J.J.Gapanovitch)教授是白俄,毕业于圣彼得堡大学,那是当时俄国最好的大学。他的老师Rostovtzeff(罗斯托夫采夫)是世界古代史的权威,十月革命以后去了美国,任威斯康星大学古代史教授。第一次欧战的时候,噶邦福被征当过兵。十月革命后,他辗转到了远东的海参崴大学任教,我想可能是因为在政治上被认为有问题,不过他没讲过。后来他到了中国,1930年左右就在清华教西洋古代史、俄国史,还讲过欧洲海外殖民和战争史。噶邦福先生不会说中文,全部用英文教课,而且讲的是希腊、罗马的历史,很偏僻,只有七八个人上课。可是我想学点专业英文,所以就选了他的课。噶邦福先生喜欢聊天,下了课我也常问他一些问题,但主要目的不在希腊、罗马,还是想学英文。

噶邦福先生对历史理论非常感兴趣,这一点给我印象很深。我们从事历史研究的人往往有一个缺点,或者说是一个优点,总能把一个小问题钻得很深,许多人因此而成名。但历史毕竟整体上是宏观的。上下几千年、东西几万里,如果不能放眼整个世界历史的大局而只盯着某一点,恐怕不能算是真正理解了历史。比如研究清史的,最喜欢谈清初三大疑案:皇太后是不是下嫁给了多尔衮,顺治是不是出家了,雍正是不是篡改了遗诏。当然你也可以研究，历史毕竟包括这些具体的事实，但这些历史事实的背后总该有个理论的总结。历史到底是个什么东西？究竟有没有规律？如果有，会是个什么样的规律？我们该怎么认识它？这些都是很根本的问题，最终总得有人对历史的总体有一个说法。

葛邦福先生曾用英文写过一本 *The Synthetical Method of History*（《历史学的综合方法》），1938年商务印书馆出版。他借给我看，有些见解还挺有意思的，足以启人深思。其中他谈到，人生有两个方面，有衣食住行物质方面的生活，也有吃喝之外的感情、思想等等精神方面的生活，两者有时很难协调。有人只知道捞钱享受，但也有的人过分追求精神生活，比如宗教信徒，或者某些热心的理论家、哲学家。他说，文化似乎也是这样，有的民族偏重精神方面，有的偏重物质方面。比如古希腊人追求现实，所以他们注重肉体方面的生活，追求美、美食，追求爱情、荣誉、地位。到了中世纪就偏重于精神方面，要做宗教的圣徒，做灵魂圣洁的人。可是到了近代，这种追求又行不通了，于是又翻回来追求物质享受，飞机越快越好，汽车越漂亮越好，追求了几百年。葛邦福先生介绍旧俄学者Sorokin（索罗金，美国哈佛大学第一任社会学系主任）教授的论点，认为现代西方过分追求物质了，这种文明是sensational（物质的，享受的）的文明。可能会出现一个反拨，又该回到追求精神世界的文化去了，回到 ideational（观念化的，精神的）的文明。我不知道是不是可以用他的这个说法来解释世界历史，不过当时觉得挺新颖的。可惜这本书不太流行，何况又是英文的，不可能有销路，所以很少有人提到。

噶邦福先生喜欢聊天，偶尔也给我们讲讲旧俄时期的笑话，都是他亲身经历过的。他说旧俄的时候，毕业生最好的出路是做神职人员，不过要经过一番争取才能得到"神性"，并不太容易。有两个学生毕业找工作，其中一个成了神职人员，另一个没有当成。他们向老师汇报以后，老师就对第一个人说："我祝贺你获得了你的神性。"第二个学生一副恼丧的样子，老师转过身来，对他说："我也祝贺你，祝贺你还没有丧失你的人性。"十月革命以后的事，噶邦福先生很少谈起。希特勒进攻苏联的时候，我曾问他苏联的情形可能会怎么样，他说："和中国人一样，俄国人是极其爱国的。所以俄国一定会胜利，中国也一定会胜利。"

解放后不久，大概是1950年，我到清华看过他。他正准备要走，说："我就像是离过婚的，离过一次，就不再复婚了。"他是白俄，所谓"白"是相对"赤"而言的。革命的、共产党的叫"赤俄"，而反革命的，或者十月革命以后不认同苏联政权、跑到国外去的就叫"白俄"。不过我也觉得很奇怪，白俄在学术、艺术、文学方面出了很多非常杰出的人才。比如20世纪最有名的音乐家 Stravinsky（斯特拉文斯基），后来在美国，赫鲁晓夫时期已经八十岁了，还回过一趟苏联。像我们很多"白华"，解放后在美国的，也出了一批人才，包括几位大名人。

噶邦福先生有一个女儿叫噶维达，在昆明的时候才五六岁，挺好玩儿的一个小女孩，中国话说得非常好，还会用中文骂人。1988年，西南联大五十周年纪念，昆明有个活动，噶师母和女儿都来了。噶维达女士在澳大利亚国立大学教中文，但噶邦福先生已经去世了。

8.曾昭抡先生

化学系主任很长一段时期都是曾昭抡先生，他是曾国藩的后人。过去常说，中国历史上真正能够做到"立德、立功、立言"三不朽的只有两个人，一个是明代的王阳明。他是文学家、哲学家，讲究修养，而且平了江西宁王朱宸濠的叛乱，被封为"新建伯"。另一个就是曾国藩。曾国藩讲理学，讲养气，这是"立德"。平太平天国他立了大功，而且网罗了一大批最优秀的学者做他的智囊团，那时候叫"幕府"。所以曾国藩是很了不起的，被认为是个"三不朽"的人物，毛泽东年轻时也崇拜过他。蔡锷辑录了《曾胡治兵语录》，"曾"是曾国藩，"胡"是胡林翼，蒋介石亲自做了增补，作为黄埔军校的教材，让他的部下必读。曾家家学非常严格，后代确实出了很多人才，包括外交家曾纪泽、数学家曾纪鸿、教育家曾宝荪等等，曾昭抡也在其中。

曾先生这个人非常有个性，蓝布大褂总是破破烂烂，趿拉着两只布鞋，不刮胡子，头发也挺乱。联大有些先生是穿西服的，比如经济系主任陈岱孙。虽然生活很困苦，可是陈先生永远西装笔挺，头发梳得一丝都不乱。曾先生恰恰相反，他是非常本色的，旧话叫作"不修边幅"，或者"名士派头"。他是20年代清华留美的学生，回国后在中央大学做化学系主任。我听过一个关于他的小段子，挺有意思。朱家骅做中央大学校长的时候，有一次召集各系主任开会，曾昭抡也来了。朱家骅不认得他，问是哪一系的，曾昭抡答是化学系的。朱家骅看他破破烂烂的，就说："去把你们系主任找来开会。"曾昭抡没有答话，扭头走了出来，回宿舍后，卷起铺盖就离开了。随后他去了北大化学系，照样做系主任。

曾先生在化学界是元老级的，做过多年中国化学会会长，可是他的兴趣非常广泛。1941年暑假，他带一些学生到川康边境地区考察，回来还给我们介绍少数民族的情况。曾先生的课我没听过，可是听过他好几回讲演。有一次是讲二战以后苏联在国际政治上的地位，那时候他就看出来二战后的世界将变成两极，一个以美国为中心，一个以苏联为中心。还有一次纪念五四的座谈会，请了好几位先生去讲，华罗庚也出席了。华先生说，德国的科学很发达，可是德国没有民主，它的科学给世界人民带来了灾难，所以我们应该科学、民主两者并重，缺了哪一个都不行。曾先生立论的前提、结论和华先生一模一样，可是推论的过程正好相反。他说，德国原来有科学，希特勒上台以后没了民主，也就没有了科学。由此可见，科学的进步必须依靠民主，没有民主就没有科学的进步，所以我们既要重视科学，也要重视民主。他们两个人的出发点、结论都是一样的，可是推论过程不一样。通过这次演讲，我的兴趣落在了"科学、民主到底有没有联系"这个问题上，印象非常之深。我以为，这两者还是有关系的。因为科学总需要不断翻新，如果没有民主的话，那就是独裁、定于一尊了。谁代表绝对真理就都得听谁的，大家都成为某一家思想的奴隶，科学就没有进步了。

我听化学系的同学讲，曾先生一生有两个最得意的学生，一个钱思亮，一个朱汝华。钱思亮是20年代末清华的学生，当时在联大化学系做教授。后来，他接傅斯年任台湾大学校长，还做过"中央研究院"的院长，之后吴大猷又接了钱思亮的手。朱汝华在联大教有机化学，是位女教授。在我的印象中从没有见她笑过，平时一副非常严肃的样子，凛然不可犯，让我们觉得挺可怕的。我想大概是因为朱先生年轻，又没结婚，只有这样才能威慑住学生，要不然都拿她当小女孩儿了。朱汝华有个弟弟叫朱汝瑾，毕业以后留在化学系做助教，后来她们姊弟两个都在美国。朱汝瑾的儿子朱棣文在斯坦福大学，得了诺贝尔奖。所以化学可以算是他们的家学，也是曾先生的嫡传了，这是一种学术的渊源。

9.数学系

联大的生活条件和学习条件都很特殊，地方小、人又少，我想文、法、理三个学院加起来学生也不过一千、老师一两百。理学院包括数学、物理、化学、生物、地质（包括地理、气象）五个系，算是人多的。但其中数学系人最少，我毕业的那一年数学系只有三个人。大家都是背井离乡，又没钱，即使放假了也没地方去，所以一年三百六十五天整天看的都是这些人。虽然有的并不很熟，比如理学院的老师，他们未必认得我，我和他们也没有任何关系。可是因为就那么一点儿地方，又经常见面，所以面孔都非常熟悉。

中国近代数学最老一辈的数学家有三个，都是清末的。一个是熊庆来，云南人，老清华数学系主任。抗战时候，他到云南大学做校长去了，解放以后一直在法国，1957年回国在数学所，那算是元老级的。他的儿子熊秉明，哲学系的，和我们同班。另一位叫郑桐荪，即郑之蕃，也是元老级的，做过清华教务长。他欣赏的一个学生是陈省身，后来把自己的女儿嫁给他了。还有一位姜立夫先生，南开大学教授，也是我们国家最老一辈的数学权威，后来许多大学者都是他的学生。联大时候，姜先生教高等微积分，这是数学系、物理系的必修课，所以人比较多，教室也大。我没上过姜先生的课，可教室就在南校区一进门的地方，我们路过的时候经常看见他讲课。姜先生很奇怪，授课都是用英文，物理系的周培源先生也是这样。不过当时的教科书或者参考书都是英文的，所有术语都不用中文，用英文讲可能比用中文更方便，所以很多老师都是中西合璧的。比如曾昭抡先生，有一次讲演，讲科学在二次大战中的应用，我去听了。他说，英国那时候靠美国的支援，运输物资得横跨大西洋，德国就用潜水艇去袭击，双方都损失惨重。后来德国又发明了一种东西，叫"磁性水雷"，只要船一经过那个水域，就"induce 一个 magnetic field（诱导一个磁场）"，就会引爆。凡是碰到术语，他都用英文，不过我们也习惯了。

数学系有一位老师叫江泽涵，北大的系主任。我听说，江先生是30年代初去的北大，大家都知道他的姐姐是胡适的夫人。当时的学生对胡适有反感，尤其是进步的，或者说左派的学生，一听说江泽涵是胡适的小舅子，就罢他的课。不过后来我做学生的时候，这些已经成为过去了，我一年级的初等微积分就是他教的。江先生教课很严谨，不过口才不太好。那年冬天的大考一共四五个题目，都是英文的，前几个非常容易，假设什么、求证什么，一会儿就做出来了。可最后是一个文字题，而且说得非常绕，文字部分就很难懂，更不要说做题了。有个同学就问："江先生，这题到底说的是什么意思呀？"江先生就给我们讲了一阵，还在黑板上画，可我们还是不懂。结果好多同学那道题都没做出来，不是数学没做出来，而是英文没过关，根本就不知道说的是什么意思。据说江先生是国内拓扑学的开创者，那时候叫"形式几何"，是一门非常新的学问，不过我一点儿都不懂。记得我还问过一个同学什么叫形式几何，他说："形式几何，就是Topology。"我说："什么叫Topology？"他说："Topology，就是形式几何。"那我还是不懂。

一般情况下，优秀的学生毕业后大多留下来做助教。华罗庚先生有两个助教，一个闵嗣鹤，一个田方增。闵先生我中学的时候就认识。抗战前一年，我在北京师大附中念高中一年级，正好他大学刚毕业，就到我们学校教三角。不过闵先生口才不太好，说起话来很慢，也比较呆板。比如讲四个象限，按理说讲一个就可以了，其他三个无非就是正负号不同。可是他非得把每个象限都讲一遍，所以给我一个印象，觉得他比较死板。可是解放后，我有一个同班同学在首都师大教数学，他跟我说，闵先生真了不起。第一，陈景润是他培养的。第二，五六十年代的时候，全国每年都有中学数学竞赛，前几名可以直接保送大学，所以也很隆重，闵先生就在数学竞赛里负责出题目。我的这个同学还说，中学数学竞赛其实不是考学生，而是考老师，最难的就是那个出题目的老师。因为他必须把题目出得恰到好处，既能运用中学的知识把它做出来，又不能有两个学生同样做出来，只有这样才能从全国范围内选出最优秀的那一个人。这种困难是旁人想象不到的，也是闵先生特别高明的地方。后来闵先生在数学研究所，但他心脏不大好，还不到六十岁就去世了。

　　田方增是我们中学的老学长，解放后就在数学研究所，现在九十多岁了，住在中关村，有时候开校友会还能见到他。不过他的老伴去世了，只有一个女儿在加拿大，家里就剩他一个人。最近我读联大校史才知道，田先生当年是数学系唯一的地下党员。在当时这都是秘密的了，而且田先生平时给人的印象是个老好人，谁也看不出他会是地下党。田先生有个弟弟和我中学同班，政治上也是挺进步的，平常就表现出来。而真正的地下党大概都不表现出来，因为需要隐蔽，被人发现了很危险的。所以地下党的活动一般都是通过积极分子去出头露面，包括闻一多先生。闻先生不是党员，但他是积极分子，就由他们出面。当然积极分子也是自愿的，如果他不愿意，谁也不会去强迫。那时候大家的心态一是抗日救国，一是争民主，这是大多数人的共同向往，所以许多人都是义不容辞地去做。

10.物理系

　　物理系在理学院里人最多，每年能有十几个学生，四个年级加起来总得七八十人，在当时算是很大的系了。而且，老清华的物理系对现代中国物理学贡献最多，大师云集，出了一大批才子，当年全国最顶级的物理学家里总有一多半是清华物理系出身。两弹一星的功臣总共才二十三人，有十四位是清华校友，其中十个出自物理系，包括钱三强、邓稼先、朱光亚。42级那一班人比较少，大概只有七八个学生，可那一班出了五六个尖子。有三个人是整天在一起的，杨振宁、黄昆和张守廉，当时在学生里是出了名的，整天高谈阔论，不但是物理系的一景，而且成了联大的一道景观。

物理系真正的元老是叶企孙，第一位系主任，也是清华理学院第一任院长，兼任过"中央研究院"总干事。他是中国近代物理学的开创者，资格最老，后来的一批著名物理学家大都是他的学生。解放以后院系调整，叶企孙跟着并到了北大物理系，后来又调到中国科学院自然科学史研究所。那时候我在历史所工作，就在建国门，下班路过王府井的东安市场，偶尔进去买点儿东西，好几次都碰见叶先生。我曾问一个物理系的同学，说："我怎么总看见叶先生在那儿逛商场，好像挺悠闲的，他现在不搞研究了？"他说："叶先生年纪大了，身体也不好，科学搞不动了，就搞点科学史。"叶先生"文革"的时候非常不幸，因为他的学生熊大缜，那是他以前一个很得意的门生。抗战时，八路军在河北农村发展了很大的势力，但缺少现代的武器装备。叶先生就把他的这个心爱的学生送到解放区，帮助他们搞军工，包括枪支、弹药之类，被任命负责冀中军区的供给。可是解放以前就搞过几次运动，有一次把熊大缜也牵了进去。1939年，锄奸队以"国民党特务"的罪名逮捕他，给枪毙了。因为这件事，"文革"时候关了叶先生很久，说他把特务介绍到解放区搞破坏，1975年才解除隔离，没过两年就去世了。

物理系几位元老后来的遭遇都很惨，叶企孙是一个，还有一个是饶毓泰。饶先生是北大物理系主任，联大的时候也就五十多岁吧，教光学，据说对学生非常严格。可是他的样子特别衰老，不但拄着拐杖，而且步履非常之蹒跚，一步一摇的。我没听说饶先生做过任何政治活动，可是"文革"时也把他关在牛棚里，结果上吊自杀了。一个将近八十岁的人，就算阎王不来请，也快自动去报到了，可是他却迫不及待地要先走一步。所以当我听到这个消息时，心里十分难过。还有，清华气象系的教授赵九章。我做学生的时候他就教气象学，是这一领域的权威了，解放后是两弹一星的功臣，一辈子搞科学，没有做过政治活动。可他又是国民党元老戴季陶的外甥，按照当时血统论的说法，"戴季陶的外甥能是好人？"所以后来他也被斗，自杀了。

由此我想起另一件事。有一个同学比我高一班，叫丁则民，他的哥哥丁则良是西南联大历史系的讲师，后来清华的副教授。他们兄弟两个都是搞历史的，1957年丁则良被划为右派，在北大未名湖投湖自杀了。丁则民研究美国史，以前在北师大教书，后来在东北师范大学任美国研究所所长。有一次红卫兵抄他家，抄出一张叶群的照片，就问："你为什么私藏首长的照片?!"丁则民交代说不是私藏，是她送给的。又问："你们什么关系?!"答："她是我外甥女。""文革"一开头的时候，抄家风气蔓延，而且抄得很凶，我都被抄过两次。可丁则民是林彪副统帅夫人的舅舅，好，一下就给他消灾免祸，变成了保护对象。可是好景不长，等到林彪一出事，又把他给抓起来关了一阵。那时候荒唐的事情太多了，令人感慨。一个人是革命或者反革命，跟他的外甥女有什么关系？赵九章一辈子没参加过政治活动，他的舅父跟他有什么关系？

联大有好几位老师都是当时顶尖级的物理学家，一个是吴有训。他接叶企孙的手做清华理学院院长，教近代物理。20年代在美国留学时，他曾协助他的老师、世界级的权威康普顿教授进行大量实验，验证了康普顿效应，康普顿为此获得诺贝尔奖。有人说应该是康、吴两人获奖，但吴先生很谦虚，说自己只是做了助手的工作，把荣誉让给了老师。一个是赵忠尧，他是中国研究原子科学最有成绩的一个。另外还有张文裕，是从英国剑桥回来的。吴大猷，后来做了台湾"中央研究院"院长。周培源教力学，饶毓泰教光学，吴大猷教电学，像杨振宁、李政道一辈的青年物理学家都是他们培养的。我只上过清华霍秉权先生的物理课,后来院系调整,霍先生被调到郑州大学,我想现在也不在了。

战火硝烟

1937—1938这两年,全国确实有一种新气象,《毛泽东选集》里面也提到:"抗战以来,全国人民有一种欣欣向荣的气象,大家以为有了出路,愁眉锁眼的姿态为之一扫。"可是到了1939年以后,局面有了变动,类似抗战最开始那样的大仗不多了。第一,日本人的重点有所转移。那时候欧战已经开始了,美国在物力上大量支援盟国,日本要想称霸东亚的话,对手除了中国、苏联,还加上了英美。英美在亚洲的势力很大,不会坐视日本完全独霸中国,世界矛盾很尖锐。所以日本得留着力量北边对付苏联、南边对付英美,不可能把所有的兵力都放在中国战场上。第二,中国地方太大了。日本从东北伪满洲国一直占领到华北、华东、华中、华南,每占一个地方总得分一部分军力来把守。比如占领北京,少说也得留个七八千人,如果只留三五百,一旦有事招架不过来的。那好,一个北京就得留几千人,中国那么大地方,从黑龙江到海南岛,那得留多少人?恐怕没有几十万,甚至上百万的人是控制不了的。所以日本一边前线打仗,一边还要占领那么多地方,它应付不过来的。

二战时,德国也面临同样的问题。它在欧洲征服了十四个国家,对付挪威、丹麦、比利时这些小国都是一扫而过,却唯独没有打瑞士,为什么?其实瑞士就在它旁边,又是个小国,要硬打的话无疑也能打得下来。可瑞士当时是400万人口,精兵20万,它的科技水平非常高,军备也强,而且训练有素。瑞士虽然是中立国家,可是如果有敌国入侵,瑞士一定会全力以赴。这一点它表示得非常鲜明,所以希特勒也得考虑。德国当时有8000万人,如果按十分之一的比例来说,它的最大兵力是800万人。瑞士有精兵20万,那么德国大概就得出兵40万。希特勒这边打英国、打法国,那边还得打苏联,如果费那么大劲打一个瑞士,他得考虑到底犯不犯得上。当年日本大概也会这么考虑,它得精打细算、衡量全局,所以总想对中国用政治手段来解决。比如它在东北成立伪满洲国,北京成立华北临时政府,南京是汪精卫的汉奸国民政府。有了这些傀儡政府,日本就不必付出太大的代价。但我觉得,这是一种暴力政策的失败。中国自古就懂得,政治主要是靠人民的拥护,否则不能持久。日本侵略中国是明摆着的,百分之九十九以上的人都反对,怎么可能成功?

1938、1939年以后,形势逐渐变成一种相持的状态。虽然也打,但时战时停,打得不厉害,不像开始那一两年大打特打。国民党在抗战一开头也是真打,牺牲也大,及至进入相持状态后就开始腐化了。军队腐败，政治腐败，经济腐败，而且速度非常之快，这一点蒋介石后来也不得不承认。可问题是：政府是你领导的，你为什么坐视其腐败？抗战以前，左派、右派界限非常鲜明，抗战爆发便团结起来一致对外。可是自从1939年以后，国内矛盾又逐渐上升了。

那年我刚入大学，学校里有很多壁报，写的文章大都带有政治性，左、右两派又开始争起来，而且争得很厉害。那时候，我们绝大部分人都同情左派，虽然不甚了解，但总以为左派是真正要求民主的。它的宣传也是这样，倒不提无产阶级专政，那是解放后历次运动的事了，像什么"字字是真理"、"句句是真理"，过去都没这些提法。解放前倒是右派非常敏感，认为凡是主张自由民主的，就是反对国民党，就是跟着共产党跑。比如罗隆基、闻一多搞民主运动，国民党特务给他们起外号叫"罗隆斯基"、"闻一多夫"，写大字报动不动就"罗隆斯基如何如何"。可是我们大多数人并不这么看。每个人都可以表达自己的意见，为什么就骂人家是共产党，给扣一顶红帽子？记得张奚若先生在课堂上不止一次地说："当局一听'自由'两个字，无名火立刻就有三丈高。"真是入木三分。

1940年，法国也被德国占领了，那是法西斯气焰最高涨的时候。本来中国有青岛、上海等等对外的出海口，可那时候都被日本人占领了，只能靠从越南的海防进广西或云南。日本一看法国战败，立即出兵越南，结果这条路也断了，只剩下昆明通缅甸那一条路。那时候英国自顾不暇，无力保护缅甸、印度等属地，日本随即封锁了滇缅路。

我刚入学时，日本飞机只偶尔来一两次。但因为昆明是主要的中转站，所以从1940年夏天到1941年秋天，在这一年零一个季度的时间里，日本几乎天天来轰炸，而且很准时，早晨九十点钟肯定拉警报。据说在重庆，一拉警报大家就躲进山洞里。可是昆明没有山洞，幸亏联大在城边上，一拉警报我们就往郊外跑，十来分钟能翻两个山头，跑到山沟里就安全了。不过因为它是乱炸，到处丢炸弹，山沟里也有不安全的时候。有一次，华罗庚先生和教我们西洋史的皮名举先生躲在一起，不知怎么，日本人在那儿（记得叫黄土坡）撂下两颗炸弹，石头土块把他们埋了起来。过了一会儿皮先生爬出来，晕头转向地往外走，没走几步忽然想起华罗庚还在里边，赶紧又找人回去。那次华先生被埋得比较深，大家赶紧又把他拉了出来。在艰难危险的时刻，人的反应是不一样的，有胆子大的同学根本就不跑，这也很奇怪。比如有个叫杨南生的，后来是火箭专家了，他就从来都不跑。有一次人家生把他拉走躲起来，到了空袭的时候，弹片正好落在他身旁，把一个茶碗给砸碎了。有人问他："这回你该跑（警报）了吧？"他说："这回就是跑坏了，不跑留在屋里还炸不到。"过去我们总是习惯于用政治觉悟衡量人，可是在这种场合，有的人是真不怕，但不能说这个人就政治觉悟高。有的人倒是政治觉悟非常高，可每次警报一响跑得比谁都快。

日本飞机来轰炸都是排成"品"字形，三架排一个小"品"，然后九架排一个中"品"。有时候是二十七架排一个大"品"，有时候是三十六架，前面一个大"品"，后边九架再组成一个中"品"，看得非常清楚。飞机来得挺有规律，每天差不多都是十点钟拉警报。大概那时候它们就已经从越南起飞了，然后大家赶紧躲起来，等它们炸到十二点、一点钟又走了。所以后来我们上课的时间都改了，早上七点到十点钟上课，下午三点钟再上，中间那段就是等它来轰炸的。昆明天气非常好，阳光灿烂的，飞机飞过去的时候炸弹极其耀眼，就像一群水银球掉下来，亮得晃人眼。就听见"嗞嗞嗞嗞"的一阵响，那是炸弹跟空气摩擦的声音，然后"嘣——"的一声，如果离得近，还有地动山摇的感觉。据报纸上说，日本当时有两派争持，一派主张从东北北进打苏联，一派主张南进，进攻南洋打英美，两派争得很厉害。1941年日本飞机天天轰炸的时候，有一次我在报纸上看见一篇文章，大概作者懂点军事，说据他的观察日本是要南进。因为炸的时候，有一部分是拿昆明做目标练飞机，练的都是俯冲轰炸，他说那是轰炸海军军舰的战术，所以预言日本是要南进的。后来果然如此，日本发动了太平洋战争。

我们当时毕竟年轻，跑上十几分钟躲起来就没事了，可我也看见一些悲惨的景象。有一次飞机大肆轰炸之后，我看见一堆乱坟后边有位老人，他有气无力地慢慢站起来，满脸灰色的尘土，然后非常缓慢地长叹一口气，我看了以后心里非常难过。联大被炸过两次，1940年秋天开学不久，那一次炸得很凶，宿舍、图书馆都被炸了。记得那天回来以后，校园里到处都是灰尘，就看见蒋梦麟校长——平时他很少露面的，那天见他坐在图书馆门前的地上，一副无奈的样子。不过总的来说，并没有士气不振，觉得"不行了、不行了"。当然也怕，可是一点儿失败主义的气氛都没有，加上年轻，每天都觉得好玩儿似的。街上有一家牛肉面馆，被炸之后换了个招牌叫"不怕炸"，大家都觉得有趣。教师们为躲避轰炸，很多都搬到乡下去住，没有别的交通工具，所以住得近的、远的都得走着来。只有周培源特殊，他买了一匹马，每天就骑着马来。

1941年冬天，美国空军陈纳德将军的志愿队来了，不算正式参战，所以是"志愿"的，也叫"飞虎队"。那天下午天气依然清新如常，我想也许是高原上空气稀薄的缘故，看得清楚极了，就见美国飞机在天上来回盘旋，速度非常之快，声音也非常好听。我们虽是外行了，不懂，可是一看就知道那是一种新型的飞机，非常先进。第二天又有警报，日本飞机又来了。可是那天很有意思,大概他们也知道美国的志愿队来了,所以不像以前那样排着大队伍,只是试探性地来了十架,而且也没能到达昆明上空。第二天我们看报纸才知道,那十架飞机全军覆没,都给打下来了。①自从那天起,以后就再没空袭警报了。后来征调联大学生给美军做翻译官,我听他们回来讲,那种飞机叫P-40,是战斗机,头上还画一个鲨鱼。P-40的每个翅膀上都有三架重机枪,子弹交叉打过去,火力非常猛。经过一年多天天挨炸之后,我们终于又恢复了正常的生活。

1941年底,世界形势大变。日本偷袭珍珠港,美国正式宣布参战,"飞虎队"也不叫"志愿队"了,改称"美国空军第十四航空队",属于正式编制。1942年春天,美国空军中校Doolittle(杜立德)率领B-25中型轰炸机第一次轰炸东京。倒不是为了取得多少物质的效果,主要还是心理上的,就是说:美国飞机现在也能打过来,日本本土也不安全了。当时日本陆军跟海军也闹矛盾,陆军推诿海军防御不力。因为当时的飞机还没那么先进,不可能从美国本土直接飞到日本,所以有一种判断认为飞机是从航空母舰上飞来的,这就意味着日本海军没能把美国航母阻止在领海以外。可是日本

---

① 说法不一。有说击落日机九架,有说击落三架,另有几架重伤,仓惶返航。

海军则说，美机是从陆地起飞的，那一定是陆军有哪个岛没守住，被美国占领了，建了飞机场飞过来。两方面争论不休，后来有一部电影叫《东京上空三十秒》，专门讲这段故事。

"飞虎队"来了以后，日本不再来轰炸，昆明就相对安全了。当时美军若干总部设在昆明，不久我们就发现满街都是美国兵。不过美国兵胡作非为的很少，关系处得还不错。政府先后调了很多联大的学生给美军做翻译官，挂上少尉的牌子就算是参军了。如果是四年级的同学，去了就算毕业，而低年级的学生，学校还允许他们回来复学。梅贻琦校长的公子梅祖彦，他大概就是二年级的时候参军去的。美国给军人的待遇非常好，包括他们军队的服装、吃、用等等供给都是美国运来的。比如到美军做翻译官，去了以后先发一身美军的衣服、美军的皮靴，而且每人发一块手表，那时候我们谁有手表？如果所在部队就在昆明附近的话，这些同学还时常回学校看一看，腰上挎一支手枪，顶神气的。而且可以很快学会开车，没事就弄辆吉普车，顺便带我们出去玩儿。历史系有个叫董振球的做了翻译官，我跟他一个宿舍挺熟的，周末常去看他，为什么呢？第一，可以在他那里吃一顿，就在他们食堂，和美国兵吃的都一样，有面包，还可以抹黄油，那就非常了不起，感觉好极了。第二，可以在那儿洗个热水澡，联大没有洗澡设备，可他们用的是淋浴。到了晚上,我就在招待所里睡一觉,睡前翻翻他拿来的 *Time*、*Life* 之类的杂志,第二天还可以托他买两件美军的衣服。当时美军的军服大量涌入市场,当然是没有徽章的,质量又好还便宜,所以昆明城里有好多人都穿美军的衣服。

我没有上过前线,所以真正怎么打我不知道,听一些做翻译官的同学回来讲,美国兵作战的时候也挺勇敢的。以前我们以为美国人享受惯了,不能吃苦耐劳,其实也不是那样。云南西部的高黎贡山、野人山,那些地方根本没有人,穿越的时候都是风栖露宿。晚上没有地方睡,他们就窝在吉普车里过夜,也是这么过来的。有个叫谭申禄的,中学和我就是同学,身体很好,是个运动员,而且是机械系的,就到美军做了 copilot(副驾驶)。空军死亡率非常之高,不过那时都觉得做飞行员顶神气的,能飞到天上去,那是最高的荣誉了。谭申禄专飞印度的加尔各答,大概也发了点儿财——相对于我们来说。当时缅甸被日本人占领了,所以不能直接从缅甸上空飞,都得绕西藏沿着所谓"驼峰"那条路,挺危险的。据说超过半数的飞机失事,1500多人遇难,现在还有人在找遗骸。谭申禄给我讲了个故事,挺有意思的。有一次他们飞加尔各答,那都是运输机,毫无作战能力的。飞行途中,忽然发现前面有日本飞机,指挥官下令让他们立刻准备。按照规定,第一个信号给的时候应该把降落伞都穿好,第二个信号一出就得跳。后来果然给了第一个信号,大家马上穿降落伞，结果有一个人非常害怕，当时就晕倒了。谭申禄说："幸好没给第二个信号，不然真的就跳下去了。"

当时中国主要对外的运输就靠从昆明飞加尔各答这一条路，没有别的选择。而且那时候中国非常落后，没有汽车、没有汽油、没有飞机，也没有各种武器，所有物资都得靠外援，所以必须再有一条对外的交通线来支持，这也是美国参谋长史迪威拼命要打缅甸的主要原因。他们边打边修滇缅公路，美国海船可以一直开到仰光，把物资卸下来，然后通过滇缅公路不断运送到内地。直到1944、1945年，我们在昆明依然可以看到公路上运输车队不断地往来，非常繁忙。有一个人叫梁敬錞，做过台湾近代史所的所长，写过一本《史迪威事件》。蒋介石在昆明成立了中国远征军司令部，把一些军队逐步换上美式的装备，可是史迪威把这些当时中国最精锐的部队都放在了中缅战场。史蒋之间在战略上有很大的矛盾，终于闹翻了。蒋要求罗斯福一定要换人，否则的话，宁可回到抗日战争以前的状态，不打了。所以后来，罗斯福就把史迪威调回了美国。

二战的转折点是1942年。在此以前，日本在中国占据优势，德国把法国打败了，英国岌岌可危，苏联一直被打到莫斯科城下。所以，1941年是法西斯轴心几个国家最盛的时期，整个太平洋西部都成了日本的内海。到了1942年，盟军方面连打了三个大胜仗，战局发生了根本性的转变。欧洲战场上，斯大林格勒打得最激烈，红军打败了德军，自此转入反攻。北非战场上，英国陆军第八集团军司令蒙哥马利打败了隆美尔的非洲军团，在地中海转入攻势。东方战场形势的转变是太平洋的中途岛海战。中途岛正在太平洋的中间，所以叫Midway Island。本来那一战日本的军力比美国还强一些，航母数量也超过了美国，可是它的情报密码被美国破获了。再后来，总司令山本五十六坐的飞机也被美国打了下来，从此太平洋的局势扭转过来，日本节节败退。山本五十六是太平洋战争的日本海军司令，偷袭珍珠港就是他指挥的。其实他不赞成打美国，可是日本当局决定要打，他得服从命令，所以这个人也很有悲剧性。这就是1942年的转局，之后，盟军进入反攻阶段，日本、德国从此一蹶不能复振而终于垮台了。

1945年8月，日本投降。记得那天傍晚王浩来找我，也不进屋，就站在外面大喊我的名字。我还挺奇怪的，仔细一听才知道，他喊："The war is over！（战争结束了！）"当晚，我们几个人凑钱买了食物和酒一起庆祝，意想不到的是，当场就有两个犯了神经病，大哭大笑、又吵又闹。大概是多年战争引发的苦难和流亡生活的压抑突然之间爆发了，不禁使我想起莫泊桑的一句结论："Mais，C'est si fragile，une vie humaine！（人生是那么脆弱！）"

抗战胜利了，大家当然都很高兴，不过也伴随很大的忧虑：外敌不存在了，内部的矛盾更加上升。抗战末期，民主运动已经再次高涨起来，主要目的就是争民主、反内战。尤其在昆明，跟国民党政府闹得非常厉害。1946年初，重庆召开了一个政治协商会议，请各方面的代表，包括国民党的、共产党的、其他党派的、无党无派的各方代表来协商，会议也做出了一些决议。"文革"期间还揭发，说刘少奇当时提出要准备迎接和平民主的新阶段，共产党准备把总部搬到淮阴，就在南京的北面，准备在中国也实行政党政治，也搞竞选。可是最后也没实行，还是打了。

那时候我们都认为是国民党一党专政，挑起了内战，后来一直到"文革"，才爆出一点新情况。"文革"时打倒刘少奇，后来的副统帅林彪号称早在旧政协时就说刘少奇："什么和平民主新阶段，就一个字：打！"[1]以前国民党老骂共产党，共产党也骂国民党，都说对方是假和谈。我们一直认为是国民党没有诚意，是国民党想打内战，结果让林彪这么一说，岂不泄了底？我的导师侯外庐先生是老马克思主义者，又是史学大家，他说那个时候共产党确是有诚意的，希望能够与国民党和谈成功，不要打内战，"如果现在要那么提的话（指林彪的话），反而不合适"。我觉得有一定道理，当时

---

[1] 此句疑为转述。

共产党是有诚意的，只不过没有谈成功。不过有些事情是说不清的，国民党内也有不同的意见，包括张治中、邵力子这些重量级人物并不赞成继续打。"枪杆子里面出政权"是共产党一贯的主张，究竟哪些人愿意打，哪些人是真正希望和平的，恐怕永远也说不清了。

"一二·一"运动

关于西南联大的研究已有很多，也出版了不少书，但大多是资料集，就像注册组的报告一样。比如有一本《西南联大校史》，北大出版社的，最后的修订我也参与了，可那本书我也不大满意。因为它都是资料数字，虽然也有用，但毕竟是死的，而真正的历史是要把人的精神写出来。"糟粕所传非粹美，丹青难写是精神"，把每根头发都画得一丝不错不一定就是最好，可是漫画家三两笔就能把一个人活灵活现地勾勒出来。比如丰子恺，他是老一辈的漫画家了，我看过他写的一篇小文非常有意思。有一次他去上海，在火车上遇到一个小商人，商人问他贵姓，他说姓丰。商人问是哪个"丰"，丰子恺说："五谷丰登的'丰'。"五谷丰登是什么？商人不知道。丰子恺想了想，说："咸丰皇帝的'丰'。"咸丰皇帝？商人还不知道，后来又说了好几个，他都不知道。

丰子恺突然想起来了,说:"哦,是汇丰银行的'丰'。"于是那个小商人马上惊呼:"噢——,汇丰银行!汇丰银行!"他就只知道汇丰银行。短短几句话就活画出了上海滩小商人的面貌,这就是他的"精神"。我觉得,写历史最重要的也是要把"精神"写出来,堆多少资料也堆不出活生生的人。

下面我要谈一谈我所经历的事情,虽然不见得很正确,也不见得和别人的印象一样,但它毕竟是一个"活人"的感受。比如我看到一些回忆西南联大的文章,好多是写歌咏队、演剧队的,可能这些人更活跃一点儿。但也可能给人一种感受,以为歌咏或者演戏在当时的校园生活里占了很大的比重,其实未必是这样,并不是大多数的人都喜欢演戏。我就不演戏,他们演的我也不看,而且像我这样的人不在少数,所以我们的感受就跟他们不完全一样。

另外,在政治挂帅的日子里,往往特别突出政治斗争的一面。大学不是独立王国,不可能脱离政治,肯定也要加入到社会的政治斗争里边去,这是不成问题的。可大学毕竟不是政治团体,并不是把全部的或绝大部分的精力都放在政治斗争上,它最主要的任务还是在学术方面。所以我看有些回忆或者研究西南联大的文章往往有两个偏颇,一个是过分强调政治斗争,好像这成了大学里最重要的内容。另一个就是尽量淡化政治斗争,既然大家都是校友,都是平等的,就不要强调政治,当初什么"你是反动的"、"我是革命的"都不要提。这就像黄埔同学会一样，不管是共产党还是国民党的军官，好像都亲如一家，这也不符合实际。从五四运动，到"一二·九"，到"一二·一"，从来都是两派间的政治斗争，如果完全不提也不适宜。再比如北大百年校庆，纪念文字中绝口不提历次"运动"，竟仿佛几十年来从没发生过，这恐怕也有悖于科学精神。所以我觉得还是应该实事求是，既不夸大政治，也不要过分淡化，两个偏向都不好。

1."打倒孔祥熙！"

民主运动在中国有着悠久的历史和深刻的基础，可以从五四运动算起。五四针对的是北洋军阀，后来国民党来了，主张"一个党，一个主义，一个领袖"，告诫民众："错综复杂之思想必须纠正。"所谓"错综复杂之思想"就包括民主主义、自由主义和马克思主义，他们要"纠正"这些思想，然后把人们都纳入到一个主义，即三民主义之中。国民党要对学生进行党化教育，学生就继承五四传统，争取民主，反对国民党的一党专政。当然，民主阵营里边也有左、右之分。包括胡适，他应该算是自由主义的右派，也不完全和国民党合作。即使后来在台湾，胡适都一直给蒋介石提意见，请他下台，当然这是不可能的事情。

抗战以前，学生运动的中心既不在国都南京，也不在最大的城市上海，而在北京，为什么？我的理解，一个是北京有传统，像五四运动，甚至于再早的公车上书、维新运动，这些新的思潮都是从北京发起的。第二，北京的地理位置比较特殊，日本人压下来，国民党不可能气焰太高。后来国民党撤退了，北京变为地方势力的控制，而地方势力并不忠实地执行国民党的意图，何况保护反蒋的势力对他们还有利。到了抗战时候，首都从南京搬到重庆，可是学生运动的中心却在昆明而不在重庆，也是这两个原因。一个是传统，几个北方的大学都到了昆明，有搞运动的传统。另外一个也是因为有地方的特殊势力，国民党的直接统治不那么有力，所以昆明变成了学生运动的中心。而且后来的学运规模变得非常之大，成了席卷全国的运动。

民主运动始终没有停止过。国民党只有在1937—1938年，就是抗战的前一两年有点振作的样子，比如在上海打，一直到台儿庄、徐州、武汉，确实都是大规模的战役。可是进入相持阶段以后，战事不那么紧迫了，战时统治有利于其专制，国民党就开始腐化了，而且速度非常之快，像癌细胞的扩散一样，简直没有办法。尤其是在战争的困难期间，物资极度缺乏，贪污腐化更容易，只要你有那个本事，倒腾一点儿就能发财。于是有的人就开始大发"国难财"，而且往往首先是那些有官方背景的，结果贫富差距越来越大，社会矛盾越来越尖锐。从1939年开始，民主运动又从低潮转向高潮。校园里的一些民主教授，比如张奚若、闻一多，本来多少还是拥护国民党政权的，态度也开始大幅度转变。

1942年1月的"倒孔运动"是由孔二小姐的洋狗引起的，那只不过是个导火线，是个诱因，而真正的原因是对国民党政府的激烈不满。1941年12月7日，日本偷袭珍珠港，接着就打下了新加坡、香港、菲律宾、印尼，不到一个月的时间横扫西太平洋，真是大出人们意料。国民党一点儿准备都没有，给打了个措手不及，赶紧派飞机到香港，把一些重要的人运回来。那天飞机飞回重庆，孔二小姐带着她的洋狗走下来，被报纸曝了光。因为那时候很多在香港的中国人都没有出来，包括陈寅恪，那可以算是国宝级的大师了，人你都不救，倒先带条狗？消息一传出去，大家都义愤填膺，再加上平日积累的不满，结果一哄而起。

记得那天上午就贴出了大字报，中午我和同学正在宿舍里聊天，忽然听见有人在校园里喊："上街去打倒孔祥熙！"我们就都出来看，呵，果然聚集了很多人。大家马上拿纸写字，然后找个棍子绑上，举着就上街了。后来云南大学的人也出来了，昆明的中学生也出来了，浩浩荡荡的，规模很大，一路上喊："打倒孔祥熙！""打倒孔祥熙！"其实就是针对蒋政权的。因为孔是蒋的人，当时是行政院院长，相当于现在的国务院总理了。游行回来后，大家都挺累的，我还记得一个同学说："啊呀，今天真痛快！今天真痛快！"好像出了一口怨气一样。社会不公正，国难期间民不聊生、非常痛苦，可还有人借机发财？这是压在大家心里多年的一口怨气。

回来以后，学校召集了一个临时大会，两位校长都来了。梅贻琦校长主持，说："昨天，我和蒋先生一直都跟着你们，唯恐你们出事。……幸亏没有出什么事，你们不知道，这个事情弄得很严重。现在是战争时期，你们不能老是这样。"当然他心里也很紧张，真出了事，他作为校长很麻烦，抓走学生麻烦，真要死了更麻烦。讲了好一阵，说："现在，请蒋先生给你们讲话。"蒋梦麟校长站出来，说："形势是很严重的，你们就到此为止吧，不能再闹了。……你们要再这样闹下去，学校就得关门！那还不如我现在就关门，自己把学校牌子给摘了。"蒋梦麟校长讲完，梅贻琦校长又出来，说："好，刚才蒋先生说的你们都听到了，这就是最后的话，你们不能再闹了。否则真出了事，我们学校就不存在了。"所以那次就没再闹下去，但那只是随后几年更大规模民运的序幕。

2. 一多先生被刺

到了抗战的后期，1944—1945年，国民党已经不能控制舆论了。虽然那时候民众并不了解马列主义，我们在学校都不曾听说有"毛泽东思想"一词，但青年学生普遍反对国民党，要求民主，而且呼声越来越大。所以后来国民党也有个提法，叫作"清明政治"，搞了些民主选举之类。我记得街道上贴了个榜，写在上面的都是选民，包括冯友兰等等这些名人都榜上有名，让大家去选举，也算是做出了民主的姿态。不过那东西真是民主吗？我就不相信，我想大家也不相信。

民主运动在昆明搞得挺热闹，这和云南地方势力的保护也有关系。当时的云南省政府主席龙云是地方军阀，不属于中央系统，双方总有利害矛盾。凡是反蒋的势力，龙云都多少采取保护的态度。凡是反蒋的运动，他虽然不公开鼓励，但也不怎么过问，无形中给民主运动造成了一个很好的条件。所以，联大在云南的头七年中始终没发生过"惨案"，没打死过人，也没怎么镇压，这在蒋统区中很少见。当然这也和龙云自己的利益有关，所以抗战刚一胜利，蒋马上就把龙云给"解决"了。1945年，国民党派军队接收日本占领区，龙云的滇军被调到北越受降，结果昆明的驻军就留下杜聿明的第五军。一天早晨突然搞了个戒严，把省政府给包围了，掐断所有电话线，然后请他到重庆去做官。第五军和云南地方军队有过一阵小规模的武装冲突，打了两三天，最后还是派何应钦和宋子文来调解，弄架飞机把龙云送到了重庆。名义上是去做军事参议院的院长，其实就是把他给绑架了，挂个很高的空名，等于被软禁了。后来杜聿明被调到东北，换了关麟征做云南警备司令，那也是蒋的嫡系。国民党夺权以后，云南由蒋直接控制，他是要镇压民主运动的。可是昆明的民主运动并没有停止，还在继续闹，所以紧接着就发生了"一二·一"惨案。

抗战胜利以后，最重要的问题就是内战危机。可是蒋介石处心积虑要打，想把共产党消灭了，甚至于把龙云这样不是嫡系的力量也都消灭了。日本是8月15日投降的，此后的几个月里，中国的政治空气非常紧张。民主运动在重庆、昆明都闹得很厉害，后来上海、南京以及北方也都在闹。1945年11月25日晚上，在西南联大草坪上举行一个会议，反内战、争民主，还请了四位先生讲话，其中有费孝通、钱端升。当时我在宿舍里，离得不远，突然听见重机枪声音大作，"咔咔咔咔"打得非常厉害，仿佛就在耳边上。记得我的同学说："不好，要出事。"大会当然没法开了。第二天早晨，据官方宣布，说是发现了匪情，他们在剿匪。其实大家都知道不是这样，什么土匪，他们就是针对这个大会的，这种借口实在恶拙之极。同学们十分激愤，把上课的钟给卸了下来，开始罢课，这就是"一二·一"运动的开始。

这次罢课是最久的，大概持续了两三个月，学校等于处在停顿状态。12月1日那天跟军警（其实是穿着便衣的特务）对峙的时候，打死了四个人，其中三个是学生，还有一个中学教师。尸体放在大图书馆里，昆明各界人士都来悼念，我和几个同学也去送了花圈、挽联。那时学校的主要领导都不在，梅贻琦飞回北京准备复员，蒋梦麟已辞去北大校长的职务，到重庆做了行政院秘书长。胡适当时是北大校长，但他人在美国，就由傅斯年代理。傅斯年刚到昆明的时候，同学很欢迎他，学生代表去见，他也慷慨激昂的，说："你们都是我的子女，打死我的学生，就是打死我的子女，不能和他们善罢甘休！"态度也挺好的。可是后来，傅斯年基本上站在国民党一边，希望把这个事情从速了结，并没有可能真正解决问题。不过民主斗争是这样的，有理、有利、有节。1946年3月17日出殡那天有个大规模的游行，全市的学生几乎都参加了，而且社会各界都非常同情。我们转遍了昆明主要的街道，也算是胜利。后来傅斯年回重庆，也向蒋介石做了汇报，终于把警备司令关麟征给换了下去。更重要的是，"一二·一"运动正式揭开了此后三年席卷全国的学运，即毛泽东所谓开辟了"第二战场"[①]。国民党政府受到强大的内外夹攻，终于垮台。

刺杀闻一多是1946年夏天的事。李公朴先被刺，闻先生参加追悼会，上去骂了一顿特务，回家路上就被刺死了。当

[①] 1947年，在毛泽东为新华社写的一篇评论中，将"伟大的正义的学生运动"比作国内"第二条战线"。参见《毛泽东选集》第四卷，人民出版社，1990年，第1168—1169页。

时联大师生陆续北返，大概已经走了一半的样子，我是8月才离开，算走得比较晚的。那天中午正在屋里和同学聊天，一两点钟的时候，听见外面两声枪响。因为那几天气氛紧张，感觉一定出了什么问题，赶紧出去看。只见有人用担架抬着一个人匆匆忙忙走了过去，身上带着血。后来听人讲，说是闻一多被刺，送到云南大学医院去了。等我们赶到医院，人已经死了，尸体摆在院子里，周围有七八个人，神态严重。后来陆陆续续又来了一些人，云南大学的尚钺先生也来了，哭得很伤心，边哭边说："一多，一多，何必呢?"不知他是指"你何必从事民主运动"呢，还是"你何必把生命都付出来"，我不太清楚，不过给我的印象很深。

3.一个人的政治底线

过去的学生运动，凡游行我都参加，因为像"打倒日本帝国主义"的主张我们当然拥护。但除此以外，别的活动我都不参加，从中学到大学都是如此。第一，自己不是那块材料，既不会唱、不会讲演，也不会写文章做宣传。第二，从小我就有一个印象，政治是非常之黑暗、复杂、肮脏的东西，一定要远离政治，父亲也是这样告诫我的。所以实际上，我就给自己画了条底线：爱国是大家的义务，反对侵略者是国民的天职，游行我参加，回来也是挺兴奋的，宣言里也签名表态，但是实际的政治活动我不参加。

我的二姐何兆男（后改名何恺青）在北大读经济系。那时国民党还控制着北京，宪兵第三团团长蒋孝先是蒋介石的侄子①，时常到学校里抓人，凶极了，我二姐就被关了一年。所以她本来应该1936年毕业，结果1938年才毕业。三姐何兆仪读北大化学系，她是地下党，"一二·九"的积极分子。那时候蒋的所谓中央势力撤退了，宪兵第三团也走了，情况好一些。1936年抬棺游行，她被宋哲元的29军抓起来关了十多天，蒋梦麟校长把他们保了出来。可是"文革"的时候，又说我三姐是美帝特务、苏修特务，弄得她得了神经病，不久就去世了。我曾想，假如当初她只念她的化学，解放后也一直搞她的专业，虽然不见得一定能有什么成绩，但无论如何最多只是个走白专道路的帽子，不会有那么沉重的精神负担。我的妹妹1942年入学，联大中文系，也是"一二·一"的积极分子。她和爱人肖前1946年底去了解放区，改叫柯炳生，算是投向革命阵营的，不过下场也都不好。解放以后，我的妹妹曾是人民大学语文教研室的党支部书记，拔白旗的时候受命去组织批两位老先生。1959年毛退居二线，刘少奇到了第一线，定了许多新的办法，加之"自然灾害"和三年饥馑，政治上缓和了很多。白旗不拔了，又让她

---

① 此系误传，蒋孝先实为蒋介石族孙。

向遭批判的老先生道歉。她想不通，自杀了。或许这样也好，不然你连这么一点小事都承受不了，"文革"时候多厉害？那早晚也逃不过去的。

我姐姐熟识的那些同学里，如果继续革命的话，好多都是名人了，但也多是坎坷一生。关士聪先生和我姐姐很熟，地质系的，后来是中科院院士。西南联大五十周年纪念的时候，我在昆明见到他，谈到我姐姐时，我说："一个人贵有自知之明。不是搞政治的材料就别去搞，结果把自己弄成那个样子，有什么好？"他不同意，说："不能那么说，当时都是爱国。"这一点我也承认，当时都是爱国。可你应该适可而止，自己是不是干政治的材料，得有个判断。你要把政治作为职业的话，就得有长远的眼光，不能仅凭当时的一阵热情。毕竟爱国之后还有很多其他的事情，都是想不到的。

42级物理系里有个同学叫李振穆，也是我的中学同学，比我高两班，上大学的时候比我高一班。李振穆学习很不错，而且是非常进步的，后来我才知道他是地下党。1941年皖南事变的时候，传闻要抓共产党，学校里有一批进步的学生就都跑了。他也跑了，只念到三年级。我几十年没见过他，他大概也不认得我了。"文革"开头的时候，有一次在党校开斗争大会，让我们单位的人都去参加，我也跟着去了。台上揪了六个人，这边三个是"三家村"，吴晗、邓拓、廖沫沙。那边三个不大认得，可最后一个是李振穆，我一眼就认出来了，几十年没见，还是老样子。我不知道他是哪一路的英雄，旁边的人告诉我，说："这个人是北京市委高教局局长，叫李晨。"这时候我才知道他改了名字。

"文革"一开头，凡教育界、文艺界岗位的负责人几乎都被说是刘少奇资产阶级司令部的人，没有不挨斗的，所以那时候我倒没觉得意外。可是后来又过了几年，美籍华人纷纷回国，包括一些大名人，我才觉得李振穆有点儿冤。当年李振穆一直是进步的，学习也挺好，怎么就成了黑帮？挨批挨斗、吵架、关牛棚，给整得挺惨。可是在我的印象中，有的美籍华人学者以前一直比较"右"，还参加过三青团的夏令营，那是国民党的特务头子康泽主持的，和戴笠等等一些人被称作蒋介石的"十三太保"。当然，参加的学生也不一定就是三青团，不过那个组织的性质总是国民党官方的。再者，解放后强调的思想改造，首先就要明确为谁服务的问题。他们后来一直在美国，无论怎么说都是"为美帝服务"的，还入了美籍，结果回来却成了座上客？所以，一个人的一生有幸、有不幸，看你选择哪条路了。如果李振穆当年不参加革命，就学他的习，只念他的物理、走白专道路，念完了书出国，也不回来，我想他也会是知名的科学家了。而且应该混得不错，假如又是美籍学者，回来也被待如上宾，这样倒挺好。可是他选择了革命的道路，结果沦为阶下囚，成了黑帮上去挨斗……人间似乎有点太不公平了。

五柳读书记

我也喜欢读书，但是杂乱无章、漫无目的，没有一个中心方向。这是我的大毛病，大概也取决于我的人生观，或者思想作风。前些年我回湖南老家，和几个老同学聚会了一次，有个老同学就开另一个老同学的玩笑，说："你当年费那么大劲追求某某女同学，结果也没有成功。现在想起来，简直是浪费青春。"我倒表示了不同的意见。这件事情本身自有它感情上的价值，而不在成功与否，不能说成功了才有价值，不成功就是浪费时间。我以为，读书也是这样。读书不一定非要有个目的，而且最好没有任何目的，读书本身就是目的。读书带来内心的满足，好比一次精神上的漫游。在别人看来，游山玩水跑了一天，什么价值都没有，但对我来说，过程本身就是最大的价值，那是不能用功利标准来衡量的。

至少有两个很熟的同学好友批评过我，说我这种纯欣赏式的读书不行，做不出成绩的。的确如他们所说，我一生没做出任何成绩，可是我总觉得，人各有志。陶渊明写过一篇文叫《五柳先生传》，说这位先生"好读书，不求甚解，每有会意，便欣然忘食"，我认同这样的五柳先生。学术不是宗教信仰，不能说某某书字字是真理，每个字我都要同意。只要它给了我启发，它的讲法让我值得去读，我就很满意了。这本书这么讲，我很欣赏，另一本书那么讲，我又非常欣赏，甚至我的理解未必是作者的原意，可是心里非常高兴。这就好像听音乐一样，听的时候也挺入神的，非常着迷。其实我不懂音乐，也不知道它要表达什么，可是自得其乐，这就是我最大的满足。

古人说："为学当先立宗旨。"我一生阅读，从未立过任何宗旨，不过是随自己兴之所至，在琳琅满目的书海里信步漫游而已。偶然邂逅了某些格外令我深受感触的书，甚至于终生隐然或显然地影响着我，并非是我径直接受了作者的意见，甚至未必认同他的观点，但他的思想启发了我，而且启蒙得很深。

外文系图书馆是我们常去的地方，一次我看到一本书，题为 *The Tragic Sense of Life*（《人生的悲剧意义》），一时好奇就借回去读。当时我也和许多青年人一样，常常想到人生的意义。人生一世，追求的到底是什么？本书作者Unamuno（乌纳穆诺）是20世纪初著名的学者、文学家和哲学家，曾任Salamanca大学校长，那是西班牙最古老的大学。他是一个自由主义者，公开反对佛朗哥的军事独裁，被软禁后不久就死掉了，挺可惜的。大概受到堂吉诃德的影响吧，乌纳穆诺认为人生一世所追求的乃是光荣。我问过很多同学和老师，他们都不同意这个观点，唯有王浩认为是这样。后来我把此书给汤用彤先生看，并且问他的意见，汤先生的回答是：文字写得漂亮极了，不过不能同意他的观点。汤先生说，人生追求的不是光荣，而是 peace of mind（心灵的平静，心安理得）。我又把汤先生的话转述给王浩，他想了想，说："也可以这么理解，但 peace of mind 一定要 through glory 才能得到。"我想，一位老先生饱经沧桑，所以追求的是 peace of mind。而王浩当时年轻气盛，且又才高八斗，所以一定要通过"光荣"才能使他心灵恬静。在这一点上，我和他有很大的不同，归根结底或许是一种心灵状态，我想这也和个人的条件有关。王浩非常有才气，他有资格去争，我知道自己没那个水平，所以想也不想了。

及至后来我又读到乌纳穆诺一些作品，才发现他并不如《人生的悲剧意义》一书中所给我的印象。实际上，他是在追求那种不可捉摸、难于把握而又无法言喻的人生的本质。这里不可能有逻辑的答案，所以他就寄托于文学的寓言。我的兴趣是要猜一个谜语，但那并没有谜底，乌纳穆诺似乎在暗示我：人生不可测度，不可立语言文字，所以人生的意义是无法传达的。我仿佛得了一种觉悟，之后就想给《红楼梦》做一番解读。《红楼梦》一书的大旨不应解说是一部政治作品（索隐派），也不是一部自传（考据派），它的主题是一部爱情故事。它可以从诸多方面展现，但中心的线索则是宝黛的爱情。人生，尤其人生中最难以捉摸的爱情是不可言喻，甚至是不可传达的，所以只能借某些外在的迹象去猜测、去摸索。两个人一直在追求、摸索，心灵渴求而又无从把握，此其所以成为艺术的绝唱。

1940年夏，也是出于偶然的机缘，我读到了傅雷先生译A.Maurois（莫罗阿）的 *Meipe*，中译名为《恋爱与牺牲》。傅先生的译笔极佳，简直是我们翻译的典范。比如他把Donne（邓恩）的诗句I'll undo the world by dying译作"我愿一死了却尘缘"，把violon plaintif译作"如泣如诉的小提琴"，使我叹服不已。莫罗阿是20世纪上半叶新兴的传记文学作家，与英国的Strachey（斯特雷奇）、德国的Ludwig（路德维希）齐名，但我觉得都不如莫罗阿那么灵心善感。

《恋爱与牺牲》是我读到莫罗阿的第一本书，傅雷选了他四篇传记小说，书名也是后起的。这本书我非常之欣赏，因为它改变了我们通常对人生的看法，仿佛为我开辟了一个新世界。中国的文化传统是道德本位、伦理挂帅的人生观，政治是伦理道德的核心，伦理道德是政治的扩大。所谓"善善恶恶，贤贤贱不肖"，就是从善恶分明、忠奸立判的眼光评判人。如果一个人是好人，就好得不得了，拼命美化他，要是坏人就臭得不得了，使劲骂他。这是非常简单的二分法，太狭隘了。但莫罗阿几乎同情每一个人，甚至一切人都

219

是可爱的，一切不幸都是必然。当我们对一切人和事都以宽厚同情的眼光来看待，整个世界便以另一种面貌出现在我们面前，一个温情脉脉、处处值得我们怜悯和同情的世界。这给了我很大的启发：真实的人生是多元的，远非我们想象的那样脸谱化。后来，我又找到莫罗阿的成名作 Ariel，即《雪莱传》。雪莱一生都在挨骂，学校以宣传无神论的罪名开除了他，又因为恋爱的事情私奔，名声扫地，二十九岁就早早故去。可是莫罗阿用他一贯的温情，把雪莱比作莎翁《暴风雨》中的天使 Ariel。这本书我反复读过好几遍，并介绍给许多同学，化学系的章锜惊叹道："Maurois 真是个轻愁的天才！"物理系的友人王景鹤在解放后的"思想改造"中，还把受莫罗阿的影响写进了自我批判。

不久，我又邂逅了白俄 D.S.Mereschkowski（梅勒什可夫斯基）的作品，更加引我入胜，再次为我开辟了一片意想不到的天地。我读他的第一部作品《诸神复活》，也是无意之中看到的，是他最有名的三部曲《基督和敌基督者》中的第二部，书名亦作《达·芬奇传》。译者郑超麟先生是位元老级的托派，解放前关在国民党监狱里，解放后关在共产党的监狱里，前后数十年始终不肯低头忏悔。他的学识丰富，译笔亦佳，唯独遇意大利人名最后一个音节-tti 时，总译作"嗒"（音 chi）而不作"蒂"，令人感到有点别扭。我喜欢遐想，喜欢对历史做一些可能的假设，追索微言大义之所在。梅氏此书虽系为画圣达·芬奇立传，但似乎有意在预示一个第三帝国的诞生。历史上第一帝国是罗马帝国，那是一个剑的帝国，它以剑征服了世界。继之而来的是基督教帝国（Christendom），以十字架征服了世界。文艺复兴以来，古代的异教诸神又复活了，但它以光荣与骄傲背叛了基督教，终于也会引致灭亡。于是，继之而来的也许是一个第三帝国，把剑和十字架结合为一。然则这个帝国又是谁呢？当时我以为，最能够担当此任的非苏联莫属，而走在前列的欧美列强已经被物欲腐化了，不足担此重任。但在不到半个世纪的时间里，随着庸俗唯物论和金钱拜物主义的冲击，这种半预言、半神话的期待便兵不血刃地破产了。

理想和金钱的角逐究竟谁胜谁负很难预言，而对历史做任何预言大概都是危险的。因为"历史是自由人的自由事业"（康德），没有说先天注定了非如此不可，所以就不完全是"不以人的意志为转移"的。而且，仅就"不以人的意志为转移"这句话本身而言，怕也是"不以人的意志为转移"的。

我们年轻的时候非常幼稚，看了什么就觉着什么好。不过幼稚也有幼稚的好处，把什么都绝对化、纯粹化总是很危险的。学术思想上的门户和政治上的派别不一样，政治上的派是有组织、有纪律的，宣誓加入以后就得绝对服从，但学术思想并不是这样。比如我欣赏某个哲学家,并不意味着字字句句都得听他的,而且只听他一个人的。我想,任何一种学术如果真能成立,而且能有影响的话,里边一定有某些合理的成分。杜甫诗云"转益多师是吾师"①,就是说,我的老师并不限定是这一个或者那一个,而应该请教很多的老师。人类的文化也应该是这样,不能独尊一家,其余的都一棍子打死,那就太简单化了。好比我们吃东西,不能说牛奶有营养就光吃牛奶。你得杂食,各种东西的营养都吸收才行。

很多作家都喜欢写神秘的作品,同样也很吸引我。比如乌纳穆诺有一篇小说《沉默的谷》,说有个地方非常奇怪,很多人进去看,但是没有一个人出来。再比如爱伦·坡,还有一个人更奇怪了,就是俄罗斯的屠格涅夫。他是个非常理性的人,像《父与子》、《罗亭》、《前夜》,可也写过许多篇神秘的小说,如 *Clara Militch*(《克拉拉·米利奇》)。我想,生命中的确有一些不是用说理、逻辑能够表达的,可是你能感受到。比如宗教,对于相信它的人来说,那就是真实,比什么都重要,可是对不信的人来说,可能就是胡说八道。过去人想得很简单,以为凭我们的理性就可以理解世界、理解宇宙,乃至人生的大道理。但是康德说,首先应该

---

① 原句:"别裁伪体亲风雅,转益多师是汝师。"引自杜甫《戏为六绝句》之六。

批判的就是你自己的这个认识能力。宗教相信上帝存在、灵魂不灭，那么到底上帝存不存在？这不是我们的理性能够判断的。有人简单推论说："谁看见过上帝？谁摸过上帝？谁也没见过、没摸过，所以上帝就不存在。"但问题是：这种推理方式成立吗？是不是看不见、摸不着的就不存在？我们看不见空气，可是空气存在。我们看得见彩虹，可是它不存在。有神论者可以说："上帝就是看不见的。"因为上帝everywhere and nowhere（无所不在，却又踪迹全无），不是人所能理解的那种存在。Spinoza（斯宾诺莎）也讲上帝的存在，而他的"上帝"就是大自然。有人问爱因斯坦是否相信上帝，爱因斯坦回答说：我相信上帝，但我的"上帝"是斯宾诺莎的"上帝"。所以，这就看你如何理解了。如果说上帝是个白胡子老头儿，手里拿着根棍子，当然也可以这么理解，但这种上帝大概是不存在的。如果认为上帝就是大自然的奥秘，那完全有可能存在。

在这一点上，我欣赏《王子复仇记》里哈姆雷特对好友Horatio说的一句话："这个广大的世界，许多东西不是你那可怜的哲学所能想象得到的。"我也有同感。其实这个世界没那么简单，我们的理性只能理解那么一点点。许多东西无从用常识表示，只有你在观念上达到更高的层次才能感受到它的存在。如果我们勉强用通常的语言表达，那就把它非常之简单化了。

当时有几本西方思想史方面的著作给我印象挺深的。包括马克思的《共产党宣言》我也很欣赏，从图书馆借来英文本，还手抄了一遍，没事就拿出来看看。不过那时候是把它作为一种文学作品来读，尤其最后的那些话，"无产阶级什么都没有丧失，除了他们的枷锁，可是他们要获得整个世界"。真正的精义我不懂，到现在都不懂，但是觉得它里面的话非常鼓舞人心。还有卢梭的《社会契约论》，那是张奚若先生指定的必读书，其实早就有中译本了，不过我们看的都是英译本。最早介绍这本书的大概是梁启超，清朝末年中国留日的学生也有过翻译，后来国民党右派元老马君武也译过，不过用的是文言。

《社会契约论》里开篇第一句话"人是生而自由的"，美国《独立宣言》、法国《人权宣言》和《联合国宪章》里都是这样讲。但同样又可以说：从来就没有什么自由平等，不是这个阶级压迫那个阶级，就是那个阶级压迫这个阶级。听起来好像很矛盾，不过我想这两种说法都对，因为它们是在两个不同的层面上谈自由。一个是从"当然"或"法理"的层面讲，人当然应该是自由的，但是从"实然"或者"事实"的层面上讲，人确实从来没有自由过。比如法律规定，婚姻要以双方的感情为基础，不问年龄、财产、社会地位等等，这是从法理上讲。但事实上没有人不考虑条件的，如果一个年老的人娶了一个非常年轻的，或者一个没钱的嫁给了一个大款，总有所考虑，这是两个不同的层次。18世纪天赋人权的"天赋"（natural）本来是"天然"的意思，人天生、天然就是自由的。可是我们把它翻作"by heaven"，变成"天所赐予的"，有点类似"天子受命于天"、"神授皇权"，正好背离了这个词的原意。后来19世纪的历史学派讥讽天赋人权派：什么天赋人权，从来就没有过。如果从史实上考据，当然从来就没有过人的自由和平等，这是事实。但问题是：事实上的不存在，能不能用来否定它的合法性与合理性？正像人的婚姻一样，事实上都是讲条件的，但法理上却要规定人的婚姻自由。科学也一样，比如几何学定义中的"点"是不占据空间的，可是物质世界中任何一个东西都要占据空间，就是原子也一样，但不能因为在现实中找不到原型就否定了"点"的存在。如果这样的话，不但"点"不存在，"直线"和"平面"也是不存在的，那就都甭研究了，几何学也不必存在了。所以说，法理的"自由"和事实上的"自由"属于两个不同的层次，可以并行不悖。不能什么都混为一谈，否则就算吵翻了天，也是公说公的、婆说婆的，谁也说不服谁。

人类总有一些价值是永恒的、普世的，我们不能总是强调自己的特色，而抹杀普遍的价值。中国有没有特色？有特色，但是这特色你不必强调。解放前搞民主运动，国民党老是干涉，它也有个借口：民主不适合中国的国情。于是《大公报》上有一篇社论《贵适潮流，不贵适国情》，提出应该顺应历史潮流，而不是强调我们国情的特色，以之对抗历史潮流。真理放之四海而皆准，比如自由、平等，应该对任何时代、任何民族都适用，不能说中国就是男女不平等，妇女就得把脚给缠残废了。你也可以说，缠足是我们的特色，但这种特色要不要保留？我看这种特色不必保留，毕竟我们首先是要接受男女平等的普世价值。当然，每人有每人的个性，每一个集团、每一个民族也有它自己的个性。我们不会都一样高、一样胖瘦，你可能喜欢吃咸的，我可能喜欢吃甜的，肯定有不同。可是在这之上，毕竟有个共同的标准尺度，而普世标准才是第一位的，个性、特色属于第二位，不能以特色来否定普世价值。比如每个人都得穿衣服，不然冻死了，这是普遍的。但至于穿什么、怎么穿，这可以有特色。

"一二·一"民主运动的那天晚上，国民党开了枪。后来招待记者，学生说："我们有言论自由！"警备司令关麟征说："你们有言论的自由，我就有开枪的自由！"这话说得有问题。言论自由是普世的价值，是第一位的，开枪的自由可不是普世价值，哪能愿意开枪就开枪？自由总有一个普遍的标准，不能说你有你的自由、我有我的自由。民主也一样，不能说各有各的民主，我按我的标准、你按你的标准，岂不乱套了？

解放后我们也讲民主，但有新的理解了，是无产阶级专政下的、党所领导的人民民主，跟从前的那个民主观念不一样了。从前是资产阶级民主，主要还是18世纪启蒙运动"天赋人权"意义上的理想。从前讲的"自由"，主要内涵包括：第一，思想、言论、出版的自由；第二，集会、结社的自由。这是大家熟悉的，过去关于自由的定义都是基于这两方面。二战期间，罗斯福提出了他有名的"四大自由"，即在此外又增添"免于缺匮的自由"和"免于恐怖的自由"。①确实，在极度穷困的情况下，饭都没的吃，还谈什么自由？在法西斯的恐怖统治之下，可以随意抄家、抓人，还有什么自由可言？罗斯福提的这两个自由我非常欣赏，我相信很多人也都非常欣赏。当然，那时候的想法很天真，以为只要理想好就一定能实现。后来年纪大了，想法也在慢慢变化。古今中外的任何时代，理论与实践，或者理想与现实之间总会有差距，而且往往是巨大的差距。过去我们想得很简单，现在想来，不但目前实现不了，恐怕千秋万世之后也难以实现，就是最伟大的实践主义者也做不到。林彪出事以后，大家都

---

① 1941年1月6日，罗斯福发表国情咨文演讲，提出"四大自由"，即言论自由、信仰自由、免于缺匮的自由，及免于恐怖的自由。

学习一篇文章，那是毛给江青的一封家信，信里说："我的朋友（指林彪）讲的那些话，我都不太能同意，不过有什么办法呢？只好违心地同意。违心地同意别人的意见，在我还是头一次。"①要这么说，岂不是心口不一，成了两面派吗？可见无论多么伟大的人物，都不可能真正做到思想与实践的一致，这是不可避免的。

严格地说，绝对的平等、绝对的自由、绝对的民主都不存在，百分之百实现是不可能的。问题在于：理想与现实、理论与实践之间的差距是大是小？是朝着那个方向走，能有几分做到，还是根本就是骗人的？我们不能因为理想的不可实现就把它一笔勾销，毕竟还要朝着这个目标前进，否则就没有希望了。这就好比人的健康，你要找一个完全健康的人，恐怕全世界也找不到。一个人可以达到80%、90%，甚至99%的健康，但仔细检查的话，总能找出点儿毛病来。绝对健康是没有的，但健康总比不健康好，90%的健康总比10%的健康好。大家还要尽量朝着这个方向努力，不能因为

---

① 1972年，中央广泛传达了毛泽东写给江青的一封信（1966年7月8日），其中几句写道："我的朋友的讲话，中央催着要发，我准备同意发下去，他是专讲政变问题的。这个问题，像他这样讲法过去还没有过。他的一些提法，我总感觉不安。我历来不相信，我那几本小书，有那样大的神通。现在经他一吹，全党全国都吹起来了，真是王婆卖瓜，自卖自夸。我是被他们逼上梁山的，看来不同意他们不行了。在重大问题上，违心地同意别人，在我一生还是第一次，叫做不以人的意志为转移吧。"原件已销毁，也有认为此信系伪作。

实现不了就把健康的目标取消了。所以，理论和理想还是有价值的，也许人类的进步正是在理想与现实的矛盾中慢慢逐步前进。只是不要太天真，像我们年轻时那样，理所当然地认为理想总是能实现的，或者一种理论是正确的，就可以完全地付诸实践。那就想得太简单了，在现实面前就要碰得头破血流。

我在西南联大的时候，教科书几乎全是美国的。理科的不用说，文科也多是西方教本，比如政治学是Garner的《政治科学与政府》，经济学用Fairchild的《经济学概论》。到了专业课的时候，除非学古文的，其余都是美国教本。

有几本教科书我是从头到尾读完，而且写了笔记，所以印象非常深。比如二年级学西洋通史，用的是Hayes、Moon两个人写的《古代史》、《中古史》和《近代史》三大本，摞起来也挺厚的，可是写得深入浅出，非常容易懂。那时候已经有翻译本了，不过我想试着看原文，结果第一次就非常满意。图书馆里有个钟，我发现自己一个小时能看二十页，好像并没有原先想象的那么难。这样算来，十个小时看二百页，它那一本有五百页的样子，要整天看的话，十天八天就能看完。而且读原文有个特殊的方便，它的地名、人名、专名词都非常好记，比看中文好记得多，所以看英文本反而更容易。三年级的时候上皮名举先生的西洋近代史，那是历史系的必修课，用的是Hayes的《欧洲近代政治文化史》。近代史是从维也纳会议（1814年）讲到巴黎和会（1919年），大约一百年，上、下两卷都挺厚的，可是文字依然非常浅显流利，我也把它读完了。Hayes是美国哥伦比亚大学的历史学教授，是皮先生的老师，二战时曾任美国驻西班牙大使。当时美国想拉拢西班牙，西班牙虽然是中立的，但倾向于希特勒，所以战略地位很重要。

上陈福田先生的西洋小说史要读Jameson的《欧洲文学史》和吴可读（Pollard-Urquhart）的《西洋小说史》。《欧洲文学史》是30年代初期Jameson在清华教欧洲文学史时的讲稿，钱锺书、季羡林都上过他的课，后来吴宓先生教这门课的时候也推荐这本书。不过季羡林有一篇回忆文章，挺瞧不起这本书的，说它根本谈不上学术。这一点虽然我也承认，不过我认为，不能以纯学术的眼光要求每一本书。Jameson的这本书写得非常之系统，而且简单扼要，不但容易看，也容易记，对欧洲文学很快就有了一个比较全面的印象，对于我们初学的外行人非常有用。这本书我很喜欢，是在昆明花几块钱买的，相当于抗战前的两三毛钱了。可是又非常珍贵它，跟了我好几十年，现在还舍不得扔。

我的法语、德语都是在本科时候念的。这些国家在历史上都很重要，其语言作为专业工具，一点儿不认得也不行，所以就学了一点，不过都没念好。那时候有一种心态，现在看来要不得，总觉得自己年纪大了——其实也不大，也就二十岁刚出头，可是总觉得自己大了，不愿意去背那些文法。比如法语有阴、阳性，桌子是阳性、椅子是阴性，毫无道理可言。德文更多，还有个第三性，书就是中性的，谁去死记硬背那些玩意儿？会查字典、拿来能读就行了，知道这是桌子、那是椅子，管它阴性阳性？还有法文的那些动词变化，繁复之极，我们都懒得背。可是现在想起来，学习语言没有基本的文法训练是不行的，可惜当年没有学好。

希腊文我没有学过，太麻烦了。第一没材料；第二，除非你是想干这个专业，否则费那么大劲学了又没有用，不值得。我有一个同学是蒙古人（现在台湾），三年级暑假的时候，因为大家都回不了家，无事可做，我就跟他学了两个月的蒙古文。蒙古文非常有意思，辅音和母音是连在一起的。那时候只是觉着好玩，就跟着他念，完全没想过学了它有什么用。其实学蒙古文一点儿用都没有，除非你将来做驻蒙古大使、参赞，或者是研究蒙古的专家，否则一点儿用处都没有。比如你是搞数学的，学蒙古文干什么？除非你要研究蒙古的数学史，不过大概也没人去研究。希腊文也一样，那是一门很古老的文字，除非你立志将来就干这一行，比如搞古希腊哲学，那也是做学问的一条路。不过我想，做学问可以有各种不同的路径，并不是规定死了一定要这样或者那样走。何况我从来不打算做学者或专家，只想能旁观世界和人生就满足了。

忆 同 窗

1. "科里红"何佶（吕荧）

抗战一开始，很多青年就满怀热情直接去参战了。北大、清华、南开三个学校在长沙组成临时大学，按说三个学校满员的话差不多应该两千人左右，可是到长沙报到的只有八百，连原来的一半都不到。我想那多一半里有一部分是回老家了，但大部分人是参战去了。其中我想到一个人，何佶，抗战爆发时读北大历史系二年级，他直接参加了抗日战争。几年后到了抗战中期，整个国家的气氛和刚开始不一样了，一来仗也打疲沓了，二来战局发生了变化。国民党主要靠美国训练的现代化军队，不需要"前现代化"小米加步枪的那种作战方式，不再需要那么多人了，他们就回来复学。1942年，我见到了何佶，这回他只比我高一班。

何佶非常有才华，又喜欢文艺，经常写文章，发表在胡风主编的《七月》上，笔名"吕荧"。《七月》当时是很有权威的文艺杂志，胡风喜欢提拔青年人。过去有这个风气，一个人成名了以后总要带一批青年，胡风就是鲁迅带出来的，他和冯雪峰都是鲁迅的入室弟子，鲁迅非常欣赏他们。后来胡风办《七月》，也提拔了一大批很有才华的青年作家，何佶就是其中之一，是左派积极分子。比如我们选修第二、第三外语，文科的一般都学德文，或者法文，唯独何佶不是这样，他学了俄文。那时候学俄文就带点政治色彩了，表示自己的革命倾向。我曾听到姚从吾先生（北大历史系主任）称赞何佶的俄文好，他翻译了普希金的长诗《欧根·奥涅金》，所以还没毕业就很有名气了，相当于京戏行里的"科里红"。

虽然何佶只比我高一班，不过我从没和他接触过。他们那批同学抗战前就入学了，学号和我们的都不一样，是P字号（北大）、T字号（清华）或者N字号（南开），而我们则是A字号（联大）。所以我们叫他们"老北大"、"老清华"，虽然在一起上学，但年龄上差了好几岁，社会经验比我们丰富，知识也比我们多。他们自视高一等，我们也自视低一等，相互之间交流很少。何况何佶又是有名的才子了，我觉得自己差得太多，自惭形秽，不敢高攀。所以我虽认得他，但他不认得我。

50年代初期，有一次我在山东大学的学报上看到关于他的事情。那时何佶是山东大学中文系主任，思想改造的时候批判过他，他不服气，卷铺盖就走了。这在旧社会是常有的事，但新社会不行。新社会里人是属于组织的，组织让你走才能走，否则等于潜逃。我看那篇批何佶的文章语气非常严重，说：如果你是反革命，我们就追到天涯海角；如果你不是反革命，希望你不要做革命队伍的逃兵！由此可见，何佶为人的独立性非常强。我有一个外文系的同学叫王仲英，在人民文学出版社工作。他跟我讲，何佶后来就在他们那里，但不是正式编制，属于编外人员，每个月给一定的生活费，随便他也写点什么东西。

1955年，全国性批判胡风。5月25日，中国文联、中国作协主席团在北京召开七百人批判大会，由郭沫若主持。我在《人民日报》上看到报道，说："会上，胡风分子吕荧企图为胡风辩护，受到了与会者的一致驳斥。"①在那种场合，他居然敢于批逆鳞，一个人站出来为胡风辩护，其人风格可以想见。所以当时把他定为"胡风分子"，成了反革命。两年之后，我在《人民日报》上又看到一篇他写的文艺理论的文章，几乎是整版刊登，前边还有一个编者按②，欢迎加入学术讨论，这就表示对他已经平反了。可是后来到了"文

---

① 1955年5月26日，《人民日报》头版刊登一篇新华社通讯，公布了中国文联主席团、作家协会主席团联席扩大会议的决议，开除胡风会籍，并撤销他在文艺界的一切职务。其中一段写道："会上，胡风分子吕荧在发言中为胡风集团辩护，遭到会议一致的驳斥。"同时，第三版刊登了郭沫若、巴金、周立波等七人的文章，对胡风进行轮番轰炸式的批判，不但要彻底打垮，要法办、肃清，甚至树其为"人民公敌"。这场早已定性的政治运动来势汹汹，有如排山倒海，人人自危。吕荧却要挺身而出，为胡风鸣不平，未及讲完，便被人推搡下台，轰出了会场。

② 1957年12月3日，《人民日报》刊登吕荧的学术论文《美是什么》，编者按："……后来查明，作者和胡风反革命集团并无政治上的联系。他对自己过去历史上和思想上的错误，已经有所认识。我们欢迎他参加关于美学问题的讨论。"据说，"编者按"由胡乔木执笔，毛泽东亲自审定。

革"又翻旧账，我猜想他的境况不会很好，周作人不就死于"文革"时候么？胡风分子能躲过此劫？后来听说，他也是妻离子散，"划清了界线"。①凡定了反革命或者右派的，往往都要离婚，而且一般都批准。据我所知只有一个例外，名演员新凤霞。她的先生吴祖光是右派，文化部的一个副部长出面劝她离婚，但新凤霞硬是不肯，简直了不起。这是我所知道的唯一例外。

何炳非常有才，这样的人竟然中道夭折，而我们这些不成器的却苟全性命于世上。每当想到这些，就不禁想起诗人弥尔顿的名句："我要证明上帝之道是公正的，并且是向人们可以证实的。"（Just are the ways of God, and justifiable to men.）我真想同时也补充说："我要证明人世之道是不公正的，并且也是向人们可以证实的。"

2.滔滔不绝的殷福生（海光）

人的一生很难说，出乎意料的事情太多了。有个比我高一班的同学叫殷福生，哲学系的，当年在学校里是个大右

---

① 此处有误。吕荧夫妇长期不和，早在1953年便离婚了。参见吴腾凰、杨连成：《美的殉道者——吕荧》，北京燕山出版社，1989年，第78—83页。该书摘引吕妻潘俊德的日记片段，记录了一个耿直不阿的天才自私、冷酷的另一面。

派，整天骂共产党，而且好几次时事讨论会上都站起来公开地骂。那时候，国民党总骂共产党"游而不击"，殷福生也骂共产党"躲在延安，摆出一副超然的姿态"等等，和国民党的论调完全一样。这在当时校园内是非常之罕见的，至少我所见到的只有他一个。同学中左派比较多，自由主义就更多了，大多数人对共产党都有好感。虽然没有具体的认识和感受，并不十分理解，而且真正拥护的人也不多，但大多是同情，认为共产党为国为民，是真正要求民主的。即使三青团的骨干分子也很少像殷福生那样赤裸裸地反共，所以我们都讨厌他，认为他就是法西斯。

殷福生是个很怪的人。当时上哲学课的很少，只有寥寥六七个学生，比如冯友兰先生讲中国哲学史研究，那是给高年级开的课，冯先生先引个开头，接下来让大家发言讨论。我们大多觉得自己没有知识，所以一言不发。但每次只要一让发言，殷福生就滔滔不绝，而且话里面夹着好多德文，"-keit"、"-heit"一大堆。德语里，凡字尾加"-keit"或者"-heit"就是指什么什么"性"，比如主观性、客观性。我们都不懂，就听他一个人在那儿慷慨陈词，用北京话来讲，还挺"唬人"的。而且他讲完了之后还骂人，记得有一次骂胡适，说："胡适这个人，一点儿哲学都不懂！"当时我想，这人怎么如此之狂妄，年纪轻轻的连学术界的泰斗、文学院院长也敢骂？简直是目空一切。有一次在路上，他冲我恶意嘲笑的样子，令我大为光火，便当面怒声质问："你笑什么?!"他耸耸肩，说："啊，没什么，friendship。"然后悄悄走开了，像是韩信受了胯下之辱。当年气盛，少不更事，现在回想起来不免歉然。

抗战末期，殷福生参加了青年军。那时候蒋介石觉得他的那些旧军队没文化，打现代化战争不行的，于是招了一批中学生、大学生组成青年军，要建立一支新式的现代化军队。殷福生研究生没念完就从军了。战后我听说，他接了陶希圣的手，任《中央日报》主笔或代总主笔。那就相当于我们《人民日报》的总编了，不但是笔杆子，还是理论家。可出人意料的是，殷福生到了台湾以后改名叫"殷海光"，走的却是胡适那条路，反对国民党，成了自由主义的一面旗帜，是台湾青年知识分子的精神导师。王浩对我说，殷海光在台湾和他通过信，"其实殷海光学不懂哲学，不过他很有口才，而且是个政治宣传家"。所以他在台湾专门宣传政治自由主义，而国民党要搞一党专政，和自由主义格格不入。到他晚年的时候，国民党等于把他软禁起来，不到五十岁就得癌症死去了。

台湾五六十年代的青年学者中，有许多人都是跟着殷海光走的，对他的评价非常之高。而且殷海光的学生也多，比如陈鼓应，顶崇拜他的，这和我们当年的印象非常之不同了。真是知人论事，谈何容易。

3.大才子王浩

1995年王浩在纽约去世，当时曾有两个杂志的编辑约我写纪念文章，大概知道他和我是老友的缘故，但我都推辞了。因为他是数理逻辑学家，又是哲学家，我对数理逻辑和他的哲学一窍不通，无从下笔。随后我在《西南联大校友通讯》上写了一篇短文悼念他，但觉得意有未足。尽管我们的人生道路迥然不同，王浩毕竟是对我思想影响最大的一个人。记得当年有一次聊天，谈到未来自己想做什么，我说："将来我就做你的Boswell（即《约翰逊传》的作者）。"但是现在看来，我没有能力做到这一点。

王浩和我是中学同学，他的父亲王祝晨是山东教育界的元老，在一所很有名的中学做校长。王浩在山东念完了初中，因为哥哥在南京中央大学，所以就到南京考入中央大学附中读高中。抗战期间，中央大学附中搬到长沙，当时我从北京逃难回老家，也考入这个学校。王浩高我一班，不过那时候已经头角峥嵘了，在校内非常有名气，所以我也认得他。1938年暑假，王浩读高二，以同等学力考大学。数学考试中有个题目非常难，是中学没学过的，只有他一个人做出来了，大家都觉得他了不起。那年他考上西南联大的经济系，而且是第一名，可是不知道什么原因，他却去了西安汉中的城固县。北师大那时候在汉中，它的附中也在那里，王浩就在师大附中又上了一年高三。北师大附中原是我的母校，后来他开玩笑说，他和我是球场里的"change side"（交换场地）。第二年，我以同等学力考上西南联大，他也考了，这回考的是数学系，而且又是第一名。所以还没入学，王浩就有了名了，大家都知道他是大才子，连续两年考了第一名。

1939年秋天大一刚入学不久，有一次我在图书馆读书，见他坐在那里看一本大书。我走过去一看，一个字都不认识，连是哪国文都不知道。我问是什么书，他说是德文本，指着封面用英文说："*The Logical Structure of the World.*（《世界的逻辑结构》）"后来我知道这是一本经典名著。还有件事情，一年级的时候我上的是工学院，一次去工厂实习，他托我买一本别人出让的《数理统计学》。这都是我们初入大学的新生望尘莫及的高级学术，而他已经高出了我们一大截。

联大的生活圈子非常小，我们又是中学同学，所以很快就熟识了。王浩喜欢谈哲学，他的想法往往和平常人不一样。比如按照我们的想法，说某个人是坏人，这是结论，然后再去找理由，把这个人骂得一钱不值，这是非常实用主义的。可是王浩考虑事情从来不先下结论，这是最启发我的地方。一次大家谈论某某人写的字，那人是国民党的大官僚，大家都挺反感。而且按中国的传统，评价一个人首先是论"德"，既然此人是个大坏蛋，肯定一无是处，他的字能好得了？可是王浩不这么想，说："人品好不好和他的字是两回事，那有什么关系？"还有一次，我和他谈论舍己为人的话题，我说："这是不言而喻的，当然是最崇高的德行。"他说："为什么一个人一定要为了别人牺牲自己呢？"于是我们辩了很久，也挺激烈的，可是事后回想，其实他说的也有道理。我们一般都是固执己见了，明明别人有理，还要坚持自己。可是王浩的优点就在于不先在头脑里预设结论，或者说没有成见，而是通过思考、辩论，如果别人能说出道理来，他也同意。我觉得，这才是一个真正的哲学家的态度。

年轻的时候，王浩就对一些哲学问题有自己独到而且非常敏锐的理解。一次他谈到哲学家需要具备三个条件：一是intellectual skepticism（智识上的怀疑主义），否则无以成其深；二是spiritual affirmation（精神上的肯定），否则无以成其高；三是要有一句格言，也就是信条。比如苏格拉底的格言是"Knowledge is virtue"（知识即美德），而培根则是"Knowledge is power"（知识就是力量）。各人可以不同，但足以反映自己的特色与风格。王浩的这一想法给我的印象非常深，所以至今还记得。一次，我读到T.S.Eliot（艾略特）30年代的一段话：20世纪知识分子面临的思想选择只有两条路,要么做一个布尔什维克,要么做一个虔诚的天主教徒。看过这段话以后,我问王浩有什么感想。他叹了口气,说:"唉,其实我早就这么想了,只是不敢说。没想到他居然敢这么说。"

记得一天晚饭后,我们照常去翠湖散步。那天天气不好,眼看就要下雨,不过我们还是去了。聊到兴起时果然下起了雨,那就任它下吧,结果足足聊了两个钟头,俩人浑身都浇湿了,跟落汤鸡一样。我说:"这次咱们也过了一回哲学家的生活。"那晚我们谈了很多,其中有一个很哲学的问题:如果上帝答应你一个要求,你会选择什么?金钱,爱情,事业,名誉,或者其他?那时候我正在看写歌德的一本书,歌德说他会选择"知道一切",因为他的好奇心太强了(trop de curiosité)。王浩认同歌德的观点,可是他接下来又说:"知道一切,也就一点趣味都没有了。"《浮士德》里有个魔鬼,它的原型是歌德的朋友Merck。Merck非常之聪明,可是一个人太聪明了,以至把一切都看透了,也就做什么都没趣味了。我觉得王浩说的很有道理,这个世界正因为你看不透,所以才吸引你。要是你知道一切、把一切都看透了,人的一生无所追求,那就太没意思了。

人是为幸福而生的,而不是为不幸而生。王浩喜欢谈人生,就"什么是幸福"的话题我们讨论过多次,我也乐得与他交流,乃至成为彼此交流中的一种癖好。他几次谈到,幸福不应该仅仅是 pleasure，而应该是 happiness。前者指官能的或物质的享受，而幸福归根到底还包括精神上的，或思想意识上的一种状态。我说，幸福应该是 blessedness（赐福）。《圣经》上有云："饥渴慕义的人有福了。"①可见"福"的内涵是一种道义的，而非物质性的东西。他说，那么宗教的虔诚应该是一种幸福了。我说，简单的信仰也不能等同于幸福，因为它没有经历批判的洗练，不免流入一种盲目或自欺，只能是沦为愚夫愚妇的说法。一切必须从怀疑入手，于是我引了不久前看到的 T.S.Eliot 的一段话："There is a higher level of doubt, it is a daily battle. The only end to it, if we live to the end, is holiness. The only escape is stupidity."（有一种更高层次的怀疑，它每天都在不断地［与自我］战斗。如果我们能活到有结果的那一天，它唯一的归宿就是圣洁，唯一的逃脱办法就是愚蠢。）他听了非常欣赏。幸福是圣洁，是日高日远的觉悟，是不断地拷问与扬弃，是一种"durch Leiden，Freude"（通过苦恼的欢欣），而不是简单的信仰。每次谈论总是他说服我，这一次我说服了他，不禁心里一阵快慰。

王浩是数学家，后来真正使他成名的是人工智能，弄出了好几个定理，大概非常有价值，1983年得了全世界第一个

---

① 原文："饥渴慕义的人有福了,因为他们必得饱足。"参见《马太福音》5:6。

人工智能的大奖。①可惜我不懂，无从赞一词，但我知道，他的兴趣并不在那方面。记得毕业答辩的时候，金岳霖先生问他为什么要学哲学，王浩答道："我想解决人生问题。"金先生接下去又问："那么你解决了没有？"他说："还没有。"王浩一辈子都想解决人生问题，可是一辈子都没有解决。大概这是一个永恒的问题，永远也解决不了，但并不妨碍人们永远想要去解决它。多年以后，我去清华遇到当年哲学系的女同学顾越先，我问她："女同学学哲学的很少，你为什么上了哲学系？"她说，她从年轻时就想知道人生的意义是什么。当然，这个问题也是没有最后答案的。

表面上看，王浩的一生似乎很顺利。1946年得到清华保送，入哈佛大学，师从当代名家Quine（蒯因），仅用一年零八个月就拿到了哲学博士。我很奇怪，问他为什么念得这么快，他说："到哈佛念的那些东西在国内都念过了，很容易。"当时清华的体制完全和美国接轨，而且我觉得，他搞那些东西一点都不费劲，完全就像闹着玩儿一样就弄出来了。也许正因为太容易得到，所以他才不在意，反而是人生问题困扰了他一生。虽然后来成为世界级的学者，光荣也有了②，

---

① 人工智能国际联合会与美国数学学会联合颁发的第一届"数学定理机械证明奖"（Automatic Theorem Proving Prize）之"里程碑奖"（Milestone Prize）。
② 年轻时，王浩认同乌纳穆诺的观点，认为人生一世所追求的是光荣，参见第218页。

可是并没给他带来他所期待的幸福。王浩一生三次结婚，前两次都很不顺利。他非常之爱国，第一次回国还写了许多赞扬"文革"的文章，可是不久"文革"又被全盘否定，让他这个左派非常失落。可以说，王浩一生都着意追求幸福，可是始终也没有追求到。他最不着力的方面让他轻松地就得到了，给他带来了荣誉，可那并不等于幸福。晚年的时候，王浩曾对我说要写三本书，分别回答"人能够知道什么"、"人能够做到什么"、"人追求的是什么"这三个人生最根本的问题，但只写了第一本 *Beyond Analytic Philosophy*（《超越分析哲学》）就去世了。

1948年哈佛毕业以后，王浩先到瑞士做了一年访问学者，然后回哈佛大学做助理教授，1954—1961年在英国牛津大学，曾任约翰·洛克讲座教授。1958年，中国有个赴欧洲的学术访问团，包括作家谢冰心、哲学家金岳霖、经济学家许涤新等等几个人，在牛津的时候就是王浩接待的。我听美籍学人余英时说，那次王浩和许涤新吵了一架，本来他想回国搞计算机，自此变了主意。后来我向王浩问起此事，他说并没有吵架，只是有点不愉快。因为许涤新说："听金先生说你念得很好，你回来找我，我给你介绍个工作。"王浩少年才子，也有非常自负的一面，所以这句话让他很生气，跟我说："难道我还等他赏我一碗饭吃？"当然，一个人成名之后容易争强好胜，这种心情可能我们资质平平的人不会在意，不过我想应该还有别的原因。毕竟国外也有吸引力，在那里更能做出成绩来，所以又拖了几年。接着是"文革"，就回不来了。

王浩从牛津出来后，又回到哈佛做教授，1967年转到纽约的洛克菲勒大学主持逻辑研究中心，后来被选为哥德尔学会的首任会长。1972年中美之间开始有人员往来，他参加了第一批中国访问团回国，包括清华老学长任之恭、林家翘等人也在其中，周恩来在北京接见了他们。当时我们刚从信阳干校回来，没过两天我接到一封信，信封上的字迹我一看就知道是他的。信的内容很简单，告诉我他到北京了，住在北京饭店，这次行程安排得很紧，希望我跟他联系，见上一面。可"文革"时候拘束得很厉害，哪能随随便便去见一个美国人？于是我把信交给了工宣队。按理说，当时毛泽东也希望打开美国的局面，凡是这种机会应该安排会见。可是工宣队一直不回答我，我也不想问，结果这次机会错过了。在这一点上，工宣队大概是违背毛泽东思想的。

王浩在国外是左派，拥护新中国，所以他从来不去台湾，而且有一阵改学马克思主义，想知道到底是怎么说的，学得很起劲。大陆和台湾关系有所缓和后，吴大猷（台湾"中央研究院"院长）邀请王浩到台湾讲学，他也去了。不过他对台湾没什么好感，被人哄了一阵，许多人骂他。后来我问王浩是怎么回事，他说他对台湾的学术不欣赏，说了些"在台湾成名也容易"之类揭短的话，弄得台湾学术界对他大有意见。

后来王浩又几次回国，1977年，邓小平接见了他。那时候"文革"刚结束，我们已不必上班了，整天待在家里。一天传达室呼我说有电话，赶忙跑去接，一听正是王浩。我说："我在报上看到你的消息，知道你来了。"他说："你家住在哪里？离北京饭店远不远？"我说不远，走路半个小时就到了，坐车只要三五分钟（当时路况还不拥挤，没有堵车现象）。他说："好，你等着，我就来看你。"这回倒好，给了我个措手不及，没法像过去那样事先请示领导了，只好说："你来吧，我等着你。"挂上电话，我赶紧又给历史所打电话。那时候这种事所里也做不了主，得请示社科院。还好，院里同意了，闹了个敬酒不吃，吃罚酒。那天还闹了个笑话，王浩和一位年轻的女士一起来，我也不知道她是谁。那时候我们都五十多岁了，可是她才二十来岁的样子，我以为是他的女儿，聊着聊着，我忽然发现那是他新婚的夫人。王浩这一生，婚姻是很不幸的。1948年第一次结婚，不知什么原因两个人闹翻了，不过据别的同学说，他的第一任夫人很贤惠。第二任夫人比他年轻得多，而且性格刚烈，脾气非常不好，所以又搞不到一起去。第三次，他娶了一个德裔美国人。离婚对他打击很大，沈克琦兄就认为这影响到了他的健康和病情。

1993年底，我在德国马堡大学任客座教授的时候，他和他的新夫人回德国探亲，我们相约在柏林的一个旅馆里见面。王浩租了一辆新汽车，我们足足跑了一个星期，去了很多地方。那时候他的身体还非常好，我在车里打瞌睡，可是他整天开车，一点儿倦容都没有。有一次游海德堡，我告诉他对面山坡上有一条小径叫"哲学家之路"，当年黑格尔和许多哲学名家在那里散步。于是我和他的夫人Hanne Tierney在休憩处小坐，他一个人走上了那条哲学家之路。回来后，我问他怎么样，他说："From nothing to nothing.（一无所获）"王浩一生走的是一条哲学家的路，是不是终于在晚年也有这样的一丝遗憾呢？

从德国回来以后，他经常打电话给我，说打电话比写信省事。可是我从来不给他打，因为我知道给美国打电话太贵，他就每隔十天半个月给我打一次。一年以后，他告诉我得了癌症，但自我感觉良好，正在进行化疗，口气也信心十足。忽然他连续两个月都没给我打电话，我疑心出了事。果然，他得的是淋巴癌，不久便去世了。

王浩在世界上非常有名，不过国内对他介绍的不多。有家出版社正准备出他的作品集，大约不久可以问世。但也只有专著，而他大量的文章，尤其是论鲁迅、论时事、论中国的生活与学术的文章都未能收入，令人遗憾。前两年，他的家乡出版了他的纪念册,嘱我题词,我写了如下几句话:"毕生追求真理,折中人文关怀,毫无先入成见,永远从善如流。忆昔朱颜缔交,纵论海阔天空,追忆微言大义,负荷千古闲愁。"

4.因言获罪的陈良璧

还想提一下陈良璧。1936年,我在北师大附中上高中一年级。班上大概有三十个人,因为我年轻、个子小,坐在前排,那些外地来的年纪稍大一点儿的同学身材高,坐在后边。他们好像要比我们成熟些,经常围在一起谈时事之类的大事情。我们年纪小的也在一旁听,觉得挺开窍的。其中一个叫陈良璧,来自绥远(今内蒙古中部),比我大两岁,个子挺高,一口浓重的西北口音。下课聊天时,常见他瞪着两个眼睛大谈马克思如何如何,滔滔不绝,一副很有权威的样子。那时候很少听到有人讲这些,我们都不大懂,当然更没有人去打报告说他是危险分子。

我在北京和陈良璧同了一年学,打仗后,我回了老家。不久,北师大搬到西安,和别的大学组成西北联大,它的附中也搬到西安,后来又搬到汉中。陈良璧一直都在那个学校,毕业后也上了西南联大。1939年一个秋天的晚上,我和两个同学在昆明大西门外散步,看见对面有一个人坐着人力车，还带着行李。那时候很少有人坐人力车，我们都觉得新鲜。没想到那个人叫车停下，一边走过来跟我握手一边喊："啊呀，老同学，老同学！"一看是陈良璧，两年不见还是老样子，胸前还挂着师大附中的校徽。那天他是来报到的，读经济系。

总的来讲，陈良璧这个人还是很激进的，虽说没真正参加什么组织。有一次中午吃完饭，几个人躺在草地上晒太阳，只听见他跟另外一个人高谈阔论，说："将来的中国就是一分为二，革命的青年都到这一边来，跟着国民党的右派青年到那一边去……"一面说一面做出手势，像是一刀劈为两半的样子，在那里做局势分析和论断，挺进步的。可是有时候，他给我的感觉又很奇怪。比如有一阵子天天跑空袭警报，大家跑到山沟里躲起来，一次我们遇见了，他一路摇头叹气，说："天天这么跑警报，怎么念书啊？还不如回北平上燕京呢。"燕京大学是美国人办的，那时候还在北京上课。听了他的话，我觉得很奇怪：我们没学过马克思，但我宁可在昆明也不会想回北平，那种做亡国奴的感觉多不舒服。按理说，他是个左派，怎么说出这样的话呢？

大概也是因为他老这么口无遮拦，后来被人家告了密。三年级暑假坐飞机回老家，结果在西安一下飞机就被抓走了，坐了一年监狱。大概他家里的确非常有背景，设法把他保了出来。第二年，他回昆明上学，我又见到了他，笑说：

"老陈,听说你到个什么好地方去了?"他就摇头叹气,骂那些三青团的人,说:"嗨,都是他们这些家伙!都是他们这些家伙!"然后问我:"你知道戴笠是谁?"这是我第一次听"戴笠"这个名字,我说我不知道。他说:"戴笠就是中国的Himmler!"Himmler是希特勒秘密警察的头子,我这时候才知道,哦,原来有这么一个人叫戴笠。

毕业后,陈良璧去了重庆,后来又自费到英国剑桥大学留学,大概他家里非常有钱。他在英国读研究生,研究苏联的社会主义经济,导师是英国有名的马克思主义者M. Dobb。50年代初,陈良璧回国。不久赶上院系调整,尤其是经济系、法律系、政治系,那些旧的法律、旧的政治、旧的经济都不能要了,必须代之以一套新的理论。可是原来那些老先生们对新观念、新理论都不了解,系里变成真空,没人领导了。所以陈良璧回来后,在北大经济系做了教师,学校还让他代理过系主任。没过几天开始评定职称,结果只给他评了个讲师,他很不高兴。他想自己是一贯讲马克思主义的,又是剑桥大学的博士,回来又在北大代理系主任,怎么就只给个讲师?这下资产阶级的老毛病又犯了,准备卷铺盖辞职,不干了。可是万万没有想到,北大马上就同意了。这回可好,他得马上搬走,连房子住处都没有了,弄得非常狼狈。

最后他还是回绥远了,在内蒙古师大教课。据他说跟大学的一位领导关系很好,还请他讲近代经济学的知识,只是那个领导不会英文,学起新东西来很费劲。"文革"不久,有一次他到北京,我碰到他,问最近怎么样。他说也惹了麻烦,那位领导被定了走资派,结果也沾上了他。大约1973年,一天我在西单的饭馆吃饭,正好碰见陈良璧走出来,他有点儿神秘地悄悄问我:"哎,王浩回来,你见了吗?"我说没有见。他说:"可不能见、不能见,见着就麻烦了。"那时候,中国和美国的接触才刚刚开始,大家还心有余悸。后来他又和我谈过一次,说了很多,别的我都不大记得了,只记得他还那样高谈阔论马克思。他说:"马克思讲无产阶级贫困化,这个'贫困化'应该怎么理解?是绝对的贫困,还是相对的贫困?要是绝对贫困化,就是一天不如一天了。……绝对贫困化是说不过去的,不然无产阶级早就绝灭了,不存在了。"

陈良璧是旧时代知识分子的又一种典型,喜欢张扬、炫耀,又自以为是。当然也经历了挫折,旧社会被关在监狱里,新社会又受了冲击。后来他的儿子跟别人吵架,被人一刀捅死了,非常之不幸。多年以后,我在一次学术会议上遇到一位内蒙古师大的人,我问他:"你们大学有个叫陈良璧的,你认得吗?"他说认得,说陈良璧现在还不错,当上了政协委员。内蒙古没有几个老知识分子,陈良璧应该算是其中之一,又是剑桥大学的博士,就给了他一个政协委员。现在陈良璧已经去世了，至于是哪一年去世的，我已不记得了。

5.老友郑林生

林生和我在北师大附中同级而不同班，我是甲班，他是乙班。日本占领北平之后两年，他们中学毕业，由北京到天津，再到上海、到香港，再到越南海防，到河口、老街，转乘滇越窄轨小火车,而且夜间停开，白天可以随时随地停车上下人。就这样，万里迢迢历尽艰辛，历时三个月才到达昆明。除此之外，我知道有些人是走陆路，由徐州西行，通过封锁线到洛阳、西安再入四川。我认得一个30年代的老清华叫朱家源，他的弟弟是著名的文物专家朱家溍，他们家在北京住的是僧格林沁的王府。1939年朱家源离开北京，走的就是这条路，结果走了半年。还有一种方法，《围城》里写的大概就是这条路，从上海至浙江入江西，下广西到贵州或四川、云南，一路走走停停，兼打零工维持生活，这样走总需一年时间。

当然，他们从日本统治区辗转逃到后方，等待他们的会是最艰苦的生活，且又背井离乡，不知归来何日。可是他们却九死如饴，不顾一切危艰险阻逃出来，那种精神实在令人感动。这样逃到大后方的不在少数，而是大量大批的各行各业各色人等。说它是中国历史上最大的移民潮，恐怕不过分。

1939年秋，我在昆明又与十多位北京的同学重逢，激动之情难以言喻。次年，我和林生在同一个宿舍里住上下铺，自然成了好友，加之日本飞机轰炸天天跑警报，又为我们的友谊增添了生死与共的色彩。后来我在昆明的求实中学兼职教英文，他也在那里，教物理和数学。1946年复员，他北上去南开大学物理系做助教。1948年去美国留学读博士，以全优成绩获Ohio（俄亥俄）大学博士学位，留在美国任教。1956年林生回国，在中科院高能物理研究所工作。时隔十年再相聚，自然非常欢喜。不过因为大家都忙——忙着不务正业，而且我在城内，他在西郊，所以每年只能见上两三面，直到"文革"。"文革"开始后，正常秩序已荡然无存，互相不通信息，想来都不会好过。有一次在路上碰见他，我说老想去看你，但是不敢去，怕彼此惹麻烦。他说："就这样见了面，不也很好吗?"一直到"文革"结束，几个老同学才恢复了正常的联系。然而时间不能倒流，老同学已半为鬼录，即使在世也老病相寻。林生住中关村，我住清华，虽相距不远，但一年也只见面两三次。近年他患重听，交流困难，青年时的那种恣意交流的乐趣大概是永远不可得而再了。

林生原本上的是化学系，读完二年级后决心转入物理系，但是由于须补读物理系二年级课程，他又多读了一年。在我的印象中，他被当代物理科学的神奇所吸引，所以情愿多读一年。林生极其用功，每天都在图书馆一直读到闭馆。而且一直到现在，他写字从来都是一笔不苟极其工整，那种科学家的严谨精神可谓"跃然纸上"。我的字则潦草不堪，往往连自己都认辨不出。林生当年曾多次对我讲，不懂物理学，特别是缺乏近代物理的知识，就是一个科学盲，对于世界的认识乃是重大的缺欠。但是当时我没有勇气，因为要读物理，还要首先补读高等数学，这对我简直是难以企及的事。我以为，他一定是被近代物理学的神奇所震撼，满怀惊奇与敬畏，一直到老年，我还从他那里得到许多思想上的启发。而我对于物理学的知识，还只限于青年时期所读到艾丁敦的《物理世界真诠》一书。

后来还看到一本《比一千个太阳还亮》，是德文书 *Heller als 1,000 Sonne* 的中译本，描述20年代初一群青年学生在哥廷根大学追随大师M.Born（玻恩）的游学生活。那是一战后，他们的生活清贫而精神世界非常丰富，有点儿类似我们战时的学生生活，所以深有同感而推荐给他。我还记得林生说，他学物理是从经典物理学开始的，所以想问题总是先从经典物理学入手，直到想不通的时候，才把思路转移到近代量子论、相对论的轨道上来。他的这个说法给了我启发。好比我们搞历史的人，老一辈的从"五德终始"的正统观念入手，年轻一代则要从五种生产方式入手，一旦成为习惯就再也改不了。无怪Pascal的名言：习惯就是第二天性。先入为主，无疑是给自己的思想缠了足，当已有的思路行不通时，应尝试转换思想的坐标。

林生是一个勤奋而严谨的科学家，但科学性并不能涵盖人性的全部。他也有细腻甚至脆弱的一面，为一点小事可以背上沉重的感情负担，甚至是儿时的小事，成人以后还满怀歉疚。他向我背诵过卢梭《忏悔录》里的一段文字，大概那引起了他思想的共鸣。出国后，有一次他给我写信，说："小时候听老师说过，中国在地球上是美国的另一侧，真想有一个长管子插过来，就可以和国内亲友见面了。"

感情细腻是经不住狂风暴雨的。大概是高能物理学家的身份保护了他，没有在"文革"中受到太大的冲击，但后来也下了干校，也被抄家。虽然他没正面向我谈起，但我知道至少有两件事情很伤他的心。林生也爱好古典音乐，尤其喜欢芬兰Sibelius（西贝柳斯）的作品，从美国带了很多唱片回来，可是抄家的时候都给砸了，这让他很伤心。再有就是把他的小孩说成是狗崽子，对小孩的内心伤害非常大。最近我看了章含之的《跨过厚厚的大红门》，属于个人感情的事情不去议论，但里边有一段故事让我看了非常生气。有一次开会，乔冠华把章含之留下来，她以为有什么事情，结果乔冠华拿出肖邦的钢琴曲唱片，请她一起听。这段文字让我很反感。文化大革命"破四旧"，把我们的唱片都砸了，可是他们作为高级领导却在那里独自享受,这是说不过去的。

70年代王浩回国,我请他吃饭,邀林生作陪,他坚决不肯出席。这使我多年引为遗憾,两个好友自此终生不再见面。当时的法网和文网既严且密,陈良璧就叫我不要见王浩。"文革"末期,外文所的袁可嘉学长(九叶诗人之一)就是因为见了一位美籍老同学,而被戴上了现行反革命的帽子。当然,这已是过去的历史,袁可嘉近年常居美国,身体健康不佳,恐已无再回国的可能了。

6."高干子弟"

旧社会跟新社会有一个很大的不同。解放以后对一个人首先要问家庭成分,问阶级、问政治、问思想。旧社会不问这些,即便是最要好的朋友也不大追问,比如"你们家家产多少?"或者"你爸爸是不是处长?"那时候没这个风俗,大家也不关心这些。

我在中学有个很熟的朋友叫孙念增,后来在清华数学系任教。他的曾祖父是前清的大官,我一直都以为是孙家鼐,吏部尚书兼管学大臣,相当于教育部长了,是京师大学堂第一位校长。直到80年代我回清华,两人都成了老头儿,在一起聊天才知道,原来他的曾祖是内阁学士孙毓汶,军机大臣，相当于今天政治局委员的地位了，是戊戌变法时候保守派的领袖之一。我和孙念增中学就是同学，交往了那么多年，可从来都不知道他是孙毓汶的后人。"文革"时候抄他的家，抄出一堆清朝的官服，黄马褂、大花翎，后来还拿到展览馆展览。可是他跟我说，他父亲藏的这些东西都没让他们见过，直到抄家抄出来才知道。我在初中有个同班同学叫钱家邹，有一次带我到他家去玩，那真是深宅大院，重门叠户的。后来他才说，他的祖父是钱能训（浙江嘉善人，曾任北洋时期的国务总理）。但是在班里，钱家邹从来不显山、不显水，是个默默无闻的小孩子。

再比如，经济系有个女同学叫王民嘉，浙江奉化人，我们中学同班。她的父亲是蒋介石的表兄，在贵州做财政厅长，按说她也算高干子弟了。可是和我们完全一样，住草棚宿舍，穿一件普通的蓝布袍，吃饭没有一点儿特殊化。有时候见到她，她还像小姑娘似的腼腆，常常不好意思，并没有高人一等的感觉。还有，谭申禄和我在中央大学附中时也是同学，大学读机械系，和我同上过两门课，算是很熟的老同学，现已去世多年。只是两年前我才听另一位同学说，他的父亲是汪精卫的机要秘书[①]，相当于解放后胡乔木、周扬的地位了，非常了不起。可是我们以前从来都不知道，可见当

[①] 此处疑有误。谭申禄祖籍浙江丽水，祖上几代经商，在当地属名门望族，祖宅今犹在。

年根本就没有这个风气，对一个人的出身和成分并不关心。

那时候，同学间受尊敬的是那些业务突出，用北京话讲就是"特棒"的人。成绩优秀、学问好，当然最受钦佩。或者你体育好，篮球棒，每次上场就看你的了，那也是一种。数学家秦元勋是我们中学同班同学，后来在数学所工作。中学时候他已经把微积分读完了，老师出题，他会用微积分来算，大家就特别钦佩他。再比如高中时候，有一次我考了第一，和外班的同学在一起时，有个很要好的朋友拍拍我的肩膀，对他们说："我介绍，这是我们班考第一的主儿。"可是他不会向别人介绍，比如："这是蒋介石的外甥女。"我听王浩说，刘峙的儿子在他们班上。刘峙是蒋介石手下"八大金刚"之一，可是他的儿子在班里总是灰溜溜的抬不起头，因为功课念得非常糟，大家看不起他。

我想，观念的转变大概和解放后历次的运动不无关系。解放后政治挂帅，运动中人人争相自保，这是生存的本能了，最保险、最安全的路就是跟着高干子弟走。比如李讷是学历史的，假如她在历史所，跟着她走肯定错不了。马克思讲得好，"存在决定意识"。高干子弟的影响力大大提高，这也是不以人的意志为转移的。可是旧社会没这个问题，比的就是谁的书念得棒，或者谁在某方面有特殊的才能，大家就尊敬谁，这是新旧社会一个很大的不同。

第三章 (1946—1950)

教书台湾

1946年5月，西南联大正式结束，北大、清华搬回北京，南开回天津。因为那时候非常穷困，没有办法大家一起走，所以都分批走。我所在的那一批是从云南坐汽车到贵州，再到湖南，之后换小火车。何谓"小火车"？因为战争刚结束，到处一片残破，火车头不够用，就把汽车换上火车轮子，充做火车头。可是汽车发动机的牵引力非常小，只能拉一两节车厢，而且速度非常之慢。我坐小火车从长沙到汉口，又换轮船（即二战时候美国留下来的登陆艇）沿江到了上海，这也是我第一次到上海。

我有一个很熟的化学系的同学在上海住过好几年，他总跟我讲，上海小市民的、庸俗的习气实在要不得。所以以前我总有个印象，以为上海是花花世界，这次真是领教了。上海那时候还是有轨电车，分前后两节车厢，前面那节总是十分拥挤，而后面一节又非常宽松，所以我总是上后面的一节。后来有一个人跟我说："你可不能坐后面那节车。"我问为什么，他说：前面那节是头等车，后面的是三等，只有下层平民才去，有身份的人一般都不会与他们为伍。我觉得这个想法也很奇怪，何必冒充上等人在前面挨挤呢？不过也让我体会了一次上海普通人的心理。上海那时候是中国最繁荣的城市了，但也是最穷困的，火车站前面的广场上睡满了人。怎么会有这么多的旅客？有人跟我讲，他们并不都是旅客，有些就是无家可归的游民。当时正值盛夏，我不知道到了冬天会怎么样，难道也露天睡觉？

本来我是要跟着学校回北京的，可是到了上海收到二姐从台湾发来的电报，说母亲病得实在厉害，于是我决定去台湾。

1945年8月，日本投降，陈仪带一批人到台湾接收主权。我的姐夫是跟着国民党去接收的，在教育厅工作，二姐就在女子师范学校教书。我的母亲也跟着去了，帮她照顾孩子，时患贫血非常厉害，以为快要不成了，所以没等返京毕业我就去看她。到了冬天，母亲的病慢慢好起来，可是内战又开始了。我就只好留下，在台北的建国中学里谋了个教书的差事。前几年在友谊宾馆开了个学术会议，吃饭的时候和几个台湾人在一起。他们问我去过台湾么，我说我可去得早了，1946年就去了，在建国中学教书。他们非常惊讶，说："哎呀，你要是不走就好了，你们建国中学的学生现在在台湾都是大官！"大概那个学校在台湾是最好的，可那时候我对这些情形一点儿都不知道。我在台湾只教了很短的一段时间，大概两个月，接着就是肺病复发，吐血，样子非常可怕，所以等病稍好一点就回湖南老家了。从1946年的秋天到1947年的春天，我在台湾前后只待了半年，住院的时候正好赶上"二二八"。

那时候台北还很荒凉，这一点给我的印象非常深。大陆人多，走到哪里都是一大群人。可是到了台湾，大白天的，几条主要街道几乎一个人都看不见，好像刚拉过警报大家都躲起来了一样，一片死寂，那种感觉很可怕。后来我离开了台湾，其实也挺偶然。一个原因是台湾的天气太坏，到了10月、11月还那么热，而且又潮，跟蒸笼一样，我得肺病特别不舒服。另外就是语言不通。他们不会普通话，我们也不会说闽南话，我一个字都听不懂，十分隔膜。再者，台湾已经非常之日本化了。文字是日本的，建筑、服装、习惯也多是日式，连街上招牌都是日文的，就像去了日本一样，这一点让我很反感。我刚去的时候报纸还是两版，一版汉文、一版日文，后来才逐渐把日文版取消。无论如何，日本人统治了台湾五十一年，那就不止一代人了，甚至于两代人。日本要把他们都"皇民化"，变成天皇治下的皇民，其实就是日本化。包括台湾现在的"总统府"，那就是原来日本的总督府，不过就是改装了一下。再比如李登辉，虽然他的血统是台湾，但是从小学就学日本文化，后来在日本留学并从军，实际上他的思想、他的意识完全已日本化了。你要要求他爱国，他就去爱日本，已经完全不是中国人了。

我跟台湾人没有真正的接触，语言不通是个很大的障碍。短期旅游固然无所谓，可要住上一年半载的话，语言不通就很苦恼，连个东西都买不好。有一件事情让我印象很深，而且挺伤自尊的。大陆上买东西可以砍价钱，所以我到了台湾也是这习惯。有一次去商店买东西，我嫌贵，说减点价吧。不想老板娘会说几句普通话，答道："不行，这不是你们中国。"这句话大大伤了我的心，"这不是你们中国"，就是说她不认同跟你是一个国家。我在建国中学教书，校长是台湾人，但是从大陆回去的。国民党刚一接收台湾的时候，有很大一部分人都是这样，他们有大陆的背景，又有台湾的背景。校长知道我是大陆来的，就让我教一班大陆学生的国文。1947年，国民党请北大的魏建功在台湾推行国语运动，说普通话、用汉文，据说推广得还很成功。不过那时候我已经回来了，具体情况就不知道了。

1945年的秋天，日本投降。1947年春天，才过了一年半，"二二八"就闹起来了。第一，日本人占领的时候还没打仗，所以情形好一点，可是国民党去接收，把人民生活搞得比日本时候还不如，就引起了普遍的不满。第二，国民党到台湾的时候大陆人并不多，双方都害怕，所以就高压统治。可是你越高压，别人对你越反感。第三，无论是日本人去了，或者后来国民党去了，都带一种征服者和胜利者的姿态。比如喜欢发号施令，什么都得听我的，然后底下的人就不服。更何况国民党是一个腐败的政府，结果造成和当地人之间感情上的隔膜。另外，陈仪接收台湾的时候和在大陆有一点不同，他是军政合一，又是警备司令，又是省主席。据说陈仪本人是清廉的，而且他有一种政治理想，要做一个真正的政治化，而不是像国民党以前靠军队的力量，所以他不带很多军队去。可是作为国民党的一部分，不可能搞一套完全独立的东西。比如国民党发票子，物价天天涨，你发行台币，不还得跟国民党的币制体系挂钩，所以也跟着贬值。国内人已经习惯了，从1939年起物价就开始飞涨，早上的行市到了晚上就不一样。可是台湾人不习惯，大家都不满意。"二二八"就是这样，平日里积怨太深，一个小小的缉烟事件不过是个导火索，没过几天，很快就哄起来了。没办法，赶紧调军队过去。当时我正生肺病，住在台大第二附属医院。医院里看不到报纸，听护士讲外边正在"打阿山"，就是打从大陆去的人，劝我千万不要出去。台北很快就给镇压了，很多人跑到山里躲起来。

那时候国民党的政治没有搞好，所以许多台湾人对大陆在感情上并不认同。什么"把日本人赶走了，我们团聚了"，好像并没有这种感情，反而是一种敌对的态度。我们对此估计不足，包括现在也有这个问题，陈水扁搞"台独"，这是明摆着的，他的票数竟然也达到了一半。可我们当年提"凡是敌人反对的，我们就要拥护；凡是敌人拥护的，我们就要反对"①，国民党镇压"二二八"，所以我们就拥护"二二八"。我觉得，这有点过于政治实用主义了，没有考虑到它的副作用。毕竟台湾已经被日本统治了五十一年，跟大陆完全隔绝，国民党政权去了以后又很腐败，引起台湾民众的不满，但里面也包括反大陆的情绪，种下了"台独"的种子，这一点不应该被我们忽略。所以从某种程度讲，台湾一步步走到今天确实也有我们的失误。政治上实用主义总是免不了的，可是过于实用主义的话，"民无信不立"，从长远上看总是会吃亏的。包括我们和苏联也有过大的反复，都是一样的道理。

"二二八"的时候，我也感到了不安。当地人对外省人好像心里总有个疙瘩，老让我觉着自己是个外人，就像去了外国一样，不能融入它的社会。加之天气和语言的原因，所以我在台湾待了半年，1947年春天就和母亲一起回老家了。

抗日战争末期，国民党在政治上已经完全垮了，绝大多数青年知识分子都反对它，即使后来跑到台湾也不像是会持久的样子。如果不是朝鲜战争，共产党完全有可能打过海峡解放台湾。那时候美国已经从大陆全部撤出，不会丢了西瓜捡芝麻只保一个台湾。可是朝鲜战争爆发，麦克阿瑟以联合

---

① 语出《毛主席语录》。

国的名义出兵朝鲜，借着这个机缘，连同台湾一起也给保了起来。

台湾问题一直延续到今天主要是两个原因，第一是朝鲜战争。这是个偶然的事情，如果不是这件事情，台湾可能早就解放了。第二，解放以后近三十年大陆进步的速度太慢了。一直到今天，台湾人均GDP大概有一万五千美元的样子，我们才一千多美元，相差十几倍。解放以后，大陆在很长一段时间里处于自我封闭的状态，我们唯一的消息来源就是《人民日报》。不像以前，比如我上联大的时候，不但国外的报纸杂志看得到，就连共产党在重庆发的《新华日报》也看得到。可是解放以后没有这个自由，对外面的事情一点儿都不了解了。对于台湾，我们一直还按旧皇历想，以为台湾人民生活在水深火热之中，民不聊生，饭都吃不上，台湾同胞热烈地希望解放，根本没有想到他们的GDP会比我们高十多倍。假设我们大陆今天的GDP是台湾的十五倍，大概所谓"台独"就会自行消亡了，这是我的庸俗唯物论的看法。当然，台湾的迅速发展也有其自身的优越条件。首先，国民党从大陆搜刮了一大笔财富，撤退时都带了去，对于台湾那么小的地方来说十分可观，成了它日后发展的一大笔本钱。其次，一大批上层知识分子都跟着去了台湾，包括胡适、傅斯年、梅贻琦等等。如果不是这一大批人才，台湾不会建设得这么快。

80年代初期，我问一个刚从台湾过来的美国人Susan Naquin女士——那时候大陆和台湾还不能自由往来，倒是美国人可以两边随便跑，这一点我一直觉得挺别扭。我问："你刚从台湾过来，你比较一下两边的情况，到底有多大的不同？"她的回答挺出乎我的意料，她说，印象最深的不是两岸的不同，而是两岸的相同，"两边简直太一样了"。我想这一点倒可以证明，其实还是一个国家。虽然闽南话我们听不懂，但那和上海话、广东话一样属于方言，都是中国话，都还是中国人。

日日江楼坐翠微

1947年，我和母亲一起回老家，养了一年病，无业游民一样，算是赋闲了，心绪很恶劣。病重时还经历过几次特殊的，甚至于是有点神秘的体验。午夜醒来，忽然不知道自己是谁，这是什么地方，我怎么来到此处的？整个记忆全部丧失干净，只剩了一个自我意识，或者说只剩下一个"灵明"（王阳明语），此外便一无所知。我极力要在一片茫无边际的失忆的海洋之中挣扎，但是枉然无用。好像是挣扎了很久之后，突然一刹那，恢复了全部的记忆，一下子意识到了自己是谁，这是什么地方，我为什么在这里。这种现象或许是一种虚弱到极点的失忆，一切都是一片空白，而且经历了好几次，深深感到人生之虚无与脆弱。

第二年身体慢慢康复了，但是战争打得非常厉害，已经蔓延到全国。北方是回不去了，总得找一个吃饭的地方。大姐夫是湖南省立第十一中学的校长，邀我去他们学校教英文，于是我又重操旧业。湖南中学的国文根底是极好的，大概远远超出任何其他地方，连写英文也大多用毛笔，句末不是点一个句点，而是画一个大圆圈。我在北京时，小学每天要用毛笔写一篇大字和一篇小字，入中学后就都改用铅笔或钢笔了，那比毛笔、墨盒方便得多。湖南学生都很努力用功，但是比起北京、上海等大城市，条件要差一些，连《大公报》也没有，图书、杂志和其他文化活动都少得多。

做了教师，每月工资刚够维持一个人的生活，稍微有余。解放战争期间，国民党的社会已经完全崩溃了，首先便是经济的崩溃。政府不停地发票子，一没钱就发票子，可是票子发得越多越不值钱。我一个月工资有七八万，看上去非常不得了，一领就是一大包，不过都是一块钱一张的，那得点到什么时候？于是用绳子扎成一捆，盖个图章，这就是一万元，谁也不去一张张数。买东西的时候对方也不数，照样把这一捆钱再给别人。从1939年一直到解放，物价天天涨，所以谁都不要票子，领了工资马上就去换银元。本来银元早已废止了，也不知是从哪儿冒出来的，忽然又流行起来。银元贩子满街都是，全是单干户，兜里揣两块银元站在那里敲，而且早晚行市确实不同。比如早上一千块钱可以换一个银洋，到了晚上就变成两千，再到后来都是上万上万的。最有讽刺意味的是，当时的银元有两种，袁世凯时代发行的叫"袁头"，上边有袁世凯的头像，后来国民党政府又发行"孙头"。"袁头"成色好，含银量高，大概实足七钱二的白银。"孙头"不值钱，打个七或八折。我想，如果孙中山地下有知一定会感叹，自己竟然还比不上袁世凯？！

后来湖南省教育厅发钱给各个学校的时候，干脆直接发银洋，我能拿到二十几块钱。如果用银元计算，物价并没有上涨很多。比如饭费在战前一个月大约是六元左右，到了这时，一个月大约需七八元。我家对门有个面馆，非常有湖南的风味，而且挺大一碗肉丝面只卖一毛钱，胃口小的话都吃不了。我付一个"袁头"，老板应当找我九毛钱，可是没有九毛钱，他就找我九个竹篯，下次吃就再给他一个竹篯，有点类似上海老虎灶的竹签。顾客也乐于接受这种办法，因为它至少可以保证一块钱吃到十碗面。如果找回纸币，当天就能贬值一半，剩下的也许只能吃两三碗了。换句话说，竹篯就是通货。一个近代国家，只有中央政府才有发行货币之权，连地方政府都没这个资格。然而在当时，一个小地方的小面馆居然也能发行自己的土货币，可见当时的经济危险到了什么地步。

国民党打败仗确实不能单纯看战场。日本的军力比国民党强得多，国民党虽然被打败了，但并没有垮台。国民党的军力又比解放军强得多，毛泽东说"小米加步枪"指的都是最落后的步枪，数量、质量差很多，而国民党却有美式的现代化装备，包括战车、坦克、重机枪、空军。为什么国民党抵抗日本没有垮台，对弱势军队反倒垮了台？从军事上讲是毫无道理的，主要还是政治、经济的垮台，最终导致整个社会的崩溃。再比如抓壮丁，抓来又怕他跑掉，拿绳子绑起来连成一长串，这都是我亲眼看见的。可是你想，这么拉来的人发他一支枪，他能在前线卖命往前冲？所以连孙科都公开说：可惜党内有的同志，一味迷信武力。

1947到1949那两年，我的心情非常不好。本来以为抗战胜利后会是一个和平康乐的世界，结果还是乱糟糟的。没有熟朋友，又回不了北京，于是我想到了出国。当年同学友人纷纷留学，大多去了美国，但是我对欧洲情有独钟。美国是个新兴的国家，没有莎士比亚和弥尔顿，没有帕斯卡尔和卢梭，没有康德、歌德，也没有贝多芬。而欧洲是近代西方文明的摇篮，历史文化的底蕴更深厚得多，能去欧洲当然非常好。于是我给瑞士的Fribourg大学、奥地利的维也纳大学写信，两家也都回信表示接受。可是一夹自己身体有病，二来战乱交通不通走不了，所以心情很难堪。

岳阳楼是江南三大名楼之一，诗圣杜甫就有"昔闻洞庭水，今上岳阳楼。吴楚东南坼，乾坤日夜浮"的名句，北宋范仲淹《岳阳楼记》的"先天下之忧而忧，后天下之乐而乐"更是脍炙人口。我家就在岳阳楼的下边，只有几分钟的路程，下了课没事，常常一个人到岳阳楼上去坐。杜甫《秋兴》八首，其中有一句"日日江楼坐翠微"，近曰"翠"，远曰"微"。杜甫逃难到四川也挺无聊的，于是天天坐在江边的楼阁上，眺望远近的翠微。当时我也是这种感觉，每天在岳阳楼上一坐就是一两个小时，想想每月就拿二十几个"袁头"，除了吃饭什么也干不了，百无聊赖，只能借古人的诗句聊以自遣。

这一时期得不到什么读物，手头仅有的几部书成为我最大的慰藉和精神寄托。一部是歌德的《浮士德》，一部是《李义山诗集》。德文本《浮士德》当时我还读不了，但收藏了好几部英译本，凡碰到都会买一本。通常大家都只读他的第一部，演戏也只演第一部，即所谓的 *Gretchen Tragedy*。但我觉得，其实第二部才把读者从爱情的小世界带入人生的大世界，真正融入了歌德成熟的思想。世界上"一切消逝的，都只是象征"，在病榻的百无聊赖之中，正是这种"天行健，君子以自强不息"的精神，给我注入了一缕生活的鼓舞和勇气。李义山的诗迷离恍惚，有时候感慨深沉，有时候一往情深，乃至往而不返。历来注家喜欢索隐，总要在他诗的背后找出谜底，我不欣赏这种路数。即使你能找到谜底，又与诗本身何干？正如你听聆一曲贝多芬的《月光奏鸣曲》，只需欣赏它本身就够了，何必管它是描写月光，还是向他的情人Julietta倾诉情怀？本来"诗无达诂"，哪怕你就是考证出了这个谜底，也和你享受这支曲子毫无关系。李诗最感动我的，是他的爱情诗和咏史诗。纪晓岚评他的诗往往毫不留情，比如说某句"油腔滑调"，某句"不成语"之类。我承认李诗并不是每一句都好，然而其中最好的一些真是登峰造极，仿佛把人带到了另外一个世界，为别人所不可企及。我当时想，诗人大概可分为四等，一般吟风弄月或别愁离恨是低等的，即所谓rhymester（韵文诗人，打油诗人）。李白的诗天马行空、睥睨一世，气魄更高一等，而杜诗则历尽沧桑，感慨深沉，似乎又再高一等。至于那些说出了人生中不可说、不能说的恍惚迷离，乃至肠断魂销、心肝破碎的愁苦和哀怨，应该是诗中最高的境界。记得温德教授曾说，真正能达到艺术的最高境界只有雪莱、济慈的诗篇和肖邦的音乐。我以为，李商隐也应该是其中当之无愧的一个吧。

这时期伴随我的另一本书，是法国邵可侣先生编的《近代法国文选》。这是我上大学二年级时的法文教本，编者J. Reclus曾是北大教授，在昆明时任教中法大学，同时又是戴高乐将军反抗德国法西斯的"自由法国"（后改名"战斗法国"）的代表。①这本书选得非常经典，有莫泊桑的《项链》、拉瓦锡的绝命书、夏多布里昂的诗篇等，不啻当年法文教本里的《古文观止》，不仅供阅读，更可以背诵。此书原是外文系同级卢如莲学姊所有，我们当时都认为她是女同学里品行最高洁、最值得崇敬的，终日用功读书，从不张扬。毕业后，她去了重庆工作。1946年复员我路过上海，听说她在联合国中国救济总署工作。有一天在大马路上，忽然瞥见她珠光宝气的坐一辆三轮车飞驰而过，竟来不及招呼。我不禁在心头掠过一丝阴影：难道现在她也变成一个上海的摩登女性了？但愿这不是事实。半个多世纪以后，我和北大的许渊冲、关懿娴学长谈起此事，两位都是外文系同级同学，也都不知她的下落。猜想或许是在海外某处与世相隔，好像这更符合她过去那种独善其身、出于污泥而不染的风格。

1948和1949年之交，国内大局已定，三大战役获得决定性的胜利。春末解放军渡江，8月程潜（国民党元老，时任湖南省主席）起义，湖南和平解放。我的家乡岳阳也进驻了解放军，兵不血刃，避免了一场刀兵。这时我的身体已较好，蛰居故乡两年之后，终于有机会再北上，回到自己心中真正的故乡北京。

---

① 邵可侣（Jacques Reclus, 1894—1984）：出身于巴黎著名无政府主义者家庭，1928年来中国教书并从事创作、翻译，1952年被中国政府驱逐。参与法国抵抗运动事迹不详。

上学记·丁：革大学习

1921年秋天我出生在北京，1937年秋天离开时，刚满十六岁。漂泊了十二年，难以忘怀的还是那段童年记忆，仿佛那里才是故乡。1949年我回来了，又是秋天，刚好二十八周岁，向往着回到那美好而安静的北京。可是一下火车就发现和记忆大不相同了，又脏又小又破乱，当然这和多年的战争有关，不过多少有些失望。本来还想托人找个教书的工作，可是我的妹妹和妹夫说："还是要先学习。"我想也对。过去我们生活在旧社会，都是旧社会的习惯。现在是新社会了，生活方式、思想方式都已改变，不学习则无法适应。所以经他们介绍，我进了革命大学。

革大本来在解放区，叫北方大学，是专门训练干部的地方。我的妹妹、妹夫1946年从联大去了以后，都是先到那里学习，几个月就毕业了，时间很短，然后就分配工作。解放后，北方大学搬到北京颐和园正门以东的西苑，改名"华北人民革命大学"，简称"革大"。革大老师都是解放区来的，学生分两部分，有年轻人，也有年纪比较大的人，包括学校的教师，甚至于教授。沈从文先生就在那里，比我低一班。再比如师大中文系有名的教授李长之，北大外语系的钱学熙，他们进"政治研究院"。名义上高一级，不过就是体育课少一点、吃得好一点。那个时候食堂分为四个等级，大灶、中灶、小灶、特灶。国家领导吃特灶，各级领导吃小灶，政治研究院的学员可以吃中灶。我的年纪不大，但也算不得年轻，所以就进了政治研究院，享受中灶待遇。

当时进革大读书很容易，考试一概没有，只要有人介绍就能进，来者不拒。我们同班有一个人以前是国民党的军官，职位比较高，来北京以后没有出路，就给毛泽东写了一封信。毛泽东看了以后批示：到革大学习。所以大家都知道，他是毛泽东介绍来的。起先我以为革大学习和解放前学校里一样，老师指定几本教科书让大家阅读，然后他在上面讲，后来发现不是那样。课堂上学习马列毛的基本常识，学习阶级划分、土地改革之类的新政策，但主要还是思想改造，这是我事先没有想到的。毕竟我们是从旧社会来的，多少总带有一些旧社会的思想。比如过去我们向往自由与民主，这些都是资产阶级的自由与民主，是假的，所以要改造思想，学习人民民主专政。除了自学、讨论，还要当众做思想检查，大家来批判。记得有一次，一位同志站起来批评我坐三轮车，说是不人道——不过细想起来，要真是大家都不坐，三轮车夫都失业了，恐怕也麻烦。

总的来说，刚解放的时候政治上并没有后来那么严厉，"不戴帽子，不打棍子"，还允许有不同的意见，所以真能提出一些问题来。比如讨论党的性质时,有个农民出身的人说:"党代表最大多数人,中国农民最多,那么党就是代表农民的。"这和后来的标准说法当然不一样,可在刚解放的时候还可以讨论。再比如《社会发展史》上说劳动创造世界,我们有个女同学四十来岁,是基督徒,课堂上发言,坚持认为上帝创造世界。如果从纯理论的角度讲,我觉得"劳动创造世界"这句话确实有些问题,应该改成"劳动创造文明"。世界是客观存在的,日月星辰、山河大地都不是劳动创造的,如果强说是的话,大概也只能是上帝创造的了。

革大经常请名人讲座,动辄数百人听,一人拿一个小马扎。不过我觉得,上大课不如上小课的效果好,二三十人的小课可以讨论发言,大课就没有交流了。台上的人一般都很能讲,动不动就四五个小时。话说多了难免千篇一律,而且净是些鼓动宣传的话,"我们一定要胜利"等等诸如此类。我想这或许是农村的作风,因为大多数农民还没什么文化。我们坐在下边,同不同意也只好听他的。按道理说,这不是一个以理服人的讲法。政治宣传本来和学术讨论是分开的,学术讨论应该有学术自由,只有听到各种不同的意见才有意思。大家都一个调子,都是完全同意、坚决拥护,时不时还要呼口号,那就不成其为学术讨论了。

艾思奇的演讲我听过多次,可是印象并不很好,武断过多而缺乏论证,或者说,不是一个学者型的人物。包括我在中学时候看他的《大众哲学》，也是这种印象，觉得他不太讲道理。记得有一次演讲，他的数字引用很不可信，吃饭的时候一个人问："艾思奇刚刚讲的那个数字对吗？"旁边的人就回答他，说："这是社会主义的统计数字。"这话说得很好笑。还有一次演讲，有人提问说："苏联对我们东北好像有野心，会不会是这样？"刚解放的时候，这些问题还可以提。艾思奇说："苏联是社会主义国家，怎么会有野心？社会主义国家是不会侵略的，不然，我可以把头割下来。"这哪里是讲道理，简直成了发誓赌咒。

就我的感觉，革大的学习气氛是半真半假。一来整个形势逼得你不得不做思想检查，不然过不了关，那就随大流吧。但另一方面，确实也觉得自己过去的思想里有些是不正确的，比如清高。以为做了教师就可以脱离政治，这是一种"假清高"，实际上还是"为反动阶级培养接班人"。不过现在回想起来，我们这种"改造思想"的想法有时太天真，可以变的只是表面现象，而人的思想一旦定型，就很难改变了。好比语言一样，家乡话说了二十多年，忽然让改成另外一种语言，即便勉强去做，也很难彻底改变。有的人生来就是"红"的，生在红旗下、长在红旗下，思想纯粹。而我们是生在白旗下、长在白旗下，然后再打红旗，有了比较与判断，所以就比较麻烦。而且有一点让我觉得非常格格不入，总是要求学员，或者说强迫学员接受他的思想。作为学术来说，马克思有他非常深刻、非常正确的东西，但我不相信任何人能"字字是真理"。"字字是谬论"的恐怕也极少，古今中外都是这样，哪能真理都让你一个人包了？如果真是这样的话，学问就没有进步了。

解放后，胡适的小儿子胡思杜并未随父亲南行，在革大和我同班。他是1920年生人，比我大一岁，出生那年杜威来中国①，为了表示对老师的思念，胡适就给儿子起了这么个名字。在我的印象中，胡思杜是个喜欢吃喝玩乐、自由散漫惯了的那种人，有点公子哥儿的派头，时不时地开开玩笑，好像对什么都满不在乎似的。当然这也很自然，他的家境非常好，并不需要他兢兢业业。胡适做驻美国大使时，胡思杜也在美国。革大讨论会上有一次他揭发，说看见父亲的一些什么文件之类，我不太记得了。总而言之，那时候已经开始批判胡适了，虽然还没有形成运动，但个人已经开始表态。包括辅仁大学校长陈垣写给胡适的公开信，所以胡思杜发言也表态批判他父亲。不过，一个人的话有多少是真诚的、发自内心的，多少是假的，这个很难确定。而且在假话里，有多少只是应付场面，又有多少是真正给你做假的，也很难确定。

---

① 1919年杜威东游日本，受胡适等邀请来华，恰逢五四运动爆发，于是决计留下，直至1921年7月离开。

毕业以后，胡思杜分到唐山铁道学院教书。那时候所有学校都增添了政治课，政治教师非常缺，所以革大毕业的同学很多都分配去教马列主义。1956年我从西北大学调到历史所工作，和胡思杜见过两面。当时我租同事刘修业的房子住，她的爱人是北大图书馆学系主任王重民，胡适临走的时候留下一批书在他那里，胡思杜就来问这个事情，不过具体情况我不清楚。1957年反右，像他那样家庭背景的人肯定逃不过。后来听说，他自杀了。

在革大培训了大半年，和联大时候不一样，没有哪位老师或同学给我留下特别深刻的印象。我想除了学习时间短，还有一个原因就是，解放后的人不大说真话，说的全是标准的、一样的语言，冠冕堂皇而又少了个性。到了"文革"更是这样，家里人说话都是"最高指示"，人与人之间、领导和基层之间非常隔膜，彼此不能了解内心真正的想法。甚至于文风都是一样的，假如一篇文章把作者的名字抹掉，你也看不出是哪个人的作品。1950年夏天，我们毕业了，证书上还有校长刘澜涛的签名。刘澜涛是老革命，以前被国民党抓起来过。因为凡是被国民党从监狱里放出去的都要履行一个手续，表示"我相信三民主义"之类，"文革"时这就是罪证，所以他也成了"叛徒集团"中的一员。

最后还有一点补充。我是1949年9月初入的革大，算是建国以前参加革命工作的，恰好搭了末班车，年满以后算离休。现在每月大概多拿八十块钱，可以报销一百五十公里的"打的费"，坐地铁不买票。听说坐公共汽车也不用买票，不过这项特殊待遇，我没有享受过。

零敲碎打①

中国人喜欢称"大"，孙中山是"临时大总统"，袁世凯是"大总统"，后来历任都以"大总统"称呼。其实所谓的"伯里玺天德"（president）原文中并无一个"大"字，没有说"美国大总统"的。《聊斋志异》里有一个小故事，说苏州干旱老不下雨，求雨的人就问为什么没有雨。龙王爷回答说："现在'老爷'都称'大老爷'，你怎么不给我加'大'字？"求雨的人赶紧加上，说："大老爷，大老爷，请你下雨。"果然就下雨了②，可见这个"大"字是中国人的创作。

清末民初留学比较普遍。比如我的家乡湖南，青年出来

---

① 有些零零碎碎的内容颇为有趣，虽不成文，丢掉又觉可惜。特此堆在一起，强名之曰"零敲碎打"。
② 疑出自《聊斋志异》卷八《夏雪》："丁亥年七月初六日，苏州大雪。百姓惶骇，共祷诸大王之庙。大王忽附人而言曰：'如今称老爷者，皆增一大字；其以我神为小，消不得一大字耶？'众悚然，齐呼'大老爷'，雪立止。"

上学可以到上海、北京，远一点儿的也可以去日本。我的姑父、大姐夫都是民国初年留学日本，不过就是坐上两天的船，船钱也便宜。而且到了那里，生活费好像比中国还便宜，所以留学日本非常方便，我们称这些人为"留东的"。相比之下，西洋留学生就贵多了，包括去欧洲、去美国。第一路费贵，第二生活费贵，可是回国以后待遇也不一样。留东洋的学生要比留西洋的级别上低一等，工资待遇也低一等。

我上师大附中的时候，发现学校也收女生。但是另外还有一个师大女附中，就在劈柴胡同，当然那里并不收男生，就觉得很奇怪。后来有一个人跟我解释，说："就是要强调女权嘛。"不过这也很奇怪。后来又有一种解释，说过去有一个师范大学，还有一个女子师范大学。比如鲁迅，他曾经就在女师大教课，许广平是女师大的学生，刘和珍也是女师大的学生。两个师大都有自己的附中，后来两所大学合并了，但是各自的附中还存在，我想这个解释应该是恰当的。

抗战前，我没有在南方住久。如果在的话，特别是东南部，比如安徽、江苏、浙江几省，也许能感受到国民党控制力量比较大。而国民党势力在北方本来就不强，后来又退出了，所以我小时候没见过什么真正的党员。也许有地下党，我就不知道了，反正他们公开的身份都是学生。等到国民党身份公开的时候，我也没见过几个党性强的人。比如蒋梦麟、梅贻琦都是国民党党员，按照国民党的规矩，凡名牌大学的校长起码是国民党中央委员，可是看不出他们有什么"党气"。我做学生七年，从来没听他们嘴里冒出过"三民主义"之类的说教。有人确实是搞党务的，党气重，我们称之为"党棍子"，可只有极少数人吃这碗饭。也许有那种比较理想的、党性很强的人，不过不是很多，平常见不到。我偶尔见到的，就是当时人们一提起党部或者党部的那些老爷，都摇头。

当时北京的高等院校，北大、清华和燕京是最好的。其中燕京是教会学校，费用比较贵。一般人家的子弟，好一点的上北大、清华，再有就是上师大。过去北京有一句话："北大老，师大穷，唯有清华可通融。"大概是说北大的学生年龄比较大，师大的学生穷，唯有清华的学生还不错。也有说此语指择婿，不可考。还有几个私立学校，比如孙中山办的中国大学，那是比较大的，就在今天教育部的地方。再如朝阳大学，它的法科比较好。还有一些很短期的学校，许多现在连名字都没留下来。我家住在西四，阜成门内有家郁文大学，语出《论语》上孔子的话"郁郁乎文哉"。大概没几个学生，办了几年就关了，这样的情况非常多。

过去学校的体制跟现在不一样，现在的名教授基本不教基础课了，可是在西南联大，大师级的名教授都得给一、二年级开课。比如中国通史，那是全校的必修课，是钱穆、雷海宗在教。国文、英文系都是这样，钱锺书也得教一年级英文。杨振宁的父亲、清华数学系主任杨武之先生教初等微积分，因为教室就在我们隔壁，常听见他那里讲课。杨武之是安徽人，满口家乡话。记得他讲到极限的时候，说："这个观念的发展，这是人类的大岑民（大聪明）。"

中国的地质学在世界地质学界有比较高的地位。一是中国地方大，地质条件丰富。二是最早有好几位杰出的地质学家，包括翁文灏、丁文江、章鸿钊，都是清末民初中国地质学界的元老，非常有贡献。一直到后来的李四光等等，所以中国在地质学上有传统。当时北大、清华的地质系在中国算是最强的，人比较多，经常下乡，挺活跃的。有个地质学的同学说："搞我们这行的，不跑山就没有发言权，不能净凭人家的材料。"后来地质系有两个女同学都是院士，一个是池际尚，一个是郝诒纯。

社会学系也经常下乡，没有社会调查也没有发言权。化学系的曾昭抡先生参加过川康边境的社会调查，回来后跟我们说："那里的雨下起来呀，什么雨伞、雨衣都不管用，浑身都是湿的。"记得社会系有位女同学，毕业论文的题目叫

Slave Girls In Kunming,专门研究那些被卖为家奴的女孩子。

地质系的经常跑山,社会系每星期有半天做社会调查。我在工学院读一年级时,每星期有半天下工厂劳动,翻砂、制模、打铁。过去老说知识分子"四体不勤,五谷不分"、"一不耕田,二不做工",其实也不尽然,只有我们文学院的才关在屋里不动。

上大学的时候,我忘了从哪里找来一本《红楼梦》,把它放在床头,每天睡觉前翻一翻,零零碎碎地反复看了一年。《西游记》、《水浒传》小学就读过,孙猴子闹天宫,梁山好汉劫法场,看着热闹就喜欢。可是《红楼梦》里都是对日常生活的细致描写,小时候不了解,到了上大学才渐渐看进去。中国有古典四大或者五大名著,五大名著里添了《儒林外史》,专门描写知识分子的丑态。我也曾想过要写一本《新儒林外史》,把当年那些知识分子的丑态写出来,比如自私、嫉妒、尔虞我诈、钩心斗角,或者总以为自己最高明,相互看不起。知识分子并不都是高尚的,他们也是人,总有光明的一面,也有见不得人的一面。后来何炳棣在美国几次见到胡适,谈他对胡适的印象时,说胡适有一种情结,老以为自己是中国新文化的领军人物,所以对别人总有些看不起。比如别人提到冯友兰,他就摇头,说冯友兰不行。提到陈寅恪,他说:"陈寅恪别的没什么，就是记忆力好。"①总把别人贬得很低。那种话可能都是私下里讲的，正式场合听不到。

胡适本人其实是个考据学家，自己都说有"考据癖"。不过单纯的考据既不是哲学，也不是文学，而是历史学的一部分。我觉得北大哲学系受胡适的影响太大，走上了考据的路，结果变成哲学史系。从严格意义上说，哲学史并不等于哲学，就像数学史不是数学一样，北大哲学系的路数就成了以哲学史代替哲学。比如汤用彤，汤先生本人的学问非常好，可他搞的只能算是哲学史。冯友兰虽然在清华教书，但也是北大出身的，写过一部《中国哲学史》。哲学史有两种写法，一种是历史学家的写法，从历史的角度看各家各派，另外一种是哲学家的写法，用哲学家自己的思想扣古人的想法。冯先生属于后者。西南联大的时候，冯先生开始写《贞元六书》，本来想写三书，结果越写越多。最后成了六书，系统地发挥了一套自己的哲学，包括人生问题、认识问题、政治问题都谈到了。

---

① 闲谈间,胡适有言:"陈寅恪就是记性好"、"雷海宗就是笨一点"、"马寅初每天晚上一个冷水澡,没有女人是过不了日子的"。何炳棣写道:"胡先生一生虽以博雅宽宏,处世'中庸'著闻于世,但由于他深深自觉是当代学术、文化界的'第一人',因此他自有目空一切、粗犷不拘、恣意戏谑、大失公允的一面,而这一面是一般有关胡先生书文中较少涉及的。"参见《读史阅世六十年》,台北:允晨文化实业有限公司,2004年,第300—332页。

钱学熙先生在西南联大教过文学批评。他对当代的文艺理论非常之熟，学问非常好，可只是个讲师，颇有怨气。我劝他不必计较，有个地方能读书，不就满意了吗？直到后来在北大外文系，他才任教授。可是他不能讲英文，只能用中文讲，这在外文系很少见。那时候班上只有三四个学生，课后聊天，他曾对我说："西方当代文艺理论最主要的就是看两家，一个是I.A.Richards的《文学批评原理》，一个是T.S.Eliot的文集。"Richards文笔好，可是我看了并不欣赏，觉得他在思想性上欠缺一些。Eliot正相反，他本人是文学家，虽然没有很系统的理论，可有时候思想非常敏锐、非常深刻。

沈有鼎先生是个怪人，学问很好，可是从不写文章，所以基本没留下什么大著作。过去许多位先生都是这样，比如张奚若先生、冯文潜先生也不太写文章，可是大家都知道他们的学问好。我想他们对写文章的态度是很慎重的，除非有创造性的贡献，不然写些没什么价值的东西，浪费笔墨不说，还浪费别人的时间。我想这是一种非常严肃的态度。沈先生教形而上学，对于中国古典的和西方中世纪、近现代的东西都非常熟，这是很难得的。但在国家面临亡国灭种的危机下，最迫切的需要是救亡，他讲的东西太玄了，似乎和现实要求扣不上。

再比如张君劢。张君劢是国社党的领袖，20年代和丁文江有过"科学"与"玄学"之争的大讨论。其实那个时候，张君劢讲的都是西方比较新的东西。一次大战以前，西方的思想主潮还是沿着19世纪科学实证主义这条路走，所以后来一直到胡适这代人，基本上都是沿着进化论之类的科学路数。一次大战给西方的知识分子一个很大的刺激，本来他们对科学实证主义深信不疑，以为科学的进步足以保证人类社会一天比一天更美好，人类社会也要走科学实证的道路，然而一次大战把他们的梦想给打破了。一战以后梁启超去了一次欧洲，写了《欧游心影录》，强调西方"科学万能"迷梦之破产，可见当时确实有一股人类文明幻灭的思潮。所以唯心主义有一阵子非常流行，即所谓"玄学"，讲生命哲学之类，以为人类文明不能光靠科学实证主义了，张君劢讲的就是这个。可是中国方面，包括胡适、丁文江在内，走的还是19世纪科学观的路数，所以就用"科学"骂"玄学"。

按我现在的理解，中国的社会发展比西方晚了一步，所以中国的思想也比他们晚了一步。我们20世纪的思想还是他们19世纪的东西，张君劢讲的虽然是西方最新的东西，可是并不符合当时中国的社会需要。西方已经现代化了，所以他们的思想随之向前进了一步。而当时中国需要的是工业化，在思想上也要有与之相配套的科学实证的东西，于是就把张君劢的主张打了下去。就像走路一样,思想与社会发展这两条腿得配合着来。要是你这一步跨度太大,虽然是新东西,但不符合社会的要求,也要摔跟头的。

而且,我不同意东西文化的划分方法,那其实是阶段的不同。学术作为真理,本质上无所谓中西之分。真理只有一个,大家都要朝着这个方向走,这是人类共同的道路。西方虽然先走了一步,但并不意味着中学、西学有本质的不同,而是阶段的不同,所以不能说我们是"西化"。因为人类进步的阶段并不是西方所独有,大家都要走近代化的道路,只是我们比他们落后了一步。如果我们在某一点上比他们先进了,他们也照样要学我们的。人与人之间、民族与民族之间、文化与文化之间确有不同,不过那是次要的,物质的近代化是大家共同的道路。虽然也有甘地、罗素这样不喜欢工业文明的人,不过人类的主潮总是不可避免的。

在我们当时的印象里,有几位先生是凭老资格吃饭的,毛子水是其中之一。毛子水教科学史,我没有上过他的课,可是听同学说他教课不行,而且是右派,和胡适关系很密切,大家都不太喜欢他。

联大时何炳棣是助教,在历史系的图书馆里做事。不过给我的印象,他对学生总是盛气凌人的。我们去借书,他总是说："这个书不能借。""那个书不能借，大家都要用。"老让我们碰钉子。所以后来我就到外文系去借书，是个叫顾元的女同学负责，她很好，什么书都让借。

西南联大时候，还有一个对我们思想的成熟很起作用的渠道，就是听名人讲演。1939年我上一年级，那时欧战刚爆发，英国工党左派领袖Stafford Cripps到中国访问，曾在云南大学做了一次公开讲演。当时英国首相还是张伯伦，对希特勒是妥协的，搞绥靖政策。Cripps在演讲里大骂张伯伦和保守党，这让我非常惊异，也很开窍。因为我们中国没有这个传统，而他居然在打仗的时候，在国外骂自己国家的领袖，让我觉得挺不可思议。这就好比抗战期间，要是一个中国人在国外大骂蒋介石，好像也说不过去。可是民主社会说话比较自由，这是我们中国人不能想象的。

体育不算学分，可是必须要念完八个学期才算毕业。有一年我得阑尾炎开了刀，本来可以免修体育半年，可是我休了一年。毕业的时候缺半年体育，怎么办？老师让我去请示教务长。梅贻琦是校长兼教务长，批示让我去找马约翰先生商量，我对马先生说："差半年体育毕不了业，太冤枉了，能不能想个办法？"马先生说："体育不及格毕不了业。吴宓是大教授，当年跳远不及格就没让他毕业，又蹲了一年。"

我说：“多上一年就为上门体育课，太可惜了。”后来他给了我一本体育书，说：“你去看，写个报告作为补课成绩。”于是我就写了一份读书报告，没有耽误毕业。

马先生是留美的华侨，当时大概六十多岁，是体育界的元老了。1936年柏林奥运会，他负责中国体育代表团的工作，把运动员先集中在清华训练了一阵子，然后由他带队去柏林。联大一年级的体育课都是马先生教第一节，上课的时候也是中英合璧，又说英文又说中文，非常有趣，也非常鼓舞大家的情绪。

联大的时候也有军训，由国民党的军官调来训练。讲讲课，然后正步走、齐步走，集合呼口号，"抗战必胜"之类，最后总是"蒋委员长万岁"。不过军训大家都不重视，就跟闹着玩一样。

自由还有一个好处，可以很快和同学成为无拘无束的朋友。如果政治束缚太紧密的话，不要说和别人做朋友，就是在家里都变得很危险。

三青团有时候是秘密的，有时候是公开的，挂个牌子，比如"三民主义青年团直属第十分团部"，可是我不知道他们有什么具体的活动。第一，三青团的人数很少；第二，当时没有党团领导一切的组织方式。所以，国民党员或者三青团员在学校里和我们是一样的，不是领导、被领导的关系，不像我们后来所理解的"党是领导一切的"那种关系。

西南联大的学生大抵有三种，一种是搞学术的，努力向学、真正有高水平，无论在国内或者在国外，现在都已是名家了。比如42级地质系，大约不足二十人，已经有了五六位院士。还有一种参加民主运动或搞政治活动的，解放后大多在各地方、各单位做个大小领导，甚至于比较高的领导。当然也有被政治斗争淘汰的，这总难免了。还有一种就是不成材的，包括我在内，或者做教师，或者做点什么别的工作。那时候的学生不像现在这样都想着要出国，个别的也有，比如何炳棣，从小就一心一意想着怎么出国，现在也成名了。可是我总觉得生活不应该过分功利，而在一种内在的价值，所以一辈子一事无成也是这个原因。

抗战时有一首歌，歌词里唱道："帝国主义为了要逃脱深刻的恐慌，他们是这样的疯狂，自从侵占了我们的北方，又进攻我们的长江……"这是当时的进步歌曲，非常流行。我们那时候也真的相信这种说法，认为帝国主义一定要向外侵略，不然就一天也活不下去。不过二战以后的事实好像多少改变了这种看法，比如战败的日本、德国都复兴得非常快，但并不是靠对外侵略。应该说，一个国家的繁荣最好是靠你邻居的繁荣，你的邻居越繁荣，越有助于你自己的繁荣。反之，邻居越穷困的话，对你越不利。不过这些都是后来才意识到的，当时我们都相信歌里的那些观点。

中国当时自己不能造飞机，空军用的实际上是美国制造的，供应什么我们就用什么。当然，他们提供的也不是最优秀的。而且那时候美国没参战，没有大量进行军工生产，直到美国参战以后情况才有所改变。1944年，德国的飞机产量是一年三万八千架，日本是多少我不清楚，大概不会超过这个数字。而美国的飞机生产是一年近十万架，比他们多出好几倍，再加上苏联和英国的，生产大大高于轴心国。二战归根到底就是军事生产力竞赛。美国战时生产高峰时，它的军事生产占全世界的一半，所以二战的胜利在很大程度上取决于美国是世界的兵工厂。

各个时代都有各个时代的优点，就好像一个人，十全十美的找不到，一无是处的大概也很罕见。可是人们常常走极端，一说这个人好就好得不得了，一说那个人坏就臭得不得了。其实，不见得那么坏，也不见得那么好，我想每个时代也是这样。比如清末的洋务派，张之洞、李鸿章也办了许多现代的工业、事业，虽然官僚体制的限制不可能让它有很大的成功，但毕竟向前走了一步。到了国民党时期，那些官僚资产阶级也干了些事情，比如修了几条铁路、统一币制，也得肯定它。张奚若先生从事民主运动，公开讲演时总是骂国民党，不过他是单干户，没参加任何组织。抗战刚胜利的时候，我听他讲过一次，他说："对蒋先生我只承认他一点功绩。"就是指蒋介石始终还是抗日的，没有当汉奸投降。在这一点上，确实也得承认。

国民党和共产党之间的矛盾激化，是从解散新四军开始的。"皖南事变"之后，矛盾浮到表面上来，成为公开的了。那时候学校总共才一千多人，平日比较出头露面的，或者进步活动较多的左派同学就都走了，大概有近百个，而且并不全是地下党。我记得张奚若上课还说："我听说很多同学都走了，你们劝他们回来，不要走，没有问题。"也许他考虑到云南地方势力的保护，估计真的是"没有问题"。后来听说特务头子康泽到云南去，本来是准备抓多少人的，龙云没让他抓，说是会"引起不安"，果然没有抓。

1946年我去台湾，那时候国民党去的人还不多，只是临解放大局已定，才大举退往台湾。我想其中许多人并不一定在政治上有什么见解，比如拥护什么，或者反对什么。有的就是害怕打仗,大部分都很实际。有些人有机会和条件离开大陆,但在临近解放时,他们选择了留下。比如北大的向达先生,他是一级教授了,一次和人吵架,说:"我就没资格去台湾吗?"他当然有资格去台湾,国民党最后派飞机来,可是绝少有高级知识分子离开。因为那时候大家都认为,国民党已经没有前途了。

1949年解放,全国一片欢腾。我想大部分人是真诚的,虽然有的是随大流,但大部分还是欢欣鼓舞的。因为从1840年鸦片战争一直到1949年,这一百零九年里内忧外患,穷困、天灾、人祸,不断的战争,不断的失败。旧的历史书上描写罹乱之后的情景,"天下喁喁望治",全天下就像鱼张着嘴露出水面一样,希望能够安定下来,"人民始有生趣",自此才有了生活的乐趣。其实1945年日本人投降的时候,也是全国一片欢腾。第一,战争结束了,终于可以过安定的生活。第二,中国是战胜国,这是近百年来的第一次。

人总得靠希望活着,甚至于很小的希望,比如我想发点小财,想改善一下生活。如果没有任何一点希望可以寄托的话,人就活不下去了。二战的时候,我们真诚地相信未来会是一个光明的、美好的世界,一个自由的、民主的世界,一个繁荣富足的世界,好像对这些完全没有疑问。我想,这种信心对全世界的人民也是一种鼓舞。不过不知道人们是不是太容易受骗了，二战以后，无论是国际上还是国内都让我们大失所望，没有想到会有那么多的曲折。

后记：把名字写在水上

文 靖

> 在这个星球上，存在一个伟大的真理：不论你是谁，不论你做什么，当你渴望得到某种东西时，最终一定能够得到。因为这个愿望来自宇宙的灵魂，整个宇宙会合力助你实现愿望。
>
> ——《牧羊少年奇幻之旅》

2002年，我毕业了。那一年，三联书店总编董秀玉先生退休，我成了她最后招进来的两个编辑之一。为此我感到无比荣幸，并油生一种莫名其妙的使命感，现在想来有点可笑——要知道，董总只有一个，她是不可超越的。

2004年，单位里进行了一场革命，空降来的"一把手"被大家轰走了。因为关涉出版人的尊严，以及对管制的不满，引起了媒体人的广泛支持——当然也夹杂着个人利益，导火索之一，却显得微不足道。总而言之，最后以群众大胜而告终。虽然不是旋涡中心的人物，我的心绪也在其中，本来应该和着他们欢欣鼓舞，却有一点不合时宜的别样心情。

作为70年代生人，一些观念从小不断听、不断地背诵，脑袋里或多或少留下印记。比如关于光荣、伟大、正确，关于听党的话、做党的好孩子，关于螺丝钉，关于母亲与太阳的比喻。以前我以为，这些不过是符号，浓缩了时代，为了应付考试才背诵。……如果不是那次革命，一直以为我不在乎。其实，没有一个人是局外人。

甚至说不清它是怎样开始的，不知不觉中，它在一天天巩固，以一种温暖的方式残酷地烙在你身上，成为你的信念，成为"你之为你"的一部分。

轰轰烈烈的革命过去了，不知会有几个人怀念。但如果你是亲历其中的一个，亲眼见到了，亲身经历了，那种震惊、惶恐与困惑远比报纸上读到柏林墙倒塌、苏联解体这些真正的大事件要强烈得多。毕竟，那是遥远的、别人的事。灰飞烟灭不是浪漫，革命于他们是一种胜利，于我却是绝望。那种痛苦绝不亚于在车祸中失了一条胳膊或者一条腿，骤然间，难以接受"我是半个我"的现实。

原来竟然都是欺骗！

那时候单位里比较混乱，我的心绪也混乱，不知怎的，忽然就想起了葛兆光教授。

记得在清华上葛先生的课，他不止一次感慨，说应该找一批研究生给老一辈的专家学者做录音整理，至少留一份珍贵的史料。之后不久，金克木去世，大家深以为憾。2004年，我想起了葛先生那几句话，觉得至少有这样一件具体的工作值得去做，把时间塞满就不必胡思乱想了，何况对别人也是有意义的。

那时候我很年轻，有的是劲头，只缺少方向。而这一次，我觉得我找到了，虽然说不清那是什么，但我觉得我找到了我渴望的东西。若干年后，一位叫sjmx的读者在论坛里写道：

> 他（何老）如同一个小孩看街景一般。这个街景是喧闹的、丑恶的，而他是一个安静的孩子，只是隔着自家的玻璃窗看两眼。这个状态是他一生面对时变世变的态度，始终如一，所以可爱，所以难得。也正因为此，几十年间的世态浮沉在他眼中就像一个鱼缸，金鱼海藻一目了然。

猜想写下这样文字的一定是女生，因为女生都通灵。何老非常和善，总笑眯眯的，平日里粗茶淡饭，在屋里也总戴一顶棒球帽。这有一点点奇怪，你若问起，他便非常抱歉地摘下帽子，胡噜着脑顶，说："人跟动物一样，没毛了它不也冷？"这个呢，嗯嗯嗯，除了傻笑，我该如何回应？他有一股神仙气，跟我周遭的一切都不一样。之前二十多年，我生活在一种轰轰烈烈中，大家都使劲跟上节奏，力争上游地活着，哪怕是一种浮夸，没人质疑这种竞技场式的快乐。但何老的生活完全不是这样，一进他的房门，我就感受到了——静谧。他有他的节奏、他的快乐，貌似不足道而又实实在在，如涓涓细流，以一种自由散漫的方式流淌。他的生活直指内心，外面的世界于他有如街景，他看他们如看鱼缸里的鱼，任其翻来荡去。他安安静静的，不打扰任何人，也不会被任何人打扰，有滋有味的，慢慢享受属于自己的生活。我很羡慕这种感觉，当时更是心向往之。走访何先生便在这样的机缘下，糊里糊涂而又结结实实的，开始了。

何先生的渊博自不必说，在他面前大可不必装模作样。只要带着你的好奇来，就像小时候搬个马扎凑到邻居家的收音机前，捅一下开关，再拨拉拨拉旋钮，孙敬修爷爷开始讲故事了。何先生讲话风趣得很，八十多岁依然像孩子一样满是奇思妙想。平平常常一件事，被他一类比果然显出滑稽，说到兴起自己先忍不住咯咯咯地笑，就算一只路过的蝴蝶也要染上他的快乐。每天陪着这样一位老人，书房里的桌椅板凳该是怎样的幸福呢。有时我把他想成一颗坐在藤椅里的椰果，或者一株让人喜出望外又肃然起敬的芭蕉，释放很多很多的氧气，裹挟着雨后森林中的泥土香。都市中人声鼎沸，难得如此一般的安宁与无争，我在大自然本初的慢节奏下，找寻神经末梢原本最细微的灵动。

我想我是一个很好的聆听者，但绝不是一个称职的采访者，不会把握进度、不会引导思路，事先拟好的计划从来没有实现过。想来也许是受了何先生的影响，何必事事汲汲于功利？不知不觉到了晌午，厨房传来哗哗啵啵的炒菜声，楼上楼下四溢香飘，清华附小的学生们麻雀一样在窗根底下叽叽呱呱个没完。这才发现，正题尚未完成一半，又要告辞了。换个有经验的采访者，同样的话题大概只要几个月就可以完成。我却断断续续用了将近两年，而且每星期都盼着见面的日子，以为年复一年，永远不结束才好。

其实生活对何先生那一辈的人并不公平。就他本人来说，三个姐妹都是北大、清华出身，一个是地下党，一个被国民党抓起来关了一年，一个在抗战后去了延安。若干年后，结果一个自杀，一个疯掉，一个漂泊在外二三十年无音信。对于家里人，何先生很少谈起，偶尔提到也是一问一答不肯多说，只言片语中难以掩饰无可奈何的惋惜。小时候，父亲经常对他们讲："政治是非常之黑暗、复杂、肮脏的东西，一定要远离政治。"这句话给他的印象很深，所以一生游离于各种政治派系之外，追求着更高更远、奥妙无穷的精神境界。尽管如此，在知识分子普遍遭殃的年岁里，他依然被"捎"进了牛棚。他们这辈人,用何先生的话讲,是生在白旗下、长在白旗下的一代。从小接受的是所谓资产阶级的旧民主主义教育,到了而立之年,思想已经定型了,社会却发生翻天覆地的转变。自由、民主被贴上"资产阶级"的标签一概否定,要他们彻底否定过去、否定自己,从精神到肉体接受双重的改造。运动一波比一波来得凶猛,其间有人选择背叛自己的良心,有人不能经受这种被逆转的乾坤,最终选择了死亡。更多的人,用他们的后半生经历了一场精神上的幻灭。

2004年,我也深陷在一场类似的幻灭之中,虽不能与前辈的磨难相提并论——最好也不要有"并论"的机会,但正是这样一场风波,已然让我体味到了信仰缺失的困惑与悲哀。好比脚下的土地,不必刻意去认识它,也未必当真相信、崇拜过,但从降生的那一刻起,你就在用身体感受一个信念:大地的存在毋庸置疑。它不因为你爱它而增一分、恨它而少一分,它是生活的一部分。然而忽然有一天,坚实的土地塌陷了,阿拉丁的神灯会变戏法,它把我的脚底板撤空了,留下我和我的困惑,无名的尘埃一样悬在半空。抬眼望去,四周满是飞不起来、沉不下去,似乎也无所谓的同类。烟尘四起的一刹那,我的灵魂开始流浪,我听见我的影子在哭。

老人们说,我们这一代是幸福的,可是我不快乐。何先生那辈人是不幸的，然而战乱、混乱、错乱之下，他却可以活得释然，愁苦中捡起的是希望，无奈中发现的是有趣，为什么？有人把这归因于时间、阅历或者读书多少，但我总以为，这不过是自我安慰的借口。时间能冲淡一切，却不能成为解释一切的理由，阅历、读书之后，毕竟还要归结于个人的判断与选择。不要回避当下，不要乞灵于未来，我们的差距一定出在更根本的原因上。每次拜访之后，我得用更多的时间做整理，一句一句重温，一字一字回味。因为太熟悉了，字里行间全是他的声音，渐渐地，甚至可以做到用他的声音来思考。我不断尝试用他的声音来思考，从他的视角看我的世界。在他的故事里，我在寻找自己的答案，寻找我的精神家园。

米兰·昆德拉的小说我一向喜欢，其中很有几篇经典值得多读几遍。一天，我随手从书架上取出《笑忘录》，看见目录上《妈妈》一篇用铅笔画了黑三角，那是"隆重推荐"的记号，于是重又读起来。其中有一段描写，说：妈妈的视力越来越衰弱了，别人看着很大的东西，她觉得小，别人认为是界碑的地方，在她看来是一些房屋，而且类似的情况绝不是第一次出现。一天夜里，周边大国的坦克侵入了他们的国家（1968年8月，苏联入侵捷克首都布拉格）。"这事情是如此令人震惊、令人恐慌，以致相当长的一段时间里，没有人还能够去想其他的事情"，可是妈妈却惦记着他们园子里的梨子。邀请来摘梨子的药剂师没有来，而且连个道歉都没有，妈妈不能够原谅他。这一点让她的儿子卡莱尔、儿媳玛尔凯塔很恼火，指责说："大家想的都是坦克，而你，你想的是梨子。"后来他们搬走了，在他们的记忆中，妈妈心胸狭隘。……若干年后，卡莱尔开始问自己："坦克真的比梨子更重要吗？"答案似乎并不像他一向以为的那样显而易见，于是暗自对妈妈的视野有了某种好感：

在妈妈的视野中，前景是一个大梨子，背景上稍远的地方，是一辆比瓢虫大不了多少的坦克，随时可以飞走并且消隐到视线之外。哦，是的！妈妈是对的：坦克易朽，而梨子是永恒的。

或许是心境的原因吧，当我再次读到这段文字，油然生出一股热泪盈眶的感动。是呢，生命中什么重要，什么不重要，什么最重要，这是一个选择。"坦克"何以就一定比"梨子"更重要呢？大自然的智慧远胜于人的狡黠，在她看来，人与人之间的争斗和两只蟋蟀打架争交配权没什么两样。虽然有些时候，人之间的争斗会打出一个崇高的、近乎完美的招牌，但纯洁的理想在难逃肉身之累的"人"的操纵下，跳不出黑暗、肮脏、复杂的窠臼。或许"人"是不能胜任信仰的使者的。远古神话中，人的位置在神和动物之间，人性在神性与贪婪、自私的兽性之间摇摆，用"有限的、多变数的生命"承载"永恒的、尽善尽美的理想"永远都是一个mission impossible（不可能的任务）。

或许，我与何先生间的区别正在于此。轻重之间的选择，取决于一个人对生活的态度，并在某种程度上，决定了一个人的生命轨迹。在历史所工作时，何先生有一个很要好的朋友杨超，学问好、人品好、德才兼备，是侯外庐先生的得意门生。1968年抓"五一六"，历史所揪出将近三分之一，凡被揪出来几乎没有不承认的。但是杨超不承认，并且拒绝交代别人，写了一张纸条："我不是'五一六'，我不知道谁是'五一六'。"自杀了，年仅三十九岁。这件事给何先生的触动很大，对我讲过不下五六次，或者更多，每次都用一种非常缓慢、非常惋惜的语调，"他就是太认真了，别人都跟演戏一样随风转，他却来真格的。……非常聪明的一个人，难道你就看不穿吗？"这个故事我听太多遍了，不过从来没有告诉他。说过的话可以再说，听过的话可以再听，假如我们能从历史中吸取哪怕一星半点的教训，恐怕也不会有今天这么多的烦恼。"难道你就看不穿吗？"自从邂逅昆德拉的那段文字，每次听何先生讲这句话，都以为是特特说给我的。大地果然飘散了吗？踮踮脚，再跳两下，哦，真实的大地正在脚下。其实那些飘散的都是幻象，只是我被迷惑了，我把它们当作真实，我把大地忘记了。

那么在何先生的一生中,他的"大地"在哪里,他的信仰在哪里?此"信仰"非宗教之信仰,非主义之信仰,或许可以理解为"心灵深处相信什么"。在我看来,第一,他相信大自然。何先生总是笑说自己不懂自然科学,实际上,他从小就受到了非常良好的理科训练。在当时,师大附中、中央大学附中是全国最优秀的学校,陈景润的老师、数学家闵嗣鹤先生教过他那一班的数学。他的同学中,后来很有一批成为各领域的专家,而他最要好的朋友、世界级华裔数理逻辑学家王浩,更是影响了他的一生。1939年,何先生以贵阳考区第二名考取西南联大,在所报考的土木系中排名第四。可以说,在上大学之前,他就培养了非常良好的逻辑思维习惯,对大自然的奥妙有着很深的认识。了解越多,越是认识到人的局限,"人定胜天"的豪言壮语,他是说不出的。比如初中时候,有两本书让他"大开眼界",James Jeans(琼斯)的《神秘的宇宙》和A.Eddington(艾丁敦)的《物理世界真诠》。琼斯、艾丁敦都是英国的大物理学家,写过一些通俗的科普作品,其中杂糅了各自认识论方面的哲学思想。这些让少年何兆武大受启发,后来虽然经历了几十年思想改造,却是到老都抹不掉那层唯心论色彩的科学观。

我们那时候不懂科学,以为科学就是"铁板钉钉子"，但在他们看来，科学并没有一个客观的标准。认识是主观形成的，物理世界不过是你思想中的构造，究竟物理世界是怎么样的，里面有很多的神秘，我们现在理解不了。……我不懂科学，但因为作者本人是大科学家，我想他们讲的或许也有道理，至少开拓了自己的思路。

谈话中，我能明显感觉到何先生语言的特别之处。他喜欢用数学、用逻辑，以及宇宙的普遍规律为参照，去和人的行为做比较。在这个大参照系下，人的自高自大、自以为是与一只井底的青蛙、好胜的公孔雀并无二致，都是些虚荣，是些小的心机，在广阔的天地间显得何其有限。"人类一思考，上帝就发笑"，把眼光放得高远些，连人类自己也要不好意思地笑了。大学二年级以后，何先生转向文科，所以他对科学的理解基本停留在经典物理，以及比较粗浅的高等数学水平上。同学好友中，数理逻辑学家王浩可以搞"真正的哲学"，高能物理学家郑林生可以"满怀惊奇与敬畏"去看待物理世界的神奇。对近代科学的理解直接影响到对世界的认知，何先生以为，这是他的局限。

第二，何先生看重美。虽然他的专业是思想史，对历史也非常有兴趣，但在我看来，真正打动他、一辈子都神往不已的，是对美的追求。翻看何先生中学时的书单，可以发现，美学作品是他一贯的偏爱。比如朱光潜的《谈美——

307

给青年的第十三封信》，丰子恺的《孩子们的音乐》、《近世西洋十大音乐家故事》、《西洋建筑讲话》。这本建筑入门书让他"非常满意"、"觉着挺有意思"，乃至在考大学的第一志愿上填了"土木系"。大学时候，济慈、丁尼生的诗歌让他着迷，病榻之上熟读 Crossing the Bar，"觉得这才符合我的胃口"。1947到1949那两年，何先生的心情很差，"本来以为抗战胜利后会是一个和平康乐的世界，结果还是乱糟糟的"。在湖南没有熟朋友，又回不了北京，虽然有了留学的机会，但是交通阻断、身体有病又去不了。于是，手头仅有的几部书成了他最大的慰藉和精神寄托，一部是歌德的《浮士德》，一部是《李义山诗集》：

> 德文本《浮士德》当时我还读不了，但收藏了好几部英译本，凡碰到都会买一本。通常大家都只读他的第一部，演戏也只演第一部，即所谓的 Gretchen Tragedy。但我觉得，其实第二部才把读者从爱情的小世界带入人生的大世界，真正融入了歌德成熟的思想。世界上"一切消逝的，都只是象征"，在病榻的百无聊赖之中，正是这种"天行健，君子以自强不息"的精神，给我注入了一缕生活的鼓舞和勇气。李义山的诗迷离恍惚，有时候感慨深沉，有时候一往情深，乃至往而不返。……纪晓岚评他的诗往往毫不留情，比如说某句"油腔滑

调"，某句"不成语"之类。我承认李诗并不是每一句都好，然而其中最好的一些真是登峰造极，仿佛把人带到了另外一个世界，为别人所不可企及。

"相信大自然"使他宽容、不争，"相信美"体现的是对精神世界的欣赏、无止境的漫游。但也不是"追求"，这个词太事功、太紧张了，甚至有点"革命腔"，与何先生的作风相距甚远。闲谈中，我发现他（或他那一辈人）对很多词的理解和我们现在不一样。比如"混饭吃"，于我是一个非常难堪的词，很不光彩。但对他来说，"吃饭"是第一需求，所以在他的语境中，并没有赋予这个词更多的道德意味，反而多了一种轻松。类似的情况很多，同样，"追求"二字对他也是严重了，大概会让他不知所措，以为在说别人。何先生小时候喜欢朱光潜的文章，其中《谈美》里的"慢慢走，欣赏啊！"，这正符合他的人生观。生活在他好比是看风景，很美，于是情不自禁地走过去，并没有奋力地"追"或者"求"，却是自然而然就接近了。这就是境界吧，和百米冲刺是不一样的。

何先生总说自己自由散漫惯了，从小到老始终是一种漫无目的的读书方式，到头来没有做出任何成绩。也许别人把这当作一句谦辞，不过我以为，他是真心的。因为他知道更高的境界在哪里，自己的局限在哪里，这种局限不是出大力、流大汗可以弥补的,而自己在闲暇之余完成的那些有兴趣的事,除了内心的满足,在他看来没什么特别。几年前,清华、北大在蓝旗营盖新楼,分给何先生一套三室两厅的房子,比他现有的条件好许多,却被他婉言拒绝了,笑说:"年纪大了,嫌麻烦。"淡泊事功,淡泊名利,不是每个人都能做到的。当然,生活的标准只可以要求自己,强求别人便近乎邪教了。不过,当你看到一位老人用他的一生做到了,你依然会被感动。

康德的墓志铭上写着:"有两样东西,我们愈经常愈持久地加以思索,它们就愈使心灵充满日新又新、有加无已的景仰和敬畏:在我之上的星空和居我心中的道德法则。"至此,我终于体会到了这句话的内涵,同时明白了为什么何先生可以跨越人生的幻灭。要信就信更永恒、更无限的东西。这个广阔的宇宙真实存在,而你的内心也是无限深远的真实,那才是最值得我们把握的。至于那些人类假想的理想国,还是让它们停留在理论层面吧。潘多拉的盒子,该合上了。

做事拖沓,外加我的私心,让这部口述自传拖得太久了些,上、下本用了将近两年[1]。其间,何先生的二姐去世、夫人去世,他本人因股骨头坏死、心脏病两度住院,一直陪

---

[1] 另有一部《上班记》,尊重何先生的意见,暂不发表。

伴他的孙女也出国了。何先生说："从今往后，我得习惯一个人的生活。"像往常一样，说这话的时候他依然笑眯眯的，好像那是一件快乐的事，我心里却不是个滋味。

天若有知，不该让这样可敬、可爱的人老去，他却说："人生一世，不过就是把名字写在水上。"①不管你如何奋力、如何着意，还是如何漫不经心，结果都是一样的。名字一边写，一边就随流水消逝了。

---

① 语出诗人济慈的墓志铭：Here lies one whose name was writ in water.（这里躺着一个人，他的名字写在水上。）

新版后记：横成岭，侧成峰

文　靖

《上学记》2006年一版一印，至今已有九个年头，其间一直在加印，一直被阅读、被摘引，甚至进了某省高考模拟试卷，于我总有一点诚惶诚恐。虽说当年的确下了功夫，毕竟初学乍练，尚未成就一番考据的本领，加之查找资料不像今天这样方便，所以遗留了一些问题。趁此再版之机，费时半年做了修订，"上穷碧落下黄泉，动手动脚找东西"，从头到尾梳理一遍，心怀拳拳，以期不负读者厚爱。

当然我也有所收获。记得做研究生时上过一门叫"清代学术概论"的课，当时完全不能理解古人埋首于故纸堆的乐趣，"为什么不去把握大历史，而在一个个芝麻大的小问题上较劲呢？"其实，真实的人性都在历史的精微处。文献不说话，不会直截了当地摞你眼前，而是需要你去寻找、去发现。这就好比一次寻宝，结果完全不可知，甚至于随着你的深入，可能会得到与印象截然不同的结果，让你大吃一惊。历史学的乐趣正在其中。

此次修订，加了些许注释，并且尽量保留口语。结合当初的几个稿本，尽量保留那个穿便装，而不是经一遍遍文字润色后，西服革履化的何老先生。他曾说，西南联大时候，有些老师喜欢在课堂上扯闲话，可是他却喜欢听，因为那里有他们的真思想，是书本里学不来的。此番修订也秉承这一原则，尽量保留真性情、真思想。另外，个别地方几几乎我可以断定自己是对的，比如 Stephen C.Foster 的《老人河》。何老特别喜欢这首歌，一提起来便情不自禁地哼唱，但我总怀疑他搞错了，因为他唱的明明是《故乡的亲人》。每次请教，他总是摇头，很认真地想啊想，仿佛掉进记忆的口袋里，然后坚持认为就是那样。那就那样好了，无非加个注释，执著于是是非非，不如留一点尊重与温情，也是为了怀念。

  关于冯友兰的部分，此次注释较为详尽，因为曾经遭遇了驳斥，更不敢怠慢，努力做到口说有凭、查有实据。人性是复杂的，每个人都是高尚且龌龊、真诚且虚伪的，但都是真。你从近处看到的一面是真，别人从远处看到的另一面未必是假。你之所见，不妨碍别人之所见，而别人之所见，也并不有碍你之所见，因为本来就不是一个视角。这里有一个很哲学的问题，什么是"真"？它是不是石头块子一样，清楚明白地摆在那里？也许就是那样，只是我们不能把握。一个人最难认出的是自己的相貌，同样，心灵的自我认识也是最难的。那需要经历一些事情、遇到一些人，或者需要时间拉开距离，以"他者"的视角重新审视自我。所有这些正如一面面的镜子，每个镜子里的影像都不一样，但都是"真"，或者说，都是"部分的真"。无限数量的镜子累加起来，才能恢复"全部的真"。如果哪面镜子妄言自己看到了"全部的真"，那是绝无可能的。

再者，看人要打两次折扣。一是你之所见，无论如何只是"部分的真"。二是你之所见，因了你自身的缘故，再一次打了折扣。最亲密的人未必是最终的诠释者，"情人眼里出西施"，"仆人眼里没有伟人"，父母瞅自家孩子都是最优秀的，孩子看父母也是最了不起。"不识庐山真面目，只缘身在此山中"，正因为亲密，被亲情遮蔽了双眼，才未必看得真。比如关于梁漱溟和冯友兰的最后一次会面，其后人皆有文章回应，有个细节耐人寻味。宗璞先生写道：

> （1985年）12月4日，北大哲学系为父亲举办九十寿辰庆祝会，哲学界人士济济一堂。前夕，我家私宴庆祝，亲友无不欢喜光临。在筹办这次宴会时，父亲提出邀梁先生参加。我向政协打听到地址，打电话邀请，梁先生亲自接电话，回答是不能来，天冷不能出门。我也觉得年迈之人确不宜在寒冬出门，道珍重而罢。①

---

① 参见宗璞：《对〈梁漱溟问答录〉中一段记述的订正》，原载《光明日报》（1989年3月21日），收录于《霞落燕园》（作家出版社，2005）。

在宗璞先生笔下，梁漱溟算是婉拒了，至少是很客气的。恰好梁培宽先生正在电话那一旁，从他的记录看，当时的梁漱溟又是另一种口气：

> 先父接到邀请赴宴电话时，笔者恰在一旁。只听他一再重复说："不去"、"我不去"，且面带恼怒之色。最后再次厉声说出"我不去"三字，随即重重地挂上话筒，似未容对方将话再说下去。①

即便电话里见不着"面带恼怒之色"，听不到"重重地挂上话筒"，也应该可以察觉对方的那份坚决。但是在宗璞先生的文字里，我们看不出这样的内容。或许我们可以善意地理解为，她已经被她的那份亲情融化了，她之所见的那份"真"已经融入了对父亲的怀念与不忍，日久弥坚。关于《上学记》冯友兰的部分，有些人意见很大，不过何老不是那种针尖对麦芒的人，从未予以回应。作为执笔，好在我的道行浅、辈分低，也可以"童言无忌"了。②

---

① 参见梁培宽：《冯友兰先生与先父梁漱溟交往二三事》，原载《博览群书》（2002年第9期）。
② 1985年2月24日，冯友兰在女儿的陪同下登门造访梁漱溟，关于"谄媚江青"的话题，宗璞先生"童言无忌"为父亲辩白，参见《对〈梁漱溟问答录〉中一段记述的订正》。

走笔至此，又有一点担心。其实冯友兰部分并不是本书的重点，只是为了回应，所以才多说两句。对于一般读者，我想说，这不是一本拍砖或揭短的书。看书如看人，你渴望什么，便看到什么。你执著于八卦，你便看到八卦；你关注教育，便看到教育；你渴望心灵，便看到心灵。书也是一面镜子，其实你看到的是你自己。你渴望什么，便看到什么；你选择什么，便走近什么。然后，你就会慢慢变成你渴望的样子。

以马内利。

感谢网刊《记忆》主编乌扎拉·启之。先生百忙，从来不以晚生无知，每问必有答，由是感激。感谢徐时霖先生，为关于其祖父徐铸成的一处注释，遍查资料，请教了多位相关人士，其务真求实的严谨作风令人叹服，受教了。感谢《民生报》记者林英喆，先生几次三番跑台北图书馆，无以言表之感动。感谢师兄唐文明教授、同窗梅赐琪副教授，总以为打扰你们是最方便的，所以一而再、再而三，特此致谢致歉，致歉致谢。感谢上海季风书园老板严搏非先生、北京万圣书园老板刘苏里先生，感谢奇幻文学家拍岸兄（黄惊涛），以及不曾谋面的香港荷花博士。感谢人文社前辈王培元先生，感谢本书责编付如初小姐。感谢三联书店前辈吴彬女士、同年刘蓉林主编，以及了不起的玩家王毅、姜仕侬夫妇。

当然也要感谢互联网，感谢国家图书馆文献中心的远程服务，感谢孔夫子网。这是一个了不起的时代，循着蛛丝马迹，总能找到答案。当手段已然不再成为问题，一切便取决于你心中的那份渴望。

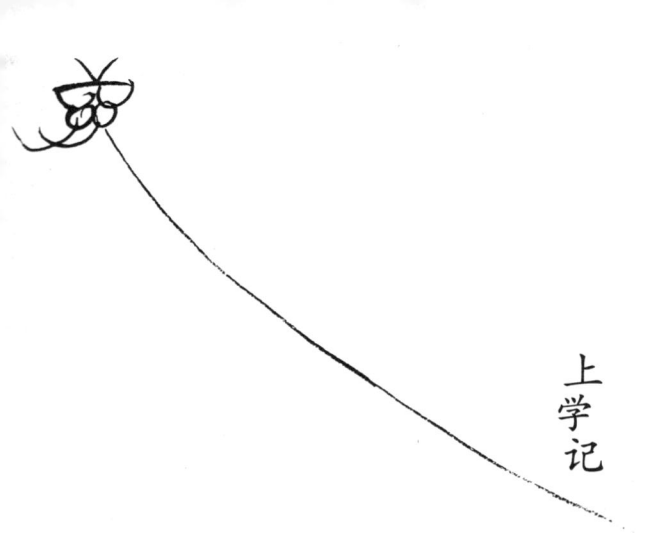

上学记